인공지능

AI Ethics and Moral Education

박형빈 저

윤리와
도덕교육

머리말

　인공지능(AI)의 급속한 발달은 빅 데이터, 머신러닝(Machine Learning), 딥러닝(Deep Learning) 등과 같은 핵심 개념이 인간 삶에 깊숙이 파고들게 했다. 자율 주행 자동차, 치명적인 자율 무기, 자동화된 거래(automated trading) 시스템 등 AI 활용 분야에서 급격히 대두하고 있는 AI 윤리 문제는 사회윤리, 응용윤리의 일부가 되었다. 사회의 다양한 영역에 걸친 강력한 영향력에 비해 AI의 설계, 개발, 사용을 안내하는 원칙과 가치 기준의 정립은 일천하다. 그러나 인류는 인공도덕행위자(AMA)의 작동을 디자인하고 이를 도덕적으로 평가할 시점에 이르렀을 뿐만 아니라, 이와 관련하여 선행적으로 답해야 할 여러 가지 질문과 문제에 봉착했다.

　인공지능윤리는 크게 두 차원으로 구분할 수 있다. 첫째, 'AI 윤리'로 이는 인공지능이 인간 근로자의 일자리를 위태롭게 하거나 악의적인 행위자들에 의해 오용될 수 있다는 두려움, 알고리즘이나 빅 데이터의 편향성 등과 관련된 응용윤리 문제이다. 이것은 인공지능 제작, 생산, 적용, 사용 등 인공지능과 연계하여 발생하는 제반 윤리 문제를 다룬다. 둘째, '윤리적 AI'로 이는 AMA 자체에 내장할 윤리 구현과 연관된다. 이는 기계윤리로 명할 수 있으며 AMA가 어떤 윤리적 성향을 갖고 어떠한 결정을 내려야 하는가의 문제이다. AI 윤리, 윤리적 AI 문제에 대한 담론은 AI 코딩 및 프로그래밍보다 시급한 문제일 수 있다. 그것은 AI의 생활 침투가 곧 인간의 생명, 재산, 건강과 직결되기 때문이다. 이 점에서 인공지능윤리에 대한 탐구는 인류 번영을 위한 필수 조건이며, 인공지능 시대를 주도할 미래세대를 위한 인공지능윤리교육은 더욱 강조되어야 할 것이다.

한편, 기술의 발전으로 인간의 정신작용에 대한 직접적인 개입과 같이 뇌기능에 영향을 주는 것이 가능해짐에 따라 기억, 정서, 사고 등의 변형, 향상, 생성, 조작이 가능한 시대로 접어들었다. 이 때문에 인공지능은 인공신경망(Artificial Neural Network, ANN), 뉴럴링크(Neuralink), 뇌컴퓨터인터페이스(Brain-Computer Interface, BCI) 등과 같이 뇌 신경과학과 밀접한 윤리적 문제 또한 야기한다. 뇌에 컴퓨터 칩 삽입과 같이 조작을 가하거나 전기 신호 등을 통해 뇌를 자극하는 물리적 개입은 인간의 정신작용을 변경하는 기술로서 윤리적 차원에서 많은 논란을 유발한다. 특히 이는 정신 현상을 변화시키는 물질 작용이라는 측면에서 정신(mind)과 육체(body)를 구별한 데카르트(Rene Descartes)의 이원론에 정면으로 도전하는 것이다. 다마지오(Antonio Damasio)가 '데카르트의 오류(Descartes' Error: Emotion, Reason, and the Human Brain, 1994)'에서 마음과 신체의 단순한 이분법을 설득력 있게 거부한 것 역시 마찬가지이다. 마음, 정신, 심적 작용이 물리적 자극에 의해 변화 내지는 생성될 수 있다는 가정은 지극히 추상적이고 비물질적인 것으로 간주되었던 인간의 정신, 마음에 대한 기존 이해를 뒤흔든다. 이는 '인간 존재란 무엇인가' 라는 보다 본질적인 물음에 당면하게 한다.

인간과 로봇의 평화로운 공존은 이제 공상과학 영화 속에서만 논의될 주제로 머물지 않는다. 생물학적, 사회적 존재로서 인간을 이해할 때 기계가 어디에 위치하는가 하는 물음은 기계의 법적 지위와도 밀접한 문제이다. 유럽연합의회는 2017년 특수한 권리와 의무를 가진 전자 인간(electronic person)으로 AI 로봇에 법적 지위를 부여했다. 그럼에도 불구하고, AI 로봇의 인격권은 여전히 도덕적, 사회적, 법적 논란의 대상이다. AI 로봇의 도덕적 주체(Moral Agent) 및 도덕적 객체(Moral Patient)에 대한 것도 간과할 수 없다. 인공지능이 사고하는 방식의 알고리즘을 따르거나 기계학습, 딥러닝을 통해 인지, 지능 작용을 한다고 할 때, 이를 사고, 지성, 인식 등과 같은 인간의 정신작용을 일컬었던 용어로 명명할 수 있는지, 엄밀히 그럴 만한 존재론적 자격을 갖추었다고 할 수 있는지 등도 철학적 논의의 주제이다.

결과적으로 인공지능윤리는 매우 광범위하고 포괄적이며 철학적인 동시에 융·복합 차원의 영역이다. AI 윤리는 의사결정의 주체로서의 AI 그리고 인류와 공존, 만남, 사귐의 대상으로서의 AI로까지 상정하게 한다. 이러한 까닭에 (예비)교사뿐만 아니라 연구자, 정책 입안자, AI 공학도, 설계자, 개발자, 마케터 모두에게 기본적인 AI 윤리교육은 필수이다. 공동선 추구라는 측면에서 AI 윤리 논의는 윤리학자, 도덕교육학자들의 역할 수행을 더욱 긴요하게 한다.

그러므로 본 저서에서는 AI 윤리 문제를 총망라하여 광범위하고 심층적으로 다루고자 했다. 또한 AI 윤리 문제와 관련한 다양한 차원의 국내외 논의들을 분석하고 이를 바탕으로 AI 윤리에서 반드시 검토할 필요가 있는 내용들을 체계화하고자 했다. 따라서 본 저서는 AI를 둘러싼 윤리문제뿐만 아니라 로봇윤리, 기계윤리와 같이 AI 자체에 내장할 윤리 문제까지 다차원 측면에서 고찰했다. 이러한 논의는 인공지능, 뉴노멀, 메타버스 시대에 가장 핵심적인 윤리적 논의를 촉발할 것이다. 뿐만 아니라 학교 현장 교사를 포함한 교육자로 하여금 미래세대에게 인공지능윤리 문제를 어떻게 교육해야 하는가에 대해 이론적, 실제적으로 고민하게 하는 계기를 제공할 것이다. 특히 도덕교육에서 인공지능윤리교육에 대한 통찰과 전체적 조망을 독자들이 획득할 수 있게 되길 바란다.

이 책은 '인공지능윤리와 도덕교육'이라는 주제에 대한 융·복합적 시각에서의 접근이다. 여기에 실린 글들은 필자가 인공지능윤리, 인공지능윤리교육과 관련해 2020년과 2021년에 학술지에 발표했던 글들 중 일부를 엄선하여 한 권의 책으로 수정 및 보완하여 구조화한 것이다. 전체적으로 핵심 논점은 '인공지능윤리와 도덕교육'이라는 주제로 동일하지만 이 주제 아래 체계화 및 유목화하고자 하였으며, 여러 면에서 논의를 보다 충실히 하고 강화하고자 노력했다. 이는 인공지능윤리를 도덕·윤리교육 차원에서 융·복합 시각으로 탐구하기 위한 기초가 되는 중심 논의들이다.

이 책에서 다룬 세부 주제의 예는 다음과 같다.
- 인공지능윤리, 로봇윤리, 기계윤리
- 뇌 신경과학과 인공지능, 인간 뇌 인터페이스, 트랜스휴먼(Transhuman), 포스트휴먼(posthuman)
- 인공지능윤리 및 기계윤리 구현의 윤리문제와 교육적 논제
- 신경과학과 정신의학이 기계윤리, 로봇윤리에 주는 도전적 과제들
- 학교 교육현장에서 다루어야 할 인공지능윤리 교육 콘텐츠 및 교육 방안

논지의 전개는 제Ⅰ부 인공지능과 윤리, 제Ⅱ부 인공지능과 뇌 신경과학, 제Ⅲ부 인공지능윤리교육으로 구분되며 제1부는 1장과 2장, 제2부는 3장과 4장, 제3부는 5장, 6장, 7장, 8장으로 구성된다.

Ⅰ부의 주제는 '인공지능과 윤리'이며 AI 도덕성 신화, 기계윤리, 인공도덕행위자(AMA) 등 기계의 인간 도덕 능력 모델링 가능성 및 한계와 연관된 AI 윤리 과제를 중심으로 다룬다.
1장. AI 도덕성 신화와 그 실제
2장. 기계윤리 및 신경윤리학 관점에서 본 인공도덕행위자(AMA) 도덕성 기준과 초등도덕교육

Ⅱ부의 주제는 'AI와 뇌 신경과학'이며 뇌 신경과학에서 인간지성, 빅

데이터 윤리, 뉴럴링크 등과 관련된 AI 윤리 문제를 중점으로 살펴본다.

　3장. AI 윤리 및 뇌 신경과학에서 인간지성과 도덕과 교육과정

　4장. 뉴럴링크와 인공지능 윤리

　Ⅲ부의 주제는 'AI 윤리교육의 이론과 실제'이며 추적 시스템 윤리 문제, AIEd 기술, 자율 주행 차량, AI 리터러시 등을 토대로 도덕교육에서 다룰 AI 윤리의 이론적 기초와 실제 방법론을 모색한다.

　5장. COVID-19 접촉자 추적 시스템의 윤리적 도전과 AI 윤리교육

　6장. 인성교육을 위한 AIEd의 가능성과 윤리적 고려 사항

　7장. 자율 주행 차량(ADV)의 트롤리 딜레마 문제와 AI 윤리교육

　8장. 아동의 뇌 발달에 기초한 AI 리터러시 교육

　학술지에 실린 각 논문들을 '인공지능윤리와 도덕교육'을 중심으로 새롭게 전체적으로 재구조화하였으며, 글의 출처는 다음과 같다.

1. 박형빈(2020). AI 도덕성 신화와 그 실제: 기계의 인간 도덕 능력 모델링 가능성과 한계. 한국초등교육, 31, 1-14.

2. 박형빈(2021). 기계윤리 및 신경윤리학 관점에서 본 인공도덕행위자(AMA) 도덕성 기준과 초등도덕교육의 과제. 한국초등교육, 31(5), 77-92.

3. 박형빈(2020). 뇌 신경과학에서 인간지성과 AI 윤리 문제의 도덕과 교육과정 반영 방안. 초등도덕교육, 70, 277-318.

4. 박형빈(2021). 뉴럴링크와 인공지능 윤리. 한국초등교육, 32(2), 287-305.

5. 박형빈(2021). COVID-19 접촉자 추적 시스템의 윤리적 도전과 AI 윤리교육의 과제. 윤리연구, 133, 27-52.

6. 박형빈(2021). 초등학생 인성교육을 위한 교육용 AI의 도덕교육 적용 가능성 탐색-실용성과 윤리적 고려 사항. 초등도덕교육, 73, 207-247.

7. 박형빈(2021). 자율 주행 차량(AV)의 트롤리 딜레마 문제와 AI 윤리교육의 과제. 한국초등교육, 32, 101-119.

8. 박형빈(2021), 아동 뇌 발달과 AI 윤리에 기초한 AI 리터러시교육: 초등 도덕과 교육 적용을 중심으로, 초등도덕교육, 75, 29-76.

필자의 논의가 AI 윤리 및 AI 윤리교육의 필요성, 목표, 방향을 정립하는 학문적 기반과 출발점이 되길 바란다. 궁극적으로 도덕교육, 윤리교육의 영역 깊이를 더하고 범위를 확장하는 데 기여하고자 한다. 또한 AI 윤리교육의 본질을 총체적으로 이해하고 실제적인 교육방법론을 탐색하기 위한 이론적 토대를 공고히 하고 구축하는 기반이 되길 기대한다.

이 책을 통해 인공지능윤리 및 인공지능교육 정책입안자, 현직교사, 예비교사, 도덕윤리교육 관련 교·강사, 교육전문가, 인공지능윤리에 관심 있는 일반인과 학생, 인공지능 개발자, 컴퓨터 공학자, 프로그래머 등 인공지능 및 인공지능윤리 문제와 연계된 직군의 모든 분들이 인공지능윤리와 인공지능윤리교육에 대한 교육적, 철학적, 과학적 논쟁의 진전과 실제 교육방법론을 경험하는 기회가 되길 희망한다. 그럼에도 불구하고, 여전히 미진한 부분이 많이 있음을 고백한다. 이 글을 읽는 독자들의 애정 어린 관심과 건설적인 비판을 자양분으로 지속적으로 수정하며 보완하고자 한다. 여러 가지로 부족한 책이지만 독자들이 이 책에서 인공지능윤리와 인공지능윤리교육 관련 교육과정을 개발하거나 수업을 실행하는 데 조금이나마 도움을 얻을 수 있다면 큰 기쁨이 아닐 수 없다. 끝으로, 이 책의 편집과 출판에 노고를 아끼지 않은 씨아이알 출판사 분들께 감사의 뜻을 표한다.

저자

박형빈(서울교육대학교 윤리교육과 교수)

profphb@snue.ac.kr

목 차

———————— 제Ⅱ부 ————————

AI와 뇌 신경과학

———————— 제Ⅲ부 ————————

AI 윤리교육의 이론과 실제

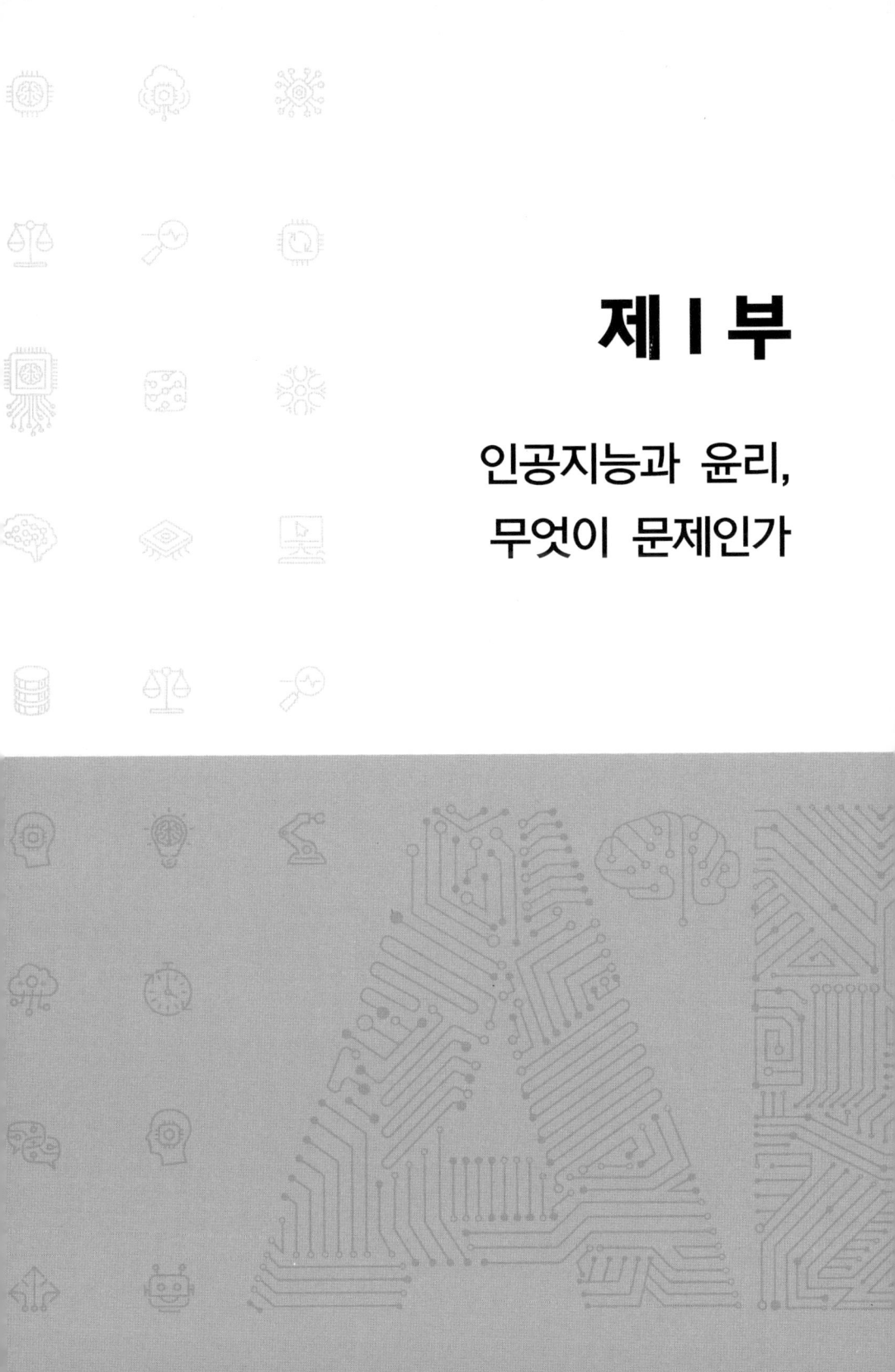

제 I 부

인공지능과 윤리,
무엇이 문제인가

제1장

AI 도덕성 신화와 그 실제

I. 서론

매카시(John McCarthy)가 인공지능(Artificial Intelligence, AI)이라는 용어를 만든 이후 50여 년 간 AI는 자율 주행 자동차, 다양한 종류의 앱, 환자 치료, 법률 자문, 의료전문가를 위한 윤리적 조언과 같이 인간지능의 독점 영역으로 인식되던 분야에까지 의사결정 지원을 위해 다방면에서 활용되고 있다. 인간 생활의 일부로 자리 잡고 있는 AI 시스템이 점점 더 지능화되고 자율적으로 변모함에 따라 AI는 군사로봇의 인도주의적 대인 전투 원칙, 자율 주행 자동차의 도덕적 주행 기준, 의료로봇의 환자 보호 매뉴얼 등을 포함해 복잡한 도덕적 의사결정 과정의 참여가 불가피해지고 있다.

현재 인간의 삶에 영향을 미치는 AI의 도덕적 전략, 원칙, 지침, 규범은 제기 가능한 모든 도덕적 도전을 해결하기에 충분하지 않기 때문에

AI의 도덕적 나침반을 구현하는 문제가 대두되고 있다. 현실적으로 시급한 도덕적 문제 가운데 하나는 AI 내에서 새롭게 등장하는 연구 영역인 '도덕적 주체로서 행동하는 AI', 즉 'AI 도덕성' 설계 문제로 이는 법적, 사회적 규범을 준수하는 도덕적 행위 주체로서의 AI 실현 가능성 문제와 직결된다. 인공지능의 도덕적 결정과 관련된 도덕의 공식화와 정량화는 가능한 것인가, 인류는 휴머노이드 AI 로봇을 도덕적 행위 주체로 간주할 수 있는가, 인간은 우리의 공감대에 지능형 로봇을 포함시켜야 하는가, 인공지능이 의식이나 마음을 가질 수 있는가, 지적인 로봇은 어떤 종류의 도덕성을 지지해야 하는가라는 물음들이 도덕적 AI, 도덕 기계의 주요 이슈들로 부각된다. 이러한 논쟁적 주제에 가장 밀접한 관련을 갖는 학문 분야는 도덕철학, 윤리학, 신경철학, 신경윤리학, 뇌신경과학 등이다.

도덕성을 갖춘 AI는 도덕적 판단을 할 수 있는 인공지능 로봇 또는 안드로이드로 인공도덕행위자(Artificial Moral Agent, AMA)라 할 수 있다. 그러나 도덕적 판단능력과 과정은 결코 간단하지 않기에 인공지능에서 도덕적 추리에 필요한 감정적, 인지적 기술의 집약 입증은 아직 요원하다. 도덕적 지능은 광범위한 이산적 기능의 통합에 의존하는 복잡한 활동이다. 지난 수십 년 동안 인간의 도덕적 판단은 추상적 도덕추론 능력 이상의 것이라는 것이 명백해졌다. 도덕성을 일종의 도덕적 지능으로 상정할 때, 이에는 감성지능, 사회성, 경험과 사회적 상호작용으로부터 배울 수 있는 능력, 의식, 상징의 의미적 내용 이해 능력, 타인의 마음을 읽는 능력 등이 모두 기여한다. 이론적으로 AMA, AI 도덕성은 칸트 소프트웨어, 이슬람 안드로이드, 덕의 소유자로 설계된 로봇일 수 있지만 컴퓨터 과학자들의 도덕성 구현에는 상당한 실제적 난제들이 놓여 있다.

AMA의 도덕적 기능 작용 구현에 있어 제기되는 문제는 첫째, 고차원적 능력으로서의 도덕적 지능, 도덕성은 무엇인가이며, 둘째, 인공지능에서 누구의 혹은 어떤 도덕성을 구현하려고 노력해야 하는가이다. 예를 들면, AMA 시스템의 결정과 행동이 철저한 이성적 도덕적 추론에 의한 것이어야 하는가 아니면 감정적 직관에 의한 것이어야 하는가, 칸트의 의무론적 윤리에 근거해야 하는가 아니면 공리주의에 기반 해야 하는가, 덕윤리의 덕들 가운데 어떠한 덕이 중심이 되어야 하는가, 불교나 기독교와 같은 종교적 교리에서 무엇을 따라야 하는가 등의 도덕성 이해에 대한 근원적인 물음이 AMA 논의에 내재되어 있다. 컴퓨터 과학자의 관점에서 보다 핵심적인 질문인 어떻게 AI에서 도덕적 의사결정 능력을 구현할 것인가 하는 것은 이러한 근본적인 논의의 기반 위에 이루어질 수 있다.

따라서 인공지능 도덕행위자, AI 도덕성이라는 미지의 세계에 발을 딛는 첫 작업이자 가장 기본적이고 핵심적인 주제에 대한 탐색을 시도하고자 한다. 연구 과제는 첫째, 도덕성의 도덕철학적 이해와 뇌 신경과학적 이해는 무엇인가. 둘째, 뇌 신경과학과 AI의 상호연관성은 무엇인가. 셋째, 인공 도덕성이 갖는 신화와 실제는 무엇인가. 넷째, 인공 도덕행위자 구현에서 도덕철학, 도덕심리학 차원에서 제기 가능한 가능성과 한계는 무엇인가이다.

Ⅱ. 도덕성 이해와 도덕 기계

1. 도덕성의 도덕철학적 이해:
인지적 접근, 정서적 접근, 통합적 접근

　도덕성은 인지발달이나 정서발달과 같은 발달 관점에서의 접근과 인지, 정의, 행동 측면과 같은 구성 관점에서의 접근, 덕윤리의 덕목, 품성과 같이 인격 특성 접근 등 여러 시각에서 이해 가능하다. 도덕성에 대한 전형적인 이해는 인지적 측면과 정의적 측면에서의 접근이다. 도덕판단, 도덕적 사고, 도덕추론과 같은 접근은 인지적 측면에서의 도덕성 이해이며, 도덕적 감정, 도덕정서, 도덕적 직관과 같은 접근은 정의적 측면에서의 도덕성 이해이다. 철학, 윤리학에서의 도덕성 이해는 대체적으로 관념적, 추상적, 당위적인 성격을 보이는 반면, 도덕심리학, 신경철학, 신경윤리학, 뇌 신경과학 등에서의 도덕성 이해는 보다 물질적, 현상적, 사실적인 양상을 보인다.

　도덕성의 여러 측면 가운데 그동안 많은 연구자들에 의해 관심을 받아온 것은 특히 도덕추론 능력이다. 종종 인지 도덕발달로 이해되는 도덕추론 능력은 심리학, 도덕심리학 및 관련 분야에서 상당한 관심을 받았다. 인간의 도덕적인 행동에 대한 가장 영향력 있는 이론적 접근 방식 중 하나는 1930년대 피아제가 제안한 인지발달 모델이며 이는 1960~70년대 콜버그(Lawrence Kohlberg), 1970~90년대 레스트(James Rest)와 같은 연구자들에 의해 확장 및 발전되었다.

　콜버그에 따르면 인지 성숙과 사회적 경험의 상호작용은 보다 성숙한 도덕추론이나 판단의 발전을 가져온다. 콜버그의 도덕성 발달, 즉 도덕발달 이론은 도덕추론을 질적으로 뚜렷한 6단계로 분류하여 사람들이 낮은 단계에서 높은 단계로 나아가는 과정을 설명했다. 도덕적 의사 결정에 대한 그의 접근 방식은 3수준, 즉 전인습수준, 인습수준, 후인습수준의 도덕추론을 포함한다. 전인습수준에서 도덕추론은 일반적으로 부모나 다른 중요한 권위자를 통해 외부 결과에 주로 초점을 둔다. 이는 벌과 보상의 1단계와 2단계이다. 전인습수준의 도덕성을 가진 어린이는 전형적으로 자기중심적이며 아직 옳고 그름에 관한 사회의 협약을 내면화하지 못한 상태이다. 승인과 적합성의 3단계와 4단계에 해당하는 인습수준과 인권과 정의추론의 5단계와 6단계에 해당하는 후인습수준은 사회 내 성인들이 일반적으로 보이는 도덕추론의 특징이다.[1] 콜버그의 아이디어는 아이들의 도덕 발달을 이해하는 주된 논거가 되었으며 남성의 도덕성이 규칙, 정의, 권리와 같은 원칙들에 기초하는 경향을 갖고 있음을 드러냈다.

반면, 길리건(Carol Gilligan)은 '다른 목소리로(In a Different Voice: Psychological Theory and Women's Development, 1982)'에서 여성은 기본적인 삶의 지향에서 남성과 다르며, 콜버그의 발달 이론은 특히 여성의 성향을 평가 절하한다고 지적했다. 길리건은 콜버그의 공정성, 비인격성, 정의, 형식적 합리성 및 보편적 원칙에 근거한 것과는 다른 도덕적 전망 또는 기원의 존재에 대하여 주장했다. 그녀는 홀로 존재하는 인간이 아닌 관계로 구성된 세상을, 규칙 체계가 아닌 인간의 연결을 통해 조화를 이루는 세상에 주목하며 관계성을 강조했다. 이를 근거로 길리건은 여성과 남성의 도덕적 판단의 질적 차이를 지적하며 보살핌, 즉 '배려 윤리'와 '정의 윤리'라는 두 가지 도덕적 지향 모델을

---

[1] 박형빈, 2018: 414-419 참조

제안했다. 그녀는 여성과 남성 모두 때때로 두 가지 판단을 사용하지만 배려 윤리는 대부분 여성에게, 정의 윤리는 대부분 남성에게 나타난다고 보았다. 또한 길리건은 하인츠 딜레마(Heinz dilemma)와 같은 가설적 딜레마 사용, 연구대상의 한정 등 방법론적인 측면에서 콜버그를 비판했으며 가상의 이야기 대신 실제 사안을 활용해 여성들과 면담하여 3단계 도덕 수준을 제시했다.[2]

길리건은 여성이 다른 사람들과의 관계를 통해 자신을 정의하는 반면, 남성은 세상과 자신을 분리하는 경향이 있으며 남성에게 도덕적 의무는 권한을 존중하고 삶과 자기 성취에 대한 권리를 보호하는 것으로 보았다. 그녀는 자신과 타인의 관계성을 통해 3가지의 기본 수준과 2가지 과도기 수준으로 여성의 발달 단계를 설명했다. 1단계는 자기 돌봄의 생존 단계인 가장 낮은 수준으로 개인은 자기 보호적이고 실용적인 방식으로 타인과의 관계 문제에 대해 생각하며 다른 사람들의 요구나 감정을 무시한다. 이 단계의 목표는 기본적으로 자신의 행복을 보장하고 고통을 피하는 것이며 추상적 윤리 원칙이나 가치에 대한 고려는 존재하지 않는다. 과도기 단계인 1.5단계는 자기 돌봄 생존에서 책임감으로의 전환과 관련이 있다. 이기심과 책임의 개념이 이 수준에 나타난다. 2단계는 다른 사람을 돌보는 것, 즉 개인은 자신의 욕구를 배제하고 타인에 대한 책임과 그들을 돌보는 관점에서 문제를 추론한다. 선하다는 것은 다른 사람들에 대한 자기희생적인 관심과 동일하며, 옳은 것은 종종 부모나 교회 또는 사회에 의해 외부적으로 정의된다. 과도기인 2.5단계는 선의에서 진실로, 그리고 진정한 관계로 관심사가 전환된다. 이전

---

2) Çam et al., 2012: 1123

수준의 흑백세계관과 비교하여 복잡성이 표현된다. 자기를 희생하여 다른 사람을 보호하는 것이 좋은 것인지에 대해 의문을 갖는다. 3단계는 자기 자신과 다른 사람을 돌보는 것으로 개인은 돌봄의 윤리를 완전히 인식한다. 타인과 자아의 필요와 복지는 관계에 대해 보다 균형 잡힌 접근법에 포섭된다. 상황에 영향을 받는 모든 사람을 고려하고 모든 당사자에 대한 피해를 최소화하려고 시도한다.[3]

콜버그와 길리건 이후 도덕성 연구들은 인지발달과 함께 정서적 측면에 대한 고려, 도덕성에 대한 통합적 시각에서 도덕적 정체성이나 도덕적 품성, 도덕적 인격에 대한 관심 등으로 발전했다. 최근 도덕성은 다차원적인 측면과 통섭, 통합, 연결성의 입장에서 종합적으로 이해된다. 즉, 철학과 윤리학, 뇌 신경과학 등의 도덕성 이해 그리고 이성적 측면에서의 접근과 정서적 측면에서의 접근 등을 상호 참조하고 있다.

2. 도덕성의 뇌 신경과학적, 신경윤리학적 이해: 도덕성 근원의 물리적 접근

피아제와 콜버그 이후 도덕성은 심리학 연구의 영역으로 깊이 들어왔다. 21세기 도덕성은 인지신경과학 연구의 새로운 성장 지점이 되었으며 도덕 인지신경과학, 신경윤리학 등이 등장했다. 뇌 신경과학, 도덕 인지신경과학에서의 도덕성 이해는 뇌의 구조 및 영역, 뇌신경 호르몬, 뇌신경 발화와 같은 도덕성의 존재 근원에 대한 뇌 신경과학적 이해를 시도한다. 전두엽의 도덕적 판단 기능에 대한 논의 촉발은 1848년 게이지(Phineas Gage) 사례가 대표적이다. 게이지 사건으로 뇌의 전두엽이

---

3) Skoe, 2014: 95-100 참조

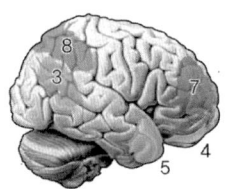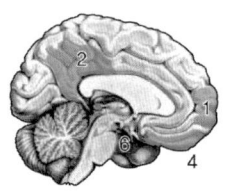

1 내측전두이랑　　　　　3. 상측두구, 하두정엽　6. 편도체
2 후측 대상피질, 쐐기앞소엽,　4. 안와전두피질　　　　7. 배외측전전두피질
　후뇌량팽대피질　　　　5. 측두엽　　　　　　　8. 두정엽

[그림 1] 그린과 하이트의 도덕판단 이중 모형

출처: 박형빈, 2019: 48 재인용.

사회적 · 도덕적 판단 기능을 관장하는 영역임을 확인하게 되었다. 게이지는 쇠막대기가 대뇌의 전두엽 부분을 관통하는 사고를 당한 이후, 다행히 목숨은 건졌으나 인격이 완전히 변했다. 이전에는 온화하고 에너지 넘치던 그가 사고 이후 고집이 세고 변덕스러우며 우유부단한 사람이 되었다. 대화나 언어 사용에 문제는 없었으나 인격적인 측면에서 문제가 발생한 것은[4] 뇌 신경과학 차원에서의 도덕성 이해를 촉발했다.

　도덕성의 기저로서 호르몬과 도덕적 판단 시 발화하는 뇌 영역에 대한 관찰도 도덕성의 물리적 이해의 예이다. 신뢰와 도덕성의 근원으로 중요하게 간주되고 있는 호르몬은 옥시토신(Oxytocin, OXT, OT)이다. 옥시토신은 모성애를 자극하고 신생아에 대한 수유와 돌봄을 가능하게 하는 역할을 한다. 뇌의 구조에 의해, 인간을 포함한 포유류의 어미들은 자신의 자녀를 안전하게 보살펴 자녀 뇌에서 편안함과 좋음을 감지하게 될 때 자기 자신의 뇌에서도 이를 느낀다. 옥시토신은 긍정적인 사회적 상호작용에서 공격적 행동을 억제시키는 역할도 하기 때문에 도덕성과

---

4) 박형빈, 2019: 45, 241

연관된다.5)

한편, 그린과 하이트의 연구를 통해 인도교 딜레마(Footbridge Dilemma)와 트롤리 딜레마(Trolley Deilemma)에서 도덕판단을 내릴 때 [그림 1]과 같이 두뇌의 각기 서로 다른 영역이 활성화되는 것이 밝혀졌다. 두 가지 딜레마 모두 도덕적 상황에 대한 판단을 요구하는 문제임에도 불구하고, 이를 처리하는 뇌의 영역이 다르게 나타나는 이유에 대하여 신경과학자들은 동일한 도덕판단을 요구하는 환경일지라도 그것이 이성을 관장하는 부분에 의해 작동할 경우와 감정을 관장하는 부분에 의해 활성화할 경우가 다르다고 설명했다.6)

인도교 딜레마와 같이 직접 다른 사람에게 행동을 취해야 하는 상황에서, 우리의 뇌는 그 사람의 입장에 자신을 빗대어 상상하게 된다. 인격적인 결정인 인도교 딜레마에서 우리의 뇌는 상측두구, 후측대상회, 내측전두이랑 등과 같은 뇌 부위가 작동한다. 이 부위는 다른 사람의 생각과 감정을 해석하는 기능을 수행하며 상대방의 감정을 상상하고 공감할 수 있게 하는 영역이다.

반면, 트롤리 딜레마 즉, 스위치 딜레마(trolley-switch dilemma)와 같은 이성적인 결정에서는 합리성과 이성을 관장하는 뇌 영역인 전전두피질이 보다 활발히 작동한다. 다수를 위한 한 사람의 희생이란 하나의 선택지가 있으나 인도교 케이스와 달리 사람을 밀어 떨어뜨릴 일을 직접 할 필요가 없는 상황이라면 우리는 희생자의 감정에서 한발 떨어져 객관적 시각에서 다섯 사람을 구할 것인지 아니면 한 사람을 구할 것인

---

5) Churchland, 2012: 33, 40, 50: 박형빈, 2019: 55-56 재인용
6) Lehrer, 2009, 284-6: 박형빈, 2019: 48 재인용

지에 대해 냉정하게 문제에 집중할 수 있게 된다.

그린과 하이트는 이러한 연구를 기반으로 도덕판단이 피아제나 콜버그가 말하는 것처럼 단순히 '사려 깊은 사유'의 문제만이 아니라 '정서'와 '감정적 직관'이 함께 관여하는 문제라고 주장했다.[7] 도덕성에 대한 자연주의적 해석을 하고 있는 처칠랜드(Patricia Smith Churchland)는 심리 과정을 뇌의 과정으로 이해한다. 인간의 사회성, 협동, 타인에 대한 보살핌, 신뢰 등은 포유류의 뇌에서 진화적 변화의 산물이라는 것이다. 특히 보살핌과 같은 사회적, 도덕적 행동은 옥시토신과 바소프레신(vasopressin)의 작용 때문이라고 설명했다.[8]

도덕적 판단은 인식과 감정의 상호작용 및 도덕적 원칙에 따른 과정이다. 중요한 점은 도덕적 판단의 뇌 영역은 인지과정과 관련된 뇌 영역으로 구성될 뿐만 아니라 복내측 전전두피질, 전대상피질 및 편도를 포함하는 감정 과정과 관련된 뇌 영역을 포함한다. 도덕감정 또한 다른 사람의 행동에 대한 도덕적 평가에서 발생하고 공감, 연민, 죄책감과 같은 도덕적 행동의 발생 및 변화에 영향을 미치는 복잡한 현상이다. 많은 연구에서 인지적 공감의 주요 뇌 영역은 복내측 전전두피질, 전대상피질, 거울 뉴런 시스템 등이 포함되는 것으로 나타났으며, 죄책감의 뇌 영역은 주로 복내측 전전두피질, 전대상피질, 뇌섬엽 등으로 밝혀졌다. 도덕판단 및 도덕정서에 보다 통합적 시각으로 접근하는 통합 뇌 메커니즘 모델은 도덕적 판단의 이중과정모형(Dual Process Model), 삼층뇌이론(Triune Brain Theory) 등을 들 수 있다. 도덕판단의 이중과

---

7) Haidt, 2001, 182-186: 박형빈, 2019: 49 재인용
8) Churchland, 2012, 12-28; 박형빈, 2019: 54 참조

정 모형에서는 명백한 인지 추론 과정, 암묵적 정서 동기 부여 과정과 관련된 도덕적 판단에 복내측 전전두피질, 전대상피질, 후대상피질, 편도체 등의 기능을 필요로 한다. 삼층윤리이론(Triune Ethics Theory, TET)은 안전 윤리, 참여 윤리, 상상 윤리의 신경 기반을 제시한다.[9] 결국 현재의 뇌 신경과학에서의 도덕성 이해는 도덕판단 뇌 메커니즘 모델, 도덕감정 뇌 메커니즘 모델, 통합 뇌 메커니즘 모델 측면에서 이해할 수 있다.

Ⅲ. 뇌 신경과학과 인공지능 도덕성

1. 뇌 신경과학과 인공지능

많은 인공지능 연구들은 뇌 신경과학의 개념과 결과로부터 영감을 얻고 있다. 자연지능을 알고리즘 구조로 추출하고 이를 인간의 뇌와 비교하면 창의성, 꿈, 심지어 의식과 같은 마음의 가장 깊고 오래된 신비에 대한 통찰을 얻을 수 있다.[10] 현재 AI 연구에서는 뇌 신경과학의 아이디어에 뿌리를 두고 있는 딥러닝 및 강화 학습이 중추적 역할을 하고 있다. 인간의 두뇌는 역동적인 세계와의 복잡한 실시간 상호작용을 위한 탁월한 능력을 갖춘 것으로 알려진 지능을 담당하는 기관이다. 인간 뇌의 놀라운 기능을 모방하려는 AI 연구자들에게 요구되는 것은 뇌 신경과학의 자연지능과 컴퓨터공학의 인공지능에 대한 차이점을 파악

---

9) Wang & Guo, 2017: 2867
10) Hassabis et al., 2017: 255

하는 것으로 최근 두 분야 간의 의사소통과 협력이 시도되고 있다. 인공지능과 뇌 신경과학을 연결하는 새로운 접근의 예로서 하이브롯(hybrots)이라고 불리는 살아있는 신경조직과 로봇의 하이브리드는 미래의 AI 신경네트워크 메커니즘에 대한 탐색을 불러일으키고 있다.

튜링(Alan Turing)이 '기계가 생각할 수 있는가?'라는 질문을 제기했을 때 복잡한 계산 수행이 가능한 것으로 알려진 시스템은 생물학적 뇌신경계뿐이었다. 이 점에서 볼 때, AI의 초기 분야의 과학자들이 지도의 원천으로 뇌 회로를 사용했다는 것은 놀라운 일이 아니다. 인류는 뇌라고 하는 매우 다재다능하고 효율적이며 유능하고 강력한 지능적 기계를 보유하고 있다. 인간은 복잡한 신경계 덕분에 특히 비이성적인 상황에서도 실시간으로 세계와 상호작용 하는 데 능숙하다. 인간은 뇌의 작용으로 언어를 사용하고 문자를 인식하며 타인의 마음을 읽는다. 인간의 도덕적 판단이나 결정 또한 뇌를 통해 이루어진다는 점을 상기할 때 인간 뇌 작동 원리에 대한 해명은 도덕적 인공지능 구현에 필수 조건이다.

뇌 신경과학과 인공지능을 연관 지어 생각할 때 AMA의 구현에서 인간 뇌와 컴퓨터의 차이가 무엇인가에 대한 확인이 필요하다. 포터는 컴퓨터와 두뇌 사이에는 다음과 같은 분명한 차이점이 존재한다고 지적했다. 첫째, 두뇌는 디지털 컴퓨터가 아니다. 둘째, 두뇌는 CPU가 없다. 뇌의 프로세서는 중앙집중적인 것도 지방분권적인 것도 아니다. 뇌의 처리 능력은 뇌 전체에 분포되어 있으며 일부 분권화된 영역은 특정 유형에 대한 처리를 전문으로 하지만 다른 뇌 영역과 실질적으로 상호작용이 없는 것은 아니다. 셋째, 뇌의 기억 메커니즘은 물리적으로 처리

과정과 분리할 수 없다. 기억은 역동적이며 리콜 과정에 의해 지속적으로 변화한다. 넷째, 뇌는 비동기적이고 연속적이다. 지금까지 모든 뇌 신경과학 연구에 따르면, 분리는 뇌에 존재하지 않는다. 반면, 컴퓨터는 계산 단위가 항상 이진법으로 구동되기 때문에 잘 정의된 불연속 상태를 갖는다.[11] 포터의 이러한 인간 뇌와 컴퓨터 차이에 대한 인식은 기술적 측면은 차치하고라도 도덕적 인공지능 구현의 가능성과 한계를 동시에 제공한다.

주지하듯이 뇌의 특성은 복잡계(Complex system)로서 이해 가능하다. 특히 인간의 뇌를 생각할 때 뇌 안에서 전체는 개별 부분들의 총합보다 더 커진다. 네트워크 전반의 역동적 상호작용이 복잡하고 광범위한 활동 패턴을 만들어 내기 때문인데 이는 '창발(emergence)' 속성이다. 창발은 개별 요소들의 개개 특성들을 선형적으로 더하기만 해서는 예측 불가능하다.[12] 따라서 AI 연구자들이 뇌 기능의 상세하고 분자적인 측면에 관심을 가져야하는 이유는 두뇌 기능을 완전히 복제하는 것이 살아있는 두뇌 세포와 그 구성 요소처럼 복잡하고 연속적인 기질을 사용할 때에만 가능할 수 있기 때문이다. 또한 자연지능과 같은 인공지능 혹은 도덕적 인공지능을 창조하기 위해서는 두뇌가 어떻게 작동하는지에 대한 중요한 질문들을 먼저 고민해야 한다. 예를 들면, 기억이란 무엇인가, 생물학적 네트워크는 어떻게 작동하는가, 감정은 어떻게 발생하는가, 도덕판단의 메커니즘은 무엇인가, 도덕성의 근원은 무엇인가, 무엇이 도덕적인 것인가 등이다. 이는 인공 도덕성 구현에 앞서 도덕철학

---

11) Potter, 2007: 174-177, 180 참조
12) 박형빈, 2017: 797

자, 윤리학자, 신경철학자, 뇌 신경과학자가 해결해야 할 선결 과제이다.

2. 도덕적 추론 및 도덕적 정서와 기계의 도덕성

인공 도덕행위자(AMA), AI 도덕성과 같은 기계의 도덕성 구현에 기계의 도덕적 추론 능력뿐만 아니라 기계의 도덕적 정서에 대한 도덕철학과 도덕심리학의 비판적 검토가 필요하다. 그것은 첫째, AI 정보처리를 도덕판단이라 명명할 수 있는가라는 문제, 둘째, AI의 도덕적 감정 소유 가능 여부, 셋째, AI 판단의 무오성 여부를 포함한다.

1) 인간의 도덕추론과 AI 정보 처리

도덕적 추론과 AI의 문제는 AI의 정보처리 결과를 도덕판단이라 지칭할 수 있는가에 대한 의문이라고 할 수 있다. 회의적인 관점에서 볼 때, 인공지능 프로그램은 도덕적인 '판단을 내린다.'고 일컫기 어렵다는 주장을 제기할 수 있다. AI는 자신이 하는 일이 무엇이든 간에 빅 데이터 입력이나 프로그램화와 같이 자신의 내부 활동에 의해 전적으로 미리 결정되므로 도덕적 판단을 포함하여 어떤 종류의 판단도 할 수 없다는 것이다.

그러나 이러한 주장에 대해 기술적인 측면에서 오류라는 반론이 존재한다. 컴퓨터가 연역적, 논리적, 수학적 추론 패턴만 다룰 수 있다는 것은 일종의 신화라는 주장이다. 컴퓨터는 확실히 추측을 하도록 정확하게 프로그램 되어 있다. 간혹 '프로그래밍 된'이라는 말이 추측과 직감을 따르는 것과 정반대의 의미를 나타내기 위해 사용되기도 하지만 그렇지 않다는 것이다. 여기서 언급하는 시스템은 원래 인간이 설계하고 제작했지만 그 인간은 산출물을 결정하지 않는다.

위와 같은 기술적 주장을 보다 자세히 이해하기 위해 체스 게임 컴퓨터를 참고할 수 있다. 체스 게임 컴퓨터는 직관적으로 최적의 움직임을 계산하도록 프로그래밍이 되었다고 가정할 수 있기에 최고의 움직임이 무엇인지 정보를 추측하여 재생해야 한다. 이 추측의 효과는 프로그램이 실제로 수많은 체스 게임을 할 수 있게 함으로써 향상된다. 이러한 점을 감안할 때 인공지능의 도덕적 판단은 의사 결정 지원 시스템의 설계자에게 귀속될 수 없다.[13] 이세돌과의 바둑 시합에서 승리한 알파고의 설계자도 이세돌과의 격돌에서 알파고가 성공할 것이라고 100% 예측하기는 어려웠을 것이다. 이것이 알파고가 경기 중 그 나름대로의 판단을 내렸다고 할 수 있는 점이다. 그럼에도 불구하고, 여전히 인공지능의 '판단 내림'이 인간의 그것과 동치의 자격을 갖추었다고 할 수 있는가라는 의문을 완전히 배제할 수는 없다.

2) 도덕적 감정과 AI 문제

도덕적 감정과 관련하여 감정은 일부 철학자들에 의해 도덕의 기초로 여겨지고 있다. 여러 연구들에서 도덕성은 추론보다 감정에 의해 더 많이 지시되는 것으로 제안되었다. 예를 들면, 부끄러움, 죄책감, 불의에 대한 혐오, 애착, 유대감, 사랑, 동정심, 공감, 연민 등이 도덕적 학습의 중심이 되기도 한다. 이러한 감정에 대한 강조에는 가족에 대한 지속적인 돌봄, 혐오스러운 감정의 역할, 진화하는 감정의 근원에 대한 새로운 관심이 포함되어 있다.

어린 아이들의 긍정적인 감정 및 정서 표출이 다른 사람들에 대한 관심과 복지에 민감하게 반응하여 이타적 행동을 낳는다는 것을 보여주

---

13) Whitby, 2008: 553-557

는 연구가 있다. 예를 들면, 2세 미만의 어린 아이들도 다른 사람들의 정서적 고통에 반응하며 위안을 나타내었다. 호프만은 도덕적 행위를 다른 사람을 대신하여 무언가를 하거나 인간의 복지나 정의에 관한 도덕적 규범이나 표준에 따라 행동하는 성향으로 보았다.[14] 도덕적 정서 가운데 특히 죄책감은 공감, 도덕적 추리 및 형벌과 같은 광범위한 자기 및 사회적 인식과 관련이 있다. 죄책감에 대한 신경영상 연구는 죄책감에 대한 신경망이 널리 퍼져 있으며 이는 죄의 인지에 필수적인 편도체, 복측전두엽피질(Ventromedial prefrontal cortex, vmPFC)을 포함하여 뇌 전체가 죄책감에 대한 광범위한 종합 신경 네트워크 영역이 될 수 있음을 보여주었다.[15] 도덕적 감정은 이처럼 도덕적 행위와 판단에 중요한 역할을 하는데 도덕적 추론만큼이나 혹은 그 이상으로 복잡한 과정이다. 그것은 도덕적 정서가 감정적인 동시에 인지적인 측면을 포함하기 때문이다.

AMA에서 도덕감정 구현은 과정이며 현상으로 실재할 것이 요구된다. 이러한 이유로 피카드(Picard, R., 1999)는 인공지능의 미래 발전은 감정 및 감성 차원에서 주의를 기울여야 한다고 강력하게 주장했다. 따라서 컴퓨터가 판단을 내릴 수 있다고 가정하더라도 인간이 할 수 있는 방식으로 AI가 자신의 감정과의 연관 작용 하에 판단하는 것이라고 말하기는 어렵다. AMA의 도덕적 감정에 이의를 제기하는 사람들은 이것이 AI가 갖는 치명적인 도덕적 결함이라고 주장한다.

한편, 도덕판단에서 이성에 보다 무게를 두는 측면에서 본다면, 감정

---

14) Hoffman, 1991: 276; Turiel, 2008: 477 재인용
15) Nakagawa et al., 2015: 248

에 취약한 AI는 오히려 도덕판단에 강점이 될 수 있다. 예를 들면, 체스 게임 프로그램에 승리의 기쁨과 패배의 우울증 재현을 시도하는 요소를 추가하는 것은 오히려 체스 게임 승리에 방해 요소로 작용할 수 있다. 이 때문에 감정을 포함하지 않는 도덕적 판단을 선호하는 많은 맥락들이 있다. 예를 들면, 의사들은 자기 가족 구성원들에 대한 중요한 의학적 결정을 내리지 말아야 하는데 이는 감정 때문에 판단이 흐려질 수 있기 때문이다. 또한 우리는 판사들이 전문적으로 냉정해지기를 기대하는데 그것은 만약 판사들이 법정에서 너무 감정적이면 우리는 매우 합리적으로 정의와 균형이 위험에 처할 것이라고 가정할 것이기 때문이다.16) 인간의 도덕판단에서 감정은 가장 강력한 동인으로 작용할 뿐만 아니라 이성적 판단을 가장 취약하게 하는 원인으로도 작용할 수 있다. 그러나 다마지오(Antonio Damasio, 1996)가 지적했듯이 인간에게 있어 의사 결정과 감정을 실제로 분리할 수는 없다. 여전히 뇌 신경과학적 차원에서 도덕판단은 이성과 정서가 함께 연합한 복잡한 두뇌 과정임이 분명하다. 이러한 넌센스로 인해 AMA 구현 과정이 더욱 난항을 겪고 있다.

3) AI 판단의 무결점 기대 및 판단 수용 문제

AI가 인간이 보여 주는 선입견이나 편견을 갖지 않을 것이기에 때로는 도덕적 판단의 원천으로 선호될 것이라는 원론적인 주장이 있을 수 있다. 아직도 많은 사람들은 막연히 만약 우수한 성능의 AI가 개발된다면 공정한 판결, 완벽한 진단, 오류 없는 판정, 정의로운 도덕적 결정을 인류에게 안겨줄 것이라고 기대한다.17) 이것은 AI의 순전하고 철저한 논

---

16) Whitby, 2008: 554-555
17) Ibid.

리적인 추론 진행이 이성적이고 합리적이며 공평무사의 결과를 도출할 것이라는 AI의 비편향성 기대와 맞닿아 있다. 그러나 빅 데이터를 기반으로 하는 AI에 선입견이 없다고 단정할 수 있는가라는 반론이 가능하다.

야기 가능한 또 다른 논쟁 요소는 이러한 AI의 결정을 인간이 받아들일 수 있는가 혹은 받아들여야 하는가이다. 즉, 인류가 기계에 의해 만들어진 도덕판단을 수용해야 하는가라는 보다 근본적인 질문이 놓일 수 있다. 이는 존재론적인 문제와 직결되며 인간 존재와 AI 존재의 지위에 대한 천착을 필요로 한다. 또한 AI의 도덕판단이 인간의 도덕판단과 구별될 수 없는 것인가 하는 문제를 포함한다. 이 외에도 도덕적 판단 또는 동기와 관련하여 도덕적 행위의 정의 문제, 도덕판단에서 이성과 정서의 역할과 지위 문제 등은 AI 도덕성의 신화에 대해 실제적인 현실을 목격하게 한다.

IV. 인공도덕행위자(Artificial moral agent) 신화와 가능성

1. AMA(artificial moral agent) 신화와 실제

기술의 발전은 많은 신화를 야기하는데 AI도 그 대상에서 제외되지 않는다. 신화는 두려움과 환상의 양면 모두에서 나타나며 AI 응용에 따른 대표적인 신화로는, 'AI는 스스로 수정하고 초지능화 할 것이다.', '뉴런이나 컴퓨터 메모리와 같은 충분한 자원을 지닌 AI는 인간보다 더 지능적이다.'를 들 수 있다.[18] 이러한 신화는 우리로 하여금 인공지능의 가능성과 능력을 과장하여 예측하게 함으로써 일반 대중에게 두려움을 주는 데 이용되기도 한다.

강인공지능(strong AI, 범용인공지능, AGI) 시스템은 자율적으로 학습할 수 있기 때문에 반복할 때마다 자신의 역량을 향상시킨다. 이것은 처음 시스템 설계자가 의도하고 정의한 목적과 다른 효용을 개발하도록 학습할 수 있다는 것을 암시한다. AI 연구자들은 강인공지능 시스템에 내재된 이러한 재귀적 개선 추진과 자원 획득 능력이 궁극적으로 AI의 원래 활용 목적이나 의도와 어느 시점에서 달라질 수 있다는 것을 논의할 단계에 도달했다. AI 시스템은 그들이 어떤 목표를 가지고 있는가와 상관없이 더 많은 자원을 얻으려고 할 것이고, 그렇게 함으로써 AI는 의도되었던 것보다 더 큰 능력을 갖출 수 있을 것이다. 이러한 가설은 인류에게 인간을 지배할지도 모르는 AI에 대한 공포와 인간이 해결하지 못한 많은 난제를 해결해 줄지도 모른다는 낙관적 환상을 동시에 안겨주는 신화로 작용한다.

한편, 인간에 의해 설계된 AI를 지능형 컴퓨터 시스템이라 말할 수 있는가와 같이 AI 도덕성을 구축하는 문제에 대한 논쟁은 현재 계속되고 있다. 자율형 로봇시스템에 옳고 그름과 같은 도덕적 의식을 어떻게 구축할지에 대한 연구에서 로봇 공학자와 윤리학자의 우려는 로봇이 공감과 같은 인간의 도덕적 의사 결정에 없어서는 안 될 많은 정신 능력이 부족하다는 주장을 중심으로 한다.[19] 결국 덕에 대해 추론하고 명백한 도덕적 판단을 내리고 정당화할 수 있는 인공도덕행위자(AMA)가 가능

---

18) Aleryani, 2019: 1-2
19) Jenkins & Purves, 2016: 313

한가의 문제는 수많은 해결을 요하는 난관에 당면하게 된다.

인류가 직면할 난점 중 가장 대표적인 것은 역설(paradox)의 문제이다. 윤리적 기계는 주어진 상황에서 행동하는 방법을 결정할 때 일련의 윤리적 규칙을 따른다. 여기서 AI 도덕성은 자율적인 기계, 즉 인간의 직접적인 통제 없이 입력에 반응하고 결정하는 소프트웨어 인공지능을 가정한다. 그런데 자율적으로 표시되어 있지만 일반적으로 이러한 시스템은 '감독된 자율성'으로 보다 적절하게 설명되는 방식으로 인간 감독, 모니터링, 심지어 필요한 경우 개입이 적용된다.[20]

그렇다면 우리는 AI가 도덕적 행위자로서 스스로 선택, 판단, 결정을 내린다고 말할 수 있는가, 명백히 자율적으로 도덕판단을 내리는 인공 도덕지능이라 말할 수 있는가, 나아가 인공 지능 에이전트가 도덕성을 가지고 있는지의 여부와 관계없이 도덕적 결정을 안정적으로 내리도록 AI 프로그램 설계가 가능한가와 같은 가장 기본적인 기술적 문제로부터 디지털 기계인 AI가 아날로그 생명체인 인간의 도덕성을 그대로 재현할 수 있는가와 같은 가장 원초적인 질문과 마주하게 된다.

2. AMA의 인간 도덕성 모델링 구현 가능성과 한계

AI 시스템에서 도덕적 추리를 다루기 위한 경험적 시도는 도덕적 행위자로서의 인간 모델에서 발견되는 도덕적 규칙이 AI 도덕 추리에 반영되어야 한다는 생각에 의존한다. 이 규칙들은 경험적으로 도출되어 시스템에 내장될 것이다. 경험적 접근법은 도덕적 이질성을 낮게 평가하는 근본적인 융합 전략을 특징으로 한다. 일부 연구는 참여자들이 도

---

20) Winfield et al., 2019: 511-512

덕적 딜레마의 맥락에서 밝힌 도덕적 선호도를 보고했으며 AI 도덕추론의 잠재적 지침으로서 지배적인 경향에 중점을 두는 경우가 많다고 보고했다.[21] AI 도덕성은 인간의 도덕성, 도덕판단을 모델로 하기 때문에 도덕적 행위자로서 다음과 같은 인간 특성은 AMA 구현을 위한 가능성과 한계를 동시에 제공한다.

첫째, 도덕적 경험의 축적이다. 인간에게 있어 도덕적 경험은 인간 행위에 선택 의지를 부여하는 주관적 경험으로 작용한다. 의도와 관점 취하기와 같은 선택 의지 관련 현상은 개인적인 경험과 밀접한 관련이 있다. 선택 의지 없이는 우리는 행동에 대해 책임감을 느끼지 않거나 유지하기 어렵다.[22] 이는 AMA를 위한 딥러닝 설계, 기계학습에 도덕적 경험의 데이터 비축이 중요함을 시사한다. 자율적 도덕행위자가 되기 위해 AI는 도덕적 경험이라는 빅 데이터를 구축할 필요가 있다.

둘째, 도덕적 감정의 구현이다. 도덕적 선택, 도덕적 의지는 그에 수반되는 감정, 즉 도덕적 감정을 필요로 한다. 도덕적 감정은 동정심, 죄책감, 분노, 수치심, 후회, 감사, 자부심뿐만 아니라 경멸, 질투, 혐오와 같은 부정적 감정의 원형들도 함께 포함한다. 도덕적 감정은 부상당한 사람을 우연히 목격했을 때 그에 대한 동정심을 통해 돌봄이라는 도덕적 행위를 발휘하게 하는 것과 같이 도덕적 동기로 작용한다.[23] 반면 사회적 규범 위반에 대한 수치심, 죄의식은 규범 준수나 사회구성원과의 원만한 관계 형성과 같은 친사회적 행위의 기반이 된다. AI 도덕성 구현에 도덕적 정서와 도덕적 감정 설계는 긴요한 요소이다. 도덕적 정

---

21) Martinho, Kroesen, & Chorus, 2020: 101
22) Moll et al., 2007: 337
23) Ibid., 336-352

서는 도덕적 민감성과도 밀접한 관련을 갖기에 도덕적 민감성을 갖춘 AI의 구체적인 상에 대한 논의를 필요로 한다.

셋째, 도덕성이 갖는 복잡성이다. 도덕성은 복잡하며 시대와 문화에 따라 규범과 금지도 다양하다. 그러나 동시에 모든 문화권에 보편적인 도덕/비도덕이 존재한다. 예를 들면, 살인, 절도, 도박, 신성 모독 등은 비도덕에 포함된다. 또한 인간의 마음은 개별 예제에서 통일된 특징을 추출하는 추상화가 가능하다.24) 이에 AI 도덕성은 문화와 시대를 관통하는 보편적 도덕에 대한 일종의 '직관'을 지님과 동시에 개별 사회와 맥락에서 요구되는 도덕적 규범과 요소를 갖출 것이 요청된다. AMA로서 AI는 도덕판단에서 추론과 직관을 자유자재로 활용할 수 있어야 한다.

마지막으로 도덕성은 관계성과 연관된다. 인간은 사회적 존재이며 인간의 뇌는 사회적 뇌로 설명될 수 있다. 인간의 뇌 발달 특별히 대뇌피질의 발달은 진화의 측면에서 사회 형성의 주요한 기저로 작용했다. 대뇌피질은 평생을 통해 성숙하는데 인간에게 가장 중요한 감정학습이나 대인관계학습은 인간의 원시적인 뇌가 통제하는 초기 수년 동안에 발생한다. 대뇌피질은 서서히 발달하기 때문에 뇌의 형성에 미치는 경험의 영향은 매우 크다. 사회적 뇌로서의 인간 뇌의 특성은 인간의 자기 절제, 충동 억제와 같은 도덕적 성향을 이해하는 데 도움을 준다. 신경생물학자들은 충동억제가 배측전대상피질(dorsal Anterior Cingulate Cortex, dACC)로 알려진 뇌의 전전두엽피질 부위에서 발견된다고 설명한다. 전두엽은 뇌의 제동장치라고 볼 수 있으며 청소년 말기가 되어서야 비로소 어느 정도 완전하게 발달한다.25) 그러므로 AI가 인간 도덕

---

24) Gray, Waytz, & Young, 2012: 206

성 모델과 같은 유형을 갖추기 위해서는 AI 프로그램은 일종의 사회적 뇌와 같이 다른 존재와의 밀접한 상호작용뿐만 아니라 이러한 상호작용을 갈망하는 특성을 함께 내재할 것이 요구된다.

V. 결론

도덕철학, 윤리학의 논의 주체는 전통적으로 도덕적 사고와 행위의 유일한 존재인 인간에 한정되었다. 인간 외의 타자는 도덕적 주체라기보다 주로 도덕적 행위의 객체, 대상으로 간주되어 왔다. 도덕성, 자율성, 자유의지는 오직 인간의 독점 영역으로 인식되었고 인간만이 행위에 대해 책임질 수 있다고 보았다. 그러나 4차 산업혁명, 인공지능, 빅데이터와 같은 핵심 개념이 인간의 삶 깊숙이 파고들기 시작하면서 자기 스스로 학습을 통해 자율적으로 사고하며 행동할 줄 아는 인공지능의 등장을 좌시할 수 없는 시점에 이르렀다. 딥러닝을 기반으로 인공지능은 스스로 사고하고 판단하고 결정하는 주체로 변모하고 있다. 이제 인공지능은 전통적으로 인간에게만 귀속되었던 도덕적 행위자, 윤리적 주체로서 지위를 가질 수 있는가 하는 문제에 봉착하게 되었다.

이러한 변화는 인공지능, 즉 로봇 행위자의 도덕적 지위에 대한 고찰뿐만 아니라 인공지능이 갖출 도덕적 판단에 대한 구현, 설계, 책임 소재 문제 등에 직면하도록 인류를 내몰고 있다. AI 기술은 금융서비스, 엔지니어링 관리 등 인간의 의사 결정을 지원하는 데 널리 사용되고 있

---

25) 박형빈, 2017: 80, 84

으며 도덕적 판단을 분명하게 포함하는 영역에까지 AI 의사결정 지원 시스템 도입이 시도되고 있다.

AI와 유전학 및 나노 기술의 융합은 인류가 확실히 예측할 수 없는 미래의 기술적 도전을 야기할 것이기에 도덕적 의사 결정 능력을 갖춘 로봇이 인간 삶의 필수품이 될 것임은[26] 이미 10여 년 전부터 예견되었다. 인류가 해결하기 어려운 도덕적 딜레마에 직면했을 때 도덕적이고 지능적으로 선택하는 기계에 의존하기 위해서 인류는 보다 발전된 도덕 지능을 갖춘 AI를 요청하게 될 것이다. 그러한 이유로 AMA 논의에서 아시모프(Isaac Asimov)의 로봇법 3원칙, 즉 제1원칙인 로봇은 인간에게 해를 입히지 않도록 하고, 제2원칙인 1원칙에 상충하지 않는 한 로봇은 인간의 명령에 반드시 복종해야 하며, 제3원칙인 1, 2원칙에 어긋나지 않는 한 로봇은 자신을 보호해야 한다는 것에 추가되어야 할 사항은 AI의 판단 및 행위는 '도덕적'이어야 한다는 것이다.

한편 학습데이터의 왜곡이나 부족 또는 편견 제공으로 인공지능 시스템은 윤리적으로 매우 불완전하고 취약해질 수 있다. 인공도덕행위자(AMA)의 구현을 위한 연구 현장에서 기술적이고 과학적인 프로그래밍 설계 능력 확보보다 선결되어야 할 문제는 도덕성에 대한 철학적, 뇌 신경과학적 이해이다. 이는 이성과 정서, 보편성과 특수성, 관계성과 독립성, 직관과 추론, 도덕판단의 이중 모형 등에 대한 탐색을 포함한다.

AI를 통해 인간만큼이나 다양한 도덕적 인격을 창출해 낼 것인지 아니면 인류가 추구해야 할 최상의 도덕적 인간상을 구현할 것인지의 문제 또한 우리에게 남아있다. AI 도덕성은 신경 신화와 같이 AI 신화를

---

26) Wallach, 2008: 463-465

만들어 내며 인류에게 도덕성의 접근에 있어 보다 도덕철학적이고 윤리학적인 동시에 뇌 신경과학적, 신경윤리학적인 탐구를 요구한다. 인공도덕행위자 제작 기술자들에게 도덕적 의사결정에 있어서 감정 컴퓨팅, 감성 지능의 역할을 설명하는 자료를 제공하기 위해서는 상호이타주의와 공정성 같은 특정한 도덕 원칙에 대한 도덕철학, 윤리학의 고려뿐만 아니라 도덕심리학, 신경윤리학에서 얻은 통찰을 결합해야 한다.

AI 도덕성에서 중요한 것은 도덕적 판단은 고차원적 수준의 정신적 능력을 요구하므로 단순 기억이나 논리 추론과 같은 인간의 능력을 재현하는 것만으로 컴퓨터 시스템의 도덕적 의사결정 능력을 확보했다고 단정하기 어렵다는 점이다. 특히 도덕적 정서와 같이 감정적인 지능에서 핵심적인 요소는 다른 사람의 감정 상태를 인식하고 이에 적절하게 반응하는 능력에 관한 것이기 때문에 관련된 이성, 정서, 동기, 행동적 측면을 모두 필요로 한다. 그러므로 AI 도덕성 구현을 위해서는 도덕적 추리, 도덕적 결정에서 감정의 역할에도 관심을 기울여야 한다.

AMA 제작을 위해 인류에게 남겨진 최대 과제는 '어떠한' 도덕성을 구현해야 하는가, 이러한 도덕적 인격을 갖춘 컴퓨터가 딥러닝에 의해 접근 가능한가이다. 도덕적인 로봇은 행복과 같은 뿌리 깊은 감정적 목표뿐만 아니라 그 자체의 감정도 필요로 한다. AI 시스템이 어떻게 지능화되고 자율화되든, 그들이 취하는 선택과 행동에는 어느 정도의 도덕적 감수성 또한 요구된다. 인간 지성을 컴퓨터의 정보처리능력으로 구현한 강인공지능이 가능한가에 대하여 아직은 미해결의 문제로 남아 있지만, 그럼에도 불구하고 여전히 인류는 인공도덕행위자, 도덕성을 갖춘 로봇을 만드는 도전에 직면해 있다.

제2장

기계윤리 및 신경윤리학 관점에서 본 인공도덕행위자(AMA) 도덕성 기준과 초등도덕교육

I. 서론

인공지능(AI) 또는 일반적으로 인간의 지능이 필요한 작업을 수행할 수 있는 컴퓨터 시스템의 이론과 개발은 과학과 사회를 완전히 바꾸는 지속적인 혁명으로 널리 알려져 있다. 머신 러닝, 딥러닝 및 인공신경망과 같은 AI 접근 방식이 데이터 처리 및 분석을 재편하는 동안, 의료, 운송 및 생산 라인을 포함한 다양한 부문에서 자율 및 반 자율 시스템은 급속히 확산되었다. 이로 인해 자율 주행 자동차, 치명적인 자율 무기, 자동화된 거래 시스템 등 AI 행위와 관련된 윤리 문제는 이제 사회윤리의 일부가 되었다.

다양한 사회 영역에 걸친 강력한 변형력과 심오한 영향력에 비견해 AI의 개발 및 사용을 안내하는 원칙과 가치 기준 정립은 일천하다. 그러나 인류는 인공도덕행위자(AMA)의 행동을 설계하고 도덕적으로 평가할 시점에 이르렀을 뿐만 아니라, 이와 관련해 답해야 할 여러 가지 질문과 문제에 봉착했다. 인공지능이 인간 근로자의 일자리를 위태롭게 하거나, 악의적인 행위자들에 의해 오용될 수 있을 것이라는 두려움 등과 같은 응용 측면의 윤리 문제인 'AI 윤리'와 AMA 자체의 윤리 구현과 직결된 AMA가 어떤 윤리적 성향을 갖고 어떠한 결정을 내려야 하는가의 기계윤리 또는 'AMA 윤리'가 그것이다. 후자의 경우 도덕성은 인간 뇌에서 어떻게 설계되고 구현될 수 있는가를 포함한다. 기계윤리의 경우 하나의 도덕 이론이 다른 것보다 더 적합한가, 도덕성을 기계에 구축하기 위한 지배적인 윤리적 접근 방식은 어떤 것들이 제시될 수 있는가, 기계 또는 로봇을 도덕적 행위자로 인정할 수 있는가 등과 같은 보다 근본적인 윤리 문제를 내포한다. AI, AMA 윤리와 관련하여 인류는 보다 근원적이고 구체적인 문제에 답변할 것이 기대된다.

인공지능 윤리 지침 모색에 대한 해답을 찾는 시도로 지난 몇 년 동안 민간 기업, 연구 기관 및 공공 부문 조직은 윤리적 AI에 대한 원칙과 지침을 발표했다. 국가 및 국제 조직은 정책 문서 작성을 위한 AI 특별 전문가 위원회를 구성하여 AI가 불러올 여러 우려에 대응하고 있다. 민간 부문, 즉 비즈니스를 위해 AI에 의존하는 기업들 사이에서도 유사한 노력이 이루어지고 있는데 Google 및 SAP와 같은 기업은 AI 지침과 원칙을 2018년 공개했다. 조빈(Jobin, A.)과 인카(Ienca, M.) 등은 AI 윤리 글로벌 합의 출현에 대한 조사 분석 연구를 통해 윤리적 AI에 대한 원칙과 지침들을 매핑하고 분석하여 5가지 윤리 원칙을 제안했다. 이는 투명성, 정의 및 공정성, 비 악의성, 책임, 개인정보보호이다.[27] 그러나

---

27) A. Jobin, M. Ienca, & E. Vayena: 389-391

AI가 '윤리적이어야 한다.'는 것에 대한 명백한 동의에도 불구하고, 무엇이 '윤리적 AI'를 구성하는지 그리고 이를 실현하기 위해 어떤 윤리적 요구 사항, 기술 표준 및 모범 사례가 필요한지에 대한 논란은 여전하다.

인공지능이 완전히 자율적인 에이전트를 만드는 목표에 점점 더 가까워짐에 따라 인공도덕행위자(Artificial Moral Agents, AMA)를 설계하고 구축하는 방법에 대한 문제도 시급해지고 있다. 인공적인 도덕행위자를 개발하는 것에 대한 이론적 도전은 도덕 이론 자체에 대한 윤리학자 간의 논쟁도 불러왔다.[28] AMA 윤리 문제와 관련하여 국내에서도 AMA에 대한 융합(hybrid) 접근의 철학적 분석과 기획,[29] AMA의 자율적 행위자로서 가능성 탐색[30] 등의 연구가 시도되었다.

한편 AI는 교육에도 널리 활용되고 있는데 컴퓨터 기반교육(CBT) 및 컴퓨터 지원교육(CAI)은 컴퓨터를 사용하여 가르치기 위해 시도된 초기 시스템이다. AI 발달에 따라 학생과 상호작용 하는 개별화 가능 교육시스템인 지능형 튜터링 시스템(ITS) 분야의 연구도 촉발되었다.[31] 지난 20여 년 동안 지능형 튜터링 시스템 패러다임은 AI 교육 분야를 지배해 왔다. 학습 보조 수단으로서의 AI 역할뿐만 아니라 AI 윤리는 교육 현장에서 '교육 콘텐츠'로서도 주요한 자원이다. AI 응용과 설계에 있어서의 윤리, AI 자체의 윤리 모형 등은 인류가 추구해야 할 AI 산업을 위한 윤리적 기초가 된다. 이러한 이유로 AI 윤리는 도덕교육, 윤리교육 현장에서 중요하게 다루어야 할 주제 및 내용 요소이다.

---

28) C. Allen, G. Varner, & J. Zinser, 2000: 251
29) 최현철·변순용, 2019
30) 신상규, 2017
31) J. Beck, M. Stern, & E. Haugsjaa, 1996: 11

따라서 AI 윤리 문제와 관련하여 학교 교육현장에서 교육 콘텐츠로서 반드시 다룰 필요가 있는 내용 요소들을 살펴보고자 한다. 특히 인공지능 사회를 주도할 초등학교 학생들의 도덕적 역량 강화를 위해 초등학교 도덕과 현장에서 교육 내용 요소로서 포함해야 할 주요 주제들을 유목화하고자 한다. 이를 위해 첫째, 기계윤리 문제에 대해 살펴보고, 둘째, 신경윤리학에서 기계윤리 구현 문제를 분석하며, 셋째, 인공도덕 행위자를 위한 도덕적 기준을 탐색하고, 넷째, 초등학교 도덕과 과제로서 초등도덕에서 다루어야 할 AI 윤리 내용 요소들을 제안하고자 한다.

Ⅱ. 기계윤리와 신경윤리학에서의 AI

1. AI 윤리와 윤리적 AI

1) AI 개발과 응용에서의 윤리와 AI 내장을 위한 윤리

인공지능(AI) 시스템의 연구, 개발 및 응용 분야의 발전은 AI 윤리에 대한 광범위한 담론을 낳았다. 최근 몇 년 동안 발표된 많은 윤리 지침은 새로운 AI 기술의 파괴적 잠재력을 활용하기 위한 규범적 원칙과 권장사항으로 구성된다. AI 윤리의 특징 중 하나는 자체 규범적 주장을 강화할 메커니즘이 없다는 것이다. 물론, 윤리적 원칙의 시행에는 위법 행위 발생 시 비난이나 특정 전문 기관의 회원 자격 제한이 포함될 수 있다. 그러나 전체적으로 이러한 메커니즘은 비교적 약하고 현저한 위협이 되지 않는다. 그렇기에 기업 또는 연구 기관은 자체 윤리 지침을 수립하여 정기적으로 윤리적 고려 사항을 홍보 업무에 통합할 뿐 진정으로 구속

력 있는 법적 윤리 프레임 워크를 만들려는 노력은 약하다.[32]

그러나 AI의 개발 및 적용에 실제로 윤리적 목표가 어느 정도 구현되고 포함되어야 하는가는 AI 설계만큼이나 혹은 그 보다 더 중요한 문제이기 때문에 인간이 사용하는 방법에 대한 윤리적 지침이 요구된다. 이는 AI, 기계 및 로봇을 사용하는 인간을 위한 윤리라 할 수 있으며 'AI 원칙', 'AI 가이드라인' 등을 포함한다. 인공지능과 관련한 윤리의 2가지 차원 중 첫 번째 차원은 'AI 윤리', 즉 AI 개발 및 응용과 관련된 모든 윤리 문제이다. 기계를 사용하는 인간을 위한 윤리를 발전시킬 때 기계를 비윤리적으로 사용하지 않도록 하는 부담은 항상 기계와 상호작용하는 인간에게 있다. 기계의 사용과 관련하여 적절하고 부적절한 인간 행동을 결정하는 것은 인간 윤리의 또 다른 영역이다.

인공지능 윤리의 두 번째 차원은 '윤리적 AI'의 문제이다. 이는 어떠한 윤리 유형의 AI를 구현할 것인가와 밀접하며 윤리학적인 검토를 요구한다. 이는 자율 기계의 의사 결정 루틴에서 윤리 원칙을 구현할 수 있는 방법에 대한 반성까지 다양하다. 예를 들면, 사고실험의 한 종류인 트롤리 딜레마 해결을 위한 포괄적인 윤리 AI 가이드라인을 들 수 있다. 이를 편의상 기계윤리, AMA 윤리라 부를 수 있다.

기계윤리는 컴퓨터와 로봇에 도덕적 의사 결정 능력을 구현하려는 새로운 분야이다. AI와 로봇 공학의 경우, 도발적 시나리오는 우월한 형태의 AI가 인류를 장악하는 것부터 끝없이 재생산하는 나노봇(nanobot)으로 인한 혼란에 이르기까지 다양하다. 기계윤리는 기계를 사용하는 인간을 위한 윤리를 개발하는 것과 달리 '기계에 대한 윤리를

---

32) T. Hagendorff, 2020: 99-100

개발하는 것'과 관련이 있다. 이론적으로 기계윤리는 기계가 따라야 할 윤리적 원칙을 부여하거나 직면할 수 있는 윤리적 딜레마를 해결하는 방법을 발견하는 절차를 제공하여 AI, 즉 기계가 자신의 윤리적 의사 결정을 통해 윤리적으로 책임 있는 방식으로 기능할 수 있게 하고자 한다. 이상적으로는 자율 기계를 신뢰하여 스스로 올바른 윤리적 결정을 내릴 수 있기를 원한다. 이를 위해서는 기계가 윤리적으로 행동할 수 있는 수단을 만들어야 한다. 그러나 기계윤리를 구축하기 위한 기초가 되는 인간 윤리는 목적 이론, 행동의 결과 이론, 의무 이론 등 윤리 이론에 대한 접근 방식이 다양하며 윤리적 의사 결정의 복잡성 또한 존재한다.[33] 특히 기계에게 도덕적 딜레마와 같이 업무가 상충되는 조언을 제공할 경우에는 결정 절차의 보완이 필요하다.

2) 기계의 윤리성 상정 가능 논란

기계윤리가 어떠한 형태 및 양상으로 존재할 수 있는가에 대한 질문은 기계윤리로 간주되는 것 자체에 동의할 수 없다면 대답하기 어렵다. 일부 연구자들은 인간이 윤리를 가지고 있는 것과 마찬가지로 자율적 존재인 기계 또한 윤리를 소유할 수 있다고 주장한다. 반면, 다른 연구자들은 윤리에서 감정 표현이 배제될 수 없고, 기계는 감정을 소유할 수 없기 때문에 기계윤리는 존재할 수 없다고 본다.[34] 기계윤리에 대한 다양한 입장이 가능하며 이 문제에 대한 토론은 우리를 깊은 철학적 숙고로 몰고 간다. 그러나 AI 사회에서 기계윤리는 피할 수 없고 피해서도 안 되는 인류가 당면한 문제이다. 자동차를 운전하는 컴퓨터와 같이 실

---

33) M. Anderson & S. L. Anderson(Eds.)., 2011: 1-2
34) J. H. Moor, 2006: 18

제 문제에서 컴퓨터의 의사 결정 역할 확대에 따라 기계 자체에 내장될 윤리 유형 고려는 불가피하다.

기계윤리의 또 다른 철학적 관심사는 기계가 윤리적으로 행동할 수 있는 실체 유형인지 여부이다. 일반적으로 도덕적 행위자가 되기 위해서는 의도적으로 행위 할 수 있어야 하며 이를 위해서는 의식, 자유, 의욕 등이 있어야 한다. 여기에 감정, 정서가 매우 중요한 요소로 강조된다. 그러나 아직까지 많은 사람들은 기계가 의식이 있고 자유의지나 감정을 소유한 존재라는 점을 의심하고 있기 때문에 기계가 도덕적 행위자가 될 수 있다는 점은 배제되고 있는 것처럼 보인다. 따라서 기계에 윤리를 적용하기 위한 안전한 한 가지 방법은 비윤리적인 결과를 방지하기 위해 기계의 행동을 제한하는 것이다. 이는 윤리적 행동을 암묵적으로 지원하는 소프트웨어를 만들어 기계윤리를 만족시키는 것이다. 기계가 윤리적 행동을 암시적으로 조장하거나 적어도 비윤리적 행동을 피하도록 설계될 경우 윤리적으로 행동할 것이 기대될 수 있다.[35] 그럼에도 불구하고 정직한 기계, 성실한 로봇의 구현을 어떻게 상상할 수 있는가는 도덕철학, 신경철학 논의를 불러오는 문제이다. 도덕철학 측면에서 아리스토텔레스는 인간이 습관을 개발함으로써 덕을 얻을 수 있다고 제안했다. 그러나 딥러닝을 하는 기계가 학습을 통해 덕을 형성하게 된다고 기대할 수 있는가 하는 문제가 있다. 이러한 이유로 기계윤리 구현에 있어 인간 윤리, 뇌 신경과학, 신경철학에 대한 천착은 필수불가결하다.

---

35) J. H. Moor, 2006: 19

2. 신경철학과 AI의 도덕성

1) 신경철학에서 도덕성

도덕성에 대한 이해는 철학, 윤리학, 도덕철학뿐만 아니라 최근 뇌신경과학, 인지신경과학, 진화심리학, 신경철학, 신경윤리, 진화생물학, 사회생물학 등의 학문에서도 시도되고 있다. 인간 도덕판단 성립 조건이라 할 수 있는 자유의지에 대한 신경철학의 근래 해명은 인간의 자유의지에 대한 근본적인 물음과 맞닿는다. 행동 계획, 다양한 옵션 선택 및 시간 경과에 따른 행동 구성을 설명하는 인간 의지의 신경학적 증거를 찾고자 뇌 전두엽 피질의 역할을 연구하기도 하였다. 도덕성 이해에 있어 비교적 근래까지 콜비(Colby), 피아제(Piaget), 튜리엘(Turiel) 등 대부분의 심리학자들은 도덕적 추론을 통제 가능한 합리적 과정으로 간주했다. 그러나 최근에는 블레어(Blair), 그린(Greene), 하이트(Haidt), 카간(Kagan), 블라시(A. Blasi) 등과 같은 연구자들에 의해 도덕성에서 감정의 역할을 강조하는 모델이 널리 보급되었다.[36] 신경과학은 의식, 성격, 자유의지, 도덕판단과 같은 철학 및 심리학의 본래 개념들과 뇌신경학적 상관관계를 밝혀내고자 한다. 성격, 도덕적 판단, 의사 결정 및 자아 등에 대한 근본적인 신경과학적 해명과 탐지는 이러한 개념들에 대한 새로운 정의와 패러다임의 전환으로 이어졌다.

신경철학은 마음과 정신의 작용을 뇌신경 작용의 소산으로 이해하며 심리학, 유전학, 진화생물학, 철학, 윤리학 등에서의 인간 마음에 대한 이해를 향상시켰다. 가장 간단한 공식으로 신경철학의 핵심 아이디어는 마음의 본질을 이해하려면 뇌의 본질을 이해해야 한다는 것이다. 신경

---

36) J. Blair, A. A. Marsh, E. Finger, K. S. Blair, & J. Luo, 2006: 13

철학의 가장 두드러진 특징 중 하나는 마음 연구와 뇌 연구 사이에 통과할 수 없는 벽을 세우려는 모든 형태의 이원론을 거부한다. 신경철학 관점에서 우리가 생각하고, 느끼고, 결정하고, 자고, 꿈을 꾸게 하는 것은 우리의 두뇌이다. 즉, 인간의 정신 활동은 어떤 수준의 뇌 조직 활동이다.[37] 신경철학 초기의 대표적인 학자들로는 플라나간(Flanagan), 패트리샤 처칠랜드(Patricia Churchland) 등을 들 수 있다. 플라나간은 명상 수행의 긍정적 효과를 신경과학적 연구에서 도출했으며 정신 상태가 신경적으로 실현된다고 하는 정신적 원인에 대한 자연주의적 설명을 발전시켰다.[38] 처칠랜드는 신경철학의 관점에서 뇌에 대한 탐구로부터 도덕성을 연구했다.

처칠랜드는 뇌에서 도덕성의 근원을 찾는다. 도덕성의 생물학적 원천을 조사함으로써 인간의 도덕적 행동의 기원을 찾고자 했다. 사회적 동물의 뇌 진화는 협력, 호혜성, 집단 방어 및 장애 예방과 같은 사회적 분포를 위한 플랫폼인 신경 유전적 요소를 갖는다. 인간은 사회적 동물이며 개인의 번영은 다른 사람들의 행동에 크게 좌우된다. 사회성은 개인에게 다양한 혜택을 제공하는데, 사회적 동물의 두뇌는 협력과 같은 사회적 성향의 실행에서 즐거움을 느끼고, 배제되었을 때 고통을 느끼도록 되어 있다. 바소프레신(Vasopressin) 및 옥시토신(Oxytocin)과 같은 신경 화학 물질은 파트너 결합, 부모-자손 결합 등을 매개한다. 세로토닌(Serotonin)과 도파민(Dopamine)과 같은 다른 신경 전달 물질은 테스토스테론(Testosterone)과 같은 호르몬처럼 사회생활이라는

---

37) P. S. Churchland & M. Di Francesco, 2007: 179
38) C. Coseru, 2014: 208-219

복잡체계 안에서 놀라운 역할을 담당하고 있다. 다른 사회적 동물과 마찬가지로 인간은 사회적 본능을 가지고 있다. 유전자에 의해 활성화되고 보상 시스템에 의해 관행에 맞춰진 이러한 기본적인 사회적 본능은 사회 질서의 협력과 유지를 위한 플랫폼이며, 더 넓은 의미에서 윤리에 대한 신경생물학적 토대를 제공한다. 특히, 배우자와 자손에 대한 사랑, 친척의 애정, 다른 그룹 회원들에게 부여되는 기본 존중의 기초를 제공한다.[39]

처칠랜드는 인간이 윤리 또는 도덕이라고 부르는 것을 연동적인 뇌 과정에 의해 형성되는 사회적 행동에 대한 다음의 4차원을 통해 설득력 있게 주장했다.[40]

(1) 보살핌(친척에 대한 애착에 뿌리를 두고 그들의 웰빙을 돌보는 것)

(2) 타인의 심리적 상태에 대한 인식(다른 사람의 행동을 예측하는 것에 뿌리를 두고 있음)

(3) 사회적 문제 해결 콘텍스트(부족한 자원을 배분하고 토지 분쟁을 해결하는 방법, 악당을 처벌하는 방법)

(4) 사회적 관행의 학습(긍정적 및 부정적 강화, 모방, 시행착오, 다양한 종류의 조건화)이다.

처칠랜드와 같은 신경철학자에게 뇌의 구조, 기능 및 작용은 인간의 도덕성과 윤리성 근원을 이해하는 단초이다.

2) AI의 도덕성: 기계윤리 구현을 위한 도전

기계윤리를 개발하기 위해서는 본질적으로 학제 간 연구가 필요하

---

39) P. S. Churchland, 2008: 93-99
40) N. De Oliveira, 2013: 89

다. AI 도덕성 구현에 윤리학자와 인공지능 전문가 간의 대화가 포함되어야 한다. 기계윤리를 연구하는 AI 연구자들은 윤리가 비전문가의 직관을 훨씬 뛰어넘는 철학, 즉 윤리학, 도덕철학 분야에서 오랫동안 연구된 학문이라는 사실을 받아들여야 한다. 올바른 윤리적 행동은 특정한 일을 하지 않는 것뿐만 아니라 이상적인 상태를 가져 오기 위해 특정한 일을 하는 것이다. 현재까지 기계 동작에 대한 윤리적 문제의 결정과 완화는 사전에 결정된 임시 방식으로 설계하여 시스템이 윤리적으로 용인할 수 없는 동작에 참여하는 것을 방지함으로써 대부분 달성되었다. 그렇기 때문에 AI 설계 연구자는 기계 행동이 윤리적 문제를 제기하는 시기를 결정하는 것과 이때 수용이 가능한 범위에 관한 가정을 윤리학자에게 위임할 필요가 있다. 기계윤리 설계를 작업하는 사람들이 직면하는 문제는 컴퓨팅 윤리의 실현 가능성에 대한 AI 기술적 구현 문제와 철학적 관점이라는 두 가지 주요 범주로 구분할 수 있다. 특히 후자는 도덕철학, 윤리학, 신경철학, 뇌 신경과학 영역에서의 학문적 고찰을 함께 요구한다. 이에 대하여 앤더슨은 다음과 같은 고려 사항을 제안했다.[41]

첫째, 윤리는 계산할 수 있는 영역인가 하는 점이다. 이 질문에 대한 긍정적인 답변을 뒷받침하는 윤리 이론이 바로 공리주의이다. 목적론적 이론, 즉 행동의 옳고 그름이 전적으로 행동의 결과에 의해 결정된다고 주장하는 이론에 따르면, 올바른 행동은 행위자에게 열려 있는 모든 행동 중 하나이며 결과적으로 모든 사람들을 동등하게 고려하여 좋은 결과를 추구한다. 본질적으로는 벤담이 지적했듯이 도덕적 산술 수행을 포함한다. 기계윤리 구현을 위한 필요한 정보를 투입한다면 인간처럼

---

41) M. Anderson & S. L. Anderson(Eds.), 2011: 1-10

공리주의 이론을 따를 수 있는 기계를 개발할 수 있다. 실제로, 기계는 여러 가지 이유로 행위 공리주의 이론을 따르는데 인간보다 유리할 수 있다. 예를 들면 인간은 편파적인 경향, 즉 자신의 행동에 영향을 받을 수 있는 타인보다 자신이나 자신에 가까운 사람을 선호하는 경향이 있다. 반면 기계는 공정하게 고안될 수 있다.

둘째, 윤리적 딜레마에서 감정과 도덕적으로 옳은 행동을 수행하는 것 사이의 복잡한 연결이다. 도덕적으로 행동하기 위해서는 다른 사람의 고통에 민감해야 한다. 이것은 인간의 공감능력이다. 그러나 감정 자체가 없는 기계의 경우 윤리적으로 어떻게 행동해야 하는지 결정할 때 다른 사람의 고통을 고려하도록 훈련될 수 있는가는 분명하지 않다. 그런데 감정을 갖는 것이 윤리적 딜레마에서 올바른 행동을 결정하고 수행할 수 있도록 하는 능력을 방해할 가능성이 있다는 것도 인식해야 한다. 감정은 종종 올바른 일을 하지 못하게 하는 인간의 약점으로 작용하기도 한다.

셋째, 윤리적 딜레마에 올바른 조치가 하나만 있는 것인지 여부이다. 많은 사람들은 윤리가 사회구조에 따른 상대성이 있는 것이라고 믿는다. 한편, 윤리학자들은 절대적으로 잘못되었다고 생각하는 행동이 있다고 본다. 그럼에도 불구하고 사회에는 우리가 인정해야 할 고유한 관습이 있다. 이 때문에 완전한 윤리 이론을 구현하는 것보다 더 중요한 것은 일관성 있는 이론을 갖는 것이다.[42] 결과적으로 이러한 컴퓨팅 윤리의 실현 가능성에 대한 철학적 관점은 AI의 도덕성을 설계하는데 있어 기계윤리 구현을 위해 인류가 해결해야 할 도전 과제이다.

---

42) Ibid.

Ⅲ. 인공도덕행위자(AMA)를 위한 도덕 기준

1. 인공도덕행위자(AMA)와 철학 논쟁

1) 인공도덕행위자(AMA) 자체의 윤리 문제

최근 인공도덕 행위의 가능성에 대한 연구들이 진행되면서 도덕적 인공 행위자를 생산할 수 있는가에 대한 실질적인 의문이 제기되고 있다. 인공지능의 문제 해결 능력이 더욱 정교해짐에 따라 인공지능 행위에 대한 도덕적 책임과 관련된 많은 문제가 부각되고 있는 것이다. 인공도덕행위자의 행위에 대해 도덕적으로 책임이 있는가, 이들이 선택 의지를 갖는가 하는 문제는 인공도덕행위자가 의식을 가질 수 있는가의 문제와 직결된다. 따라서 AMA를 구축하고자 시도할 때 선결해야 할 다음과 같은 문제들이 있다.

첫째, AMA는 의도를 지닌 존재인가 하는 점이다. 데이비드슨(Davidson)과 같은 일부 이론가들은 의도의 정신 상태를 믿음과 욕망의 쌍으로 간주한다. 이 견해에서 '내가 x를 원하고 y가 x를 달성하기 위해 필요한 수단이라고 믿는다면, 내 믿음과 욕망은 y를 하게 하거나 y를 하는 '의도'로 중요한 무언가를 야기할 것이고, 이는 y를 하게 할 것이다.' 일부 학자들은 관련 정신 상태를 '자발적' 또는 '의지'로 간주하기도 한다. 행동을 유발하는 의도적 상태에 따라서 도덕적 행위자는 도덕적 의무가 있는 반면, 도덕적 행위자가 아닌 존재는 도덕적 의무가 없다. 예를 들어, 성인인 인간은 일반적으로 도덕적 행위자이며 도덕적 의무가 있는 반면, 고양이와 개는 도덕적 행위자로 볼 수 없으며 또한 도덕적 의무가 있는 것으로 생각되지 않는다. 표준적인 관점에서 도덕적 선택 의지는

자신의 행동에 대한 책임이 있다는 신념과 관련이 있다.[43]

둘째, 도덕원칙 수준의 다양성이다. 이에 고려되는 두 가지 접근 방식으로 공리주의와 칸트의 정언명령이 있다. 공리주의는 최상의 행동과 제도가 최상의 총체적 결과를 산출하는 것이라는 견해이다. 질적 공리주의자인 밀은 '만족하는 돼지보다 불만족하는 인간이 낫다.'고 보았다. 상대적으로 불행한 인간이 완전히 행복한 돼지보다 더 나은 삶을 영위할 수 있다는 것이다. 공리주의적 도덕주의자들에게 동기는 행위의 도덕성과 아무 관련이 없다. 반면 칸트에 따르면, 행동이 도덕적으로 좋으려면 행동은 그가 말했듯이 정언명령에 대한 존중에서 이루어져야 한다.[44] 이러한 용어의 의미에서 행위자가 실제로 상당히 복잡한 방식으로 추론하거나 의지를 갖지 않는 한, 행동은 도덕적이거나 도덕적으로 좋은 것이 될 수 없다. 그러나 아직까지 윤리학자들 사이에는 도덕적 행위자가 따라야 하는 표준에 대해 합의된 기준이 존재하지 않는다. 어떤 사람들은 기본적인 도덕적 규범이 총체적으로 좋은 결과를 극대화하는 측면에서 올바른 행동과 정책을 정의하는 효용의 원칙이라고 주장하는 반면, 다른 사람들은 특정 종류의 행동은 정당화될 수 없다고 주장한다.

셋째, 인공도덕행위자에 대한 개념적, 존재론적 물음이다. 이는 도덕적 행위자가 따라야 하는 기준에 대한 질문과는 별도로 '도덕적 행위자가 된다는 것'은 무엇을 의미하는가에 대한 의문이다. 인공도덕행위자에 대한 일반적인 특성은 자신 또는 자신의 이익을 증진하기 위해 행동하기보다는 다른 사람의 이익을 고려하는 개인이라고 할 수 있다. 그

43) K. E. Himma, 2009: 19-22
44) C. Allen et al., 2000: 251-253

러나 특정 표준을 따르도록 프로그래밍 된 로봇이 사실상 진정한 의미로서의 도덕적 행위자라 말할 수 있는가, 도덕적 관점을 취하는 것으로 자신이 하고 있는 일을 인식한다고 볼 수 있는가 하는 문제도 제기된다. 더욱 중요한 것은 인공도덕행위자가 자율적으로 판단을 할 때 문제의 표준을 잘못 적용하거나 고의적으로 불순종할 수 있다는 것도 감안해야 한다는 점이다.

2) 인공도덕행위자 구현을 위한 전제 조건

AI 도덕성은 인간의 도덕성과 도덕판단을 모델로 하기 때문에 도덕적 행위자로서 다음과 같은 인간 특성은 AMA 구현을 위한 가능성이자 한계가 되기도 한다.[45]

첫째, 도덕적 경험의 축적이다. 인간의 도덕적 경험은 인간 행위에 선택 의지를 부여하는 주관적 경험으로 작용한다. 이러한 이유로 AMA 구현에서 AI는 도덕적 행위자로서 성장하기 위한 도덕적 토대와 환경을 요구한다. 이는 프로그램으로 내장시키거나 딥러닝에 의해 발달될 수 있도록 설계하여 제공할 수도 있다.

둘째, 도덕적 감정의 구현이다. 도덕적 선택과 도덕적 의지는 그에 수반되는 감정, 즉 도덕적 감정을 필요로 한다. AI에게 있어 도덕적 감정이란 것이 존재하는가와 같은 보다 근본적인 질문은 차치하더라도 AI의 감정이 어떠한 양상으로 이해될 수 있는가라는 의문을 기반으로 하는 감정을 지닌 AI 상정은 AMA 설계에 필수적 요소이다.

셋째, 도덕성이 갖는 복잡성이다. 도덕성은 복잡하며 시대와 문화에

---

45) 박형빈, 2020: 9-10

따라 규범과 금기도 다양하다. 그러나 동시에 모든 문화권에 보편적인 도덕/비도덕이 존재한다. 이에 AI 도덕성은 문화와 시대를 관통하는 보편적 도덕에 대한 일종의 '직관'을 지님과 동시에 개별 사회와 맥락에서 요구되는 도덕적 규범과 요소의 '특수성'을 갖추는 것이 필요하다.

넷째, 도덕성은 관계성과 연관된다. 인간은 사회적 존재이며 인간의 뇌는 사회적 뇌로 설명될 수 있다. 인간의 뇌 발달, 특별히 대뇌피질의 발달은 진화의 측면에서 사회 형성의 주요한 기저로 작용한다. AI가 인간 도덕성 모델과 같은 유형을 갖추기 위해 AI 프로그램은 일종의 사회적 뇌와 같이 다른 존재와의 밀접한 상호작용뿐만 아니라 이러한 상호작용을 갈망하는 특성이 함께 내재될 것이 요구된다.

이 외에도 AMA 제작을 위해서는 도덕성, 도덕판단과 관련된 다양한 관점의 도덕철학적, 윤리학적 논의들의 탐색이 필요하다. 이러한 도덕철학적 논의는 AMA 구현의 전제조건이 될 뿐만 아니라 미래 AMA 설계와 활용을 전담할 세대인 학생들의 교육 현장에서도 반드시 다루어야 할 AI 윤리 문제라 할 수 있다.

2. 인공도덕행위자 도덕 기준

1) 도덕 튜링 테스트(MTT)

윤리 이론과 윤리에 대한 일상적인 이야기 모두에서 사람들은 다양한 행동의 도덕성에 대해 다른 견해를 갖는다. 칸트는 어떤 결과를 초래하든 거짓말하는 것은 항상 부도덕하다고 주장했다. 공리주의자는 그것을 부정한다. 대신 이들은 거짓말의 결과가 전체적으로 효용성을 가질 때 정당화될 수 있다고 본다. 일상생활은 특정 행동의 도덕성, 생활 방식 선택 및 사회 제도에 대한 의견 불일치로 가득 차 있다. 우리가 따라야 할 표준에 대한 다양한 견해에 직면하여 AMA 구축 성공을 위한 매력적인 기준은 튜링 테스트(Turing Test)의 변형이다. 튜링 테스트의 표준 버전에서 질문자는 인쇄된 언어만으로 상호작용 하는 것을 기반으로 기계와 사람을 구별하는 역할을 한다. 인간과 짝을 이루었을 때 '질문자'가 우연보다 높은 수준에서 인간을 식별할 수 없는 경우 기계는 튜링 테스트를 통과한다. 튜링의 의도는 지능 또는 성공적인 자연어 습득을 정의하는 표준에 대한 행동 테스트를 생성하는 것이었다. 표준 튜링 테스트를 도덕성에 대한 대화로 제한함으로써 윤리적 표준에 대한 통과 불일치로 일종의 모럴튜링 테스트(MTT)를 제안할 수 있다. MTT는 질문자에게 인간과 AMA의 실제적이고 도덕적으로 중요한 행동에 대한 설명이 제공되는 반면, 에이전트를 식별할 수 있는 모든 참조는 제거되는 방식으로 구성된다. 질문자가 높은 수준에서 기계를 올바르게 식별하면 기계는 테스트를 통과하지 못한 것이 된다.[46] 주목할 사항은 MTT에서 기계는 같은 상황에 놓인 인간보다 더 일관성 있고 더 나은 방식으로 행동하는 것으로 인식될 수 있다는 것이다. 이는 인간이 비일관된 선택 유형을 가지는 반면 기계의 경우 보다 안정화된 선택 패턴의 내장 설계가 가능하기 때문이다.

인공도덕행위자를 설계할 때, 우리는 아이들에게 기대하는 것보다 AMA에 더 많은 것을 요구하는 것이 적절하다고 생각할 수 있다. 때문에 AMA를 구축할 때 인공지능 연구자의 목표는 단순히 도덕적 행위자를 설계하는 것이 아니라 '모범적'이거나 '완벽한' 도덕적 행위자를 구상하

---

46) C. Allen et al., 2000: 253-257

고자 하게 된다. 그런데 이렇듯 인간을 위한 표준보다 더 높은 AMA의 행동에 대한 표준이 설정된다면, 그러한 표준이 어디에서 나오는가라는 문제에 봉착할 수밖에 없다.

결국 AMA를 구현할 수 있는 알고리즘으로 다음과 같은 틀이 제안될 수 있다.

(1) 명시적 평가 이론으로 효용의 원리 또는 칸트의 정언명령이다.

(2) 도덕적 성격 이론으로 덕윤리이다. 이것은 일종의 덕을 구현하거나 학습 또는 딥러닝 진화를 사용하여 도덕적으로 행동하는 시스템을 구성하는 모델링 접근법이다.[47]

(3) 절차적 사고로서의 도덕적 추론이다. 그 예로, 콜버그의 도덕적 추론 또는 롤스(John Rawls)의 절차적 정의에 따른 추론 등이 있다.

2) AMA의 도덕 기반

도덕적 행위자의 행동과 관련된 원인은 결정과 관련이 있어야 한다. 인간의 행동은 때때로 다양한 선택권의 장단점을 고려하고 평가하는 일종의 심의 과정이 관계되어 있다. 이러한 과정은 본능에 의해 행동을 유발시키는 대신, 자유로운 행동에 제한을 두기도 하고 행동에 대한 책임을 지게 하기도 한다. 이에 AMA의 도덕적 기반으로 다음과 같은 점들을 상정할 수 있다.

첫째, 도덕적 행위자로서 AMA는 자유로운 존재여야 한다. 도덕적 행위자가 자유롭다는 생각은 그들이 합리적이라는 것을 전제로 한다.

---

47) Ibid., 255-257

합리성은 도덕적 선택 의지에 필요한 능력인 추론할 수 있는 능력이다. 합리성은 전통적으로 표현된 바와 같이 옳고 그름의 차이를 아는 것을 포함한다.[48]

둘째, 감정은 의심 할 여지없이 인간 행동에 중요한 동기를 제공한다. 도덕 이론에 대한 완전한 지식은 그 이론에 부합하는 행동을 보장하지 않는다. 어떤 행동은 도덕적이지만 도덕적으로 행동하려는 동기는 전혀 없을 수 있다. 실제로 이것은 일부 소시오패스(sociopath)에 대한 설명이다. 감정은 동기를 부여할 뿐만 아니라 일반적으로 지능에 필수적이라는 주장도 있다. 한편, 감정이 도덕적 지식을 제공한다는 주장도 있다. 예를 들어, 어떤 행동의 기억에 수반되는 수치심은 그 행동이 도덕적으로 잘못되었음을 알리는 데 도움이 된다. 이처럼 인간의 실제 도덕성은 이성과 감정의 복잡한 혼합에 의해 주도된다고 볼 수 있다. 감정 중에서 다른 사람에 대한 공감, 연민은 실제 도덕적 행동을 결정하는 데 강력한 역할을 하며, 다른 사람에 대한 공감이 부족한 경우 도덕적으로 용납할 수 없는 행동이 종종 발생하기도 한다.

그러므로 AMA 구축의 궁극적인 목표는 도덕적으로 칭찬할만한 에이전트의 개발이어야 한다. 감정이 지능이나 도덕적 주체에 필수적이라는 점을 고려할 때, 컴퓨터 과학자, 공학자, 프로그래머들은 AMA를 만들기 전에 도덕적 행위에서 감정의 역할에 주목할 필요가 있다. 한편, 감정, 정서가 인간의 실질적인 도덕성에 필수불가결한 요소로 작용함에도 불구하고 실제 AMA 제작과 설계에 정서적 참여가 필수적인 것인가는 또 다른 논의를 불러일으킨다. 이러한 논의들은 또한 교육, 특히 도덕

---

48) K. E. Himma, 2009: 23-24

윤리교육에서 중요하게 다루어야 할 사항이다.

Ⅳ. 초등학생 도덕발달과 AI 윤리 교육 과제

1. 뇌 신경과학과 발달심리에서의 초등학생 특성과 교육 필요성

1) 뇌 신경과학 및 발달심리 차원의 인지 및 정서 발달과 교육

의사결정 및 자기 통제 기술 등에 관여하는 집행 기능(executive function)의 인지 구조는 유아기부터 어린 시절까지 전두엽에서 관장하는 것으로 알려져 있다. 일부 학자들은 성인 수준의 전두엽 기능 연구에 초점을 맞추는 대신, 집행 기능이 생후 첫해에 나타나고 적어도 사춘기까지 계속 발달한다고 주장했다. 데이몬(Diamond)과 골드만 라키시(Goldman-Rakic)는 유아기의 기본적인 집행 기능 이해에 주의를 기울였다. 자제력과 발달심리학의 몇 가지 인지과제가 어린 아이들 그리고 학령기 아동을 대상으로 연구되기도 했다.[49] 19세기 말 미국의 심리학자 홀(G. Stanley Hall)은 아동 치료를 위해 상대적으로 새로운 접근 방식을 제시했다. 그는 아이들의 자연 발달을 체계적으로 연구하기 위해서는 과학적 방법이 사용되어야 하며, 이 지식은 육아 및 교육 방법을 개선하기 위한 기초로 활용되어야 한다고 강조했다. 그와 같은 아동 연구 운동의 선구자들은 어린이의 성장, 발달 및 학습을 과학 연구의 전문 영역으로 취급하고자 했다. 아동 발달 연구는 건강한 성장의 특징, 정서적 안정의 전제 조건, 가장 효과적인 보살핌 및 교육 시스템 등을 이해하

---

49) M. C. Welsh & B. F. Pennington, 1988: 199

는 데 기여했다.[50]

뇌 처리 및 신경발달의 어떤 기능이 어린 아이들의 언어 및 인지 발달을 지원하는가에 대한 탐구가 지속적으로 이루어졌다. 미리 정해진 유전 프로그램에 의해 결정된 어린 아이들의 발달 프로필과 시기가 있는가, 환경이 성장하는 어린이에게서 관찰되는 변화의 패턴을 결정하는 데 중요한 역할을 하는가와 같은 질문은 한 세기가 넘도록 발달심리학자들의 중심 관심사였다. 컴퓨터 공학의 발달에 따라 등장한 계산 모델링은 어린이의 발달 변화에 대한 이러한 질문의 이면에 있는 문제에 더 깊이 있는 이해를 요구하였다. 모델링 작업은 뇌에서 신경 처리의 기본 속성 중 일부를 모방한 인공신경망을 활용한다. 이러한 네트워크에는 복잡한 활동 패턴을 전파하고 변환하는 단순 처리 장치와 연결된 웹이 포함된다. 훈련 환경에 노출될 때, 그들은 자기 조직화 과정을 거쳐 새로운 형태의 행동을 지원하는 정보처리 시스템을 생성한다.[51] 시스템의 역학과 학습 능력에 대한 이와 같은 연구들은 아동 발달 및 심리 메커니즘 특성에 대한 중요한 단서가 된다.

아이들이 생각하는 법을 배우기 위해 생각하는 과정을 거쳐야한다는 것은 교육 분야에서 널리 받아들여졌다. 발달심리학 차원에서 피아제(Piaget) 및 비고츠키(Vygotsky) 이론을 교육 전략에 통합할 수 있는 교사는 학생의 성취도를 더욱 높일 수 있다. 연령과 관련된 행동 변화를 연구하는 발달심리학은 발달의 심리적 과정을 조사한다. 즉, 인간이 나이가 들면서 겪는 생물학적, 인지적, 사회·정서 변화의 순서를 설명하기

---

50) M. Woodhead, 1999: 3-5
51) K. Plunkett, et al., 1997: 53

위해 육체적, 정서적, 지적, 사회적, 지각 및 성격으로 구성된 인간의 성장을 해석하는 것이다. 피아제의 인지발달이론에 따르면, 유아기라고도 하는 감각 운동단계의 어린이는 오감, 대상영속성 및 목표 지향적 행동을 통해 학습할 가능성이 높다. 영유아는 어른처럼 생각하지 않으며, 어린 아이들은 자기중심적 사고를 한다. 어린 아이들은 다른 사람의 관점이 자신의 관점과 어떻게 다른지 이해하거나 다른 사람의 관점을 조정하는 데 미숙하다. 따라서 교사는 인지불균형을 사용하여 학생들의 정신 구조를 변화시킬 수 있기 때문에 이것을 통해 학생들에게 동기부여를 해야 한다. 물론 피아제의 이론을 모든 사람들이 보편적으로 받아들인 것은 아니다. 일부 연구자들은 피아제가 어린이의 지식, 사회 및 문화 집단을 과소평가했다고 생각했다. 비고츠키의 경우, 학생들은 성인뿐만 아니라 학생 서로 간에 사회적 상호작용을 통해 학습한다고 주장했다. 그는 또한 우리가 먼저 사람과 사람의 상호작용을 통해 학습한 후 깊은 이해로 이끄는 내재화 과정을 통해 개별적으로 학습한다고 제안했다.

발달심리학의 제안들은 초등학교 학생들을 이해하는 단서가 된다. 학생들은 더 단순한 전제 조건 기술을 배우면 복잡한 기술을 쉽게 습득할 수 있으며, 구체적 사고 활동이 전제되지 않는 경우 추상적 사고, 문제 해결, 계획 및 관련성 식별에 어려움을 겪을 수 있다. 교사는 학생들의 인지 수준에 따라 적절한 교육 전략을 조정할 수 있다. 또한 비고츠키가 지적했듯이 사회적 상호작용, 아동의 사적 언어(Think-alouds)는 사고 발달에 매우 중요하다. 특히 그의 잠재적 발달영역(Zone of Proximal Development, ZPD)에 대한 이해는 작업을 완료할 수 없는 학생에게 적합한 도움 제공이 필요함을 나타냈다. 한편, 피아제와 비고츠키는 학습이 고차원적 사고의 발전으로 이어지는 것이라고 생각했다. 피아제가 보다 더 구성주의적 관점을 취하며 개인에 초점을 맞추었다면, 비고츠키는 사회적 상호작용에 초점을 맞춘 능동적인 이론 접근 방식을 사용했다.[52] 이러한 초등학생들의 발달심리학적 이해는 교육 현장에서 면밀하게 검토되어야 한다. 학생들은 자기에게 이야기할 수 있는 교육전략인 사적 언어, 비계, 소그룹, 협동학습, 그룹 문제 해결, 교차 과외, 보조 학습, 추론 학습 등을 필요로 한다.

2) 아동의 도덕발달 및 도덕적 정체성과 도덕교육

피아제와 콜버그(Lawrence Kohlberg)의 강력한 영향력 아래 발달심리학은 도덕적 인지에 비해 도덕적 동기 문제에는 상대적으로 관심을 적게 기울였다. 피아제는 1932년 고전적 연구인 아동의 도덕적 판단에서 오늘날까지 발달 및 도덕심리학을 특징짓는 많은 학문적 연구의 이론화 및 토대를 구축했다. 콜버그의 경우, 그에게 동기는 실질적으로 인지에 포함되었다. 콜버그는 '정의를 위한 교육: 플라톤적 관점에 대한 현대적 해명(Educating for Justice: A Modern Statement of the Platonic View, 1970)'에서 다음과 같이 보고했다. "나는 도덕의 발달 단계를 추적하고 이러한 단계를 도덕교육 프로그램의 기초로 사용하려고 노력하면서 그 의미가 합리적 선의 힘에 대한 플라톤 믿음의 재주장이라는 것을 점점 더 깨달았다." 그는 플라톤의 철학적 관점을 인정하는 동시에 듀이의 기본 생각을 함께 포섭했다.[53]

---

52) B. Blake & T. Pope, 2008: 59-64
53) R. Bergman, 2002: 104

생각과 행동의 관계는 매우 복잡한 문제이다. 이는 왜 도덕적 행동이 항상 도덕적 판단을 따르지 않는지의 문제와 직결된다. 의지의 나약함은 '아크라시아(akrasia)' 문제 또는 실패의 문제라는 측면에서 사고-행동 역학에서 주목할 필요가 있다. 로크는 생각-행동의 문제가 해야 한다고 말하는 것 또는 해야 한다고 생각하는 것과 실제로 실천하는 것 사이의 관계를 설명하는 철학적, 심리적 문제라고 인식했다.[54] 아동의 도덕발달은 단순한 복종이 아닌 협력에 필요한 동료 또는 성인과의 상호작용, 존중, 공감, 정의 인식 등을 기반으로 한 사고방식을 형성하도록 유도한다.

콜비(Colby)와 데이먼(Damon)은 자아와 도덕성 사이의 일치가 감지되면 판단과 행동이 직접적으로 예측 가능하게 연결되고 행동 선택이 매우 확실하게 이루어진다고 보았다. 이들은 도덕철학자, 신학자, 윤리학자, 역사가, 사회과학자의 조언에 따라 '도덕적 모범'으로 간주될 수 있는 사람을 특징짓는 5가지 기준을 다음과 같이 제시하였다.

(1) 인류에 대한 일반화된 존중 또는 도덕적 미덕에 대한 지속적인 증거를 포함하는 도덕적 이상이나 원칙에 대한 지속적인 헌신
(2) 자신의 도덕적 이상 내지 원칙에 따라 행동하는 성향, 자신의 행동과 의도 사이의 일관성, 행동의 수단과 목적 사이의 일관성
(3) 자신의 도덕적 가치를 위해 자신의 이익 훼손을 감수하는 의지
(4) 다른 사람에게 영감을 주고 도덕적 행동으로 옮기려는 경향
(5) 전체적으로 세상에 비해 자신의 중요성에 대한 현실적 겸손
콜비와 데이몬은 이러한 도덕적 모범을 가장 깊이 특징짓는 것은 매

---

54) Ibid., 105

우 높은 수준의 자아와 도덕적 통합이라고 강조했다. 도덕적 모범은 개인과 도덕적 목표를 동시에 적극적으로 추구하면서 실제로는 하나의 동일한 것으로 간주한다. 그들은 자아를 부정하기보다는 도덕적 중심으로 정의하며 자신들의 도덕적 선택을 자기희생의 행사로 여기지 않는다.[55]

도덕적 행동과 도덕판단 연구자들은 대체적으로 도덕적 추론의 중심성을 보존하지만 추론만을 참조하여 도덕심리를 설명하려고 하지 않는다. 이점에서 도덕적 정체성 개념은 도덕적 이해의 동기 부여 잠재력을 분명히 하며 플라톤주의자는 설명할 수 없는 아크라시아 문제에 대해 새로운 맥락을 제공한다. 더욱이 초등학생 시절은 도덕적 정체성 형성에 주요한 시기이다.

도덕성은 사회적 관습과 개인적 자율권 영역에 대한 개념과 함께 발전한다. 학생들의 효과적인 도덕교육에 참여하기 위한 노력을 방해하는 주요 원인으로 학생의 사회적, 도덕적 발달 간의 상호작용의 복잡성에 대한 과소평가를 들 수 있다.[56] 따라서 내실 있는 도덕교육은 학생들이 윤리적 탐구에 적극적으로 참여할 것을 요구하며, 윤리적 탐색은 이들이 사고의 모든 측면을 배양하도록 촉구한다. 고차원적 사고력을 기르기 위해 학생들은 비판적이고 창의적이며 배려 깊은 사고 훈련을 필요로 한다.[57] 다시 말해 고차적 사고, 메타인지의 향상을 위해 비판적 사고, 배려적 사고, 능동적 사고, 정서적 사고, 가치 있는 사고를 포함한 다양한 사고 유형이 요구된다. 결국 아동의 도덕발달을 위해서는 숙고와 성찰의 사고 교육과 도덕적 행동과 도덕판단의 괴리를 극복하기 위

---

55) R. Bergman, 2002: 115-116
56) L. Nucci & E. Turiel, 2009: 151
57) M. Lipman, 1995: 61

한 도덕적 동기의 가장 유효한 유형인 도덕적 정체성 확립 교육이 동시에 이루어져야 한다.

2. 뇌 신경과학과 인공도덕행위자 윤리기준

1) 뇌의 가소성과 교육

연구자들은 뇌가 환경 변화에 적응하는 놀라운 능력을 가지고 있음을 보여주었다. 신경 가소성의 긍정적인 효과는 특정 인지 영역에서의 기능 향상과 자연적으로 발생하는 감각 박탈 사례에 따른 피질 변화를 포함한다. 발달 초기에 역경과 스트레스가 있을 때 뇌 기능 및 발달의 부적응 변화가 보고되었음에도 불구하고, 동물의 풍족한 사육 환경을 조사한 연구자들은 긍정적인 뇌 가소성 효과를 유도할 수 있는 잠재력을 밝혀냈다. 이는 뇌가 조기 뇌 결손을 되돌리거나 정상적인 인지 기능을 강화하도록 훈련하는 방법을 대중화하는 데 도움을 주었다. 아이들의 두뇌가 어느 정도 유연하고 훈련이 가능한가 하는 문제는 교육 차원에서 중요한데, 그러기 때문에 어린이의 뇌 가소성 및 가소성을 촉진하는 개입에 대한 관심이 널리 퍼지고 빠르게 증가하고 있다. 이 분야의 연구는 주의력결핍 과잉행동장애(ADHD) 아동을 대상으로 실행기능을 훈련하려는 노력에도 중점을 두었다.

어린이의 신경 가소성에 대한 현재 지식의 대부분은 뇌 발달에 포함되어 있다. 현대 신경과학이 출현할 때까지, 뇌 발달은 눈에 띄는 해부학적 구조 때문에 상대적으로 초기에 뇌 발달이 거의 완료되었다고 생각했고, 어린 시절 인간의 뇌는 성인 체중의 약 90%에 이르고 그 이후에는 크기가 거의 변하지 않는다고 보았다. 그러나 인간과 비인간 영장류에 대한 조직학적 사후 연구와 생체 내 영상 연구 결과는 인간의 뇌 발달이 유아기까지 완전하지 않다는 강력한 증거를 제공했다. 실제적으로 두뇌 구조의 역동적이고 지속적인 변화는 발달 과정에서 발생한다. 예를 들어, 인간 뇌의 백질(수초화 뉴런)에 대한 회백질(수초화 되지 않은 뉴런)의 비율은 출생부터 성인기까지, 특히 대뇌 피질에서 극적으로 변한다. 회백질 밀도는 유아기 초기 성장의 비선형 추세를 따르며, 이후 청소년기와 젊은 성인기에 밀도가 감소한다.[58]

연구자들은 인간의 뇌 발달이 신체 발달과 마찬가지로 유전적으로 프로그래밍 되어 있다고 본다. 프로그래밍의 정확한 타이밍에는 개인차가 있지만, 일반적으로 발달하는 개인의 특정 뇌 영역의 성숙 순서에는 대체적으로 불변성이 보고되었다. 예를 들면, 청각 및 시각 영역은 조기에 성장하고 언어는 나중에 발달하며 고차원 인지 기능은 보다 이후에 성숙한다. 발육하는 뇌는 또한 태아기, 아동기, 청소년기의 경험에 의해 크게 영향을 받는다. 더욱이 뇌 발달이 성인 생활 내내 계속된다는 증거가 증가하고 있다. 이것은 경험이 발달하는 뇌의 구조를 형성한다는 생각의 관점에서 환경이 신경 발달에 영향을 미치는 정도를 확인하는 것으로까지 이어졌다. 실제로 발달하는 두뇌의 가소성을 가장 잘 이해할 수 있는 것은 이 경험적인 조작 과정에서이다. 특히 손상 또는 비정상적인 발달을 겪은 뇌에서도 학습 및 훈련의 긍정적 영향을 보여주었다.[59] 신경가소성에 대한 이러한 연구를 포함해 뇌 신경과학의 지속적인 진전은 인간의 사고, 도덕성 발달, 정서 및 사회성 발달 등의 기원이 되는

---

58) R. L. Bryck & P. A. Fisher, 2012: 87-90
59) Ibid., 87-100

신경과정에 대해 통찰을 얻게 한다. 이는 아동의 인지 발달 및 도덕성 발달에 교육의 역할이 매우 중요함을 다시 일깨운다. 뿐만 아니라 AI 설계 및 AMA 프로그래밍 단계에서 고려해야 할 인공신경망 이해의 단초를 제공한다. 이제 우리는 이러한 논의를 기초로 하여 AMA를 위한 윤리 기준과 도덕교육의 과제를 어떻게 제안할 수 있는가에 대해 숙고할 지점에 서 있다.

2) 인공도덕행위자 윤리 기준과 도덕교육 과제

간호사는 환자를 다룰 때 특정한 도덕적 의무와 권리를 갖는다. 만약 간호사가 인간이 아니라 로봇이라면 이러한 도덕적 권리와 책임의 문제는 어떻게 되는가? 로봇은 기껏해야 도덕적 행위자가 아닌 인간의 도덕적 이익을 증진시키는 도구일 뿐인가? 기술에 대한 이러한 가정은 지나치게 혐오적인 표현으로 보일 수도 있다. 그러나 로봇, AI가 AMA로서 도덕적 책임을 갖는 존재가 되기 위해서는 '의도성'이 필요하다. 이는 로봇이 욕망에 대한 신념, 희망에 대한 생각, 두려움에 대한 믿음 등을 가질 수 있다는 것을 의미하기도 한다. 데닛(Dennett)은 현재 인류는 이러한 기계를 가지고 있지 않지만, 미래에 우리가 그것을 가지지 못할 이유는 없다고 보았다. 반면, 로봇이 현재 또는 미래에도 도덕적 행위자가 될 수 없다는 주장도 있다. 브링스요드(Selmer Bringsjord)는 로봇이 프로그래밍 되지 않은 것은 아무것도 할 수 없기 때문에 결코 자율적인 의지를 가질 수 없다고 보았다. 그는 PERI라는 로봇을 이용한 실험을 통해 이를 입증하고자 했다. PERI는 도덕적으로 나쁜 일을 하거나 지구본을 떨어뜨리는 결정을 내리도록 프로그래밍 되어 있었다.[60] 한편 알렌(C. Allen)과 바너(G. Varner)는 AMA 윤리 설계와 관련하여 하향식 이론적 접근 방식, 상향식 모델링 접근법이 본질적으로 실수를 저지르기 쉬운 에이전트를 생성할 수 있다고 지적하며 하이브리드 접근 방식을 논하기도 했다.[61]

인공도덕행위자의 도덕적 책임 문제에 대한 극단적인 입장들은 특정 상황에서 로봇, 즉 인공지능이 진정한 도덕적 행위자가 되기 위해 갖추어야 할 조건을 생각하게 한다. 로봇이 도덕적 행위 주체가 되기 위해서 우리는 다음과 같은 질문에 답할 수 있어야 한다.

(1) 로봇은 자율적인가.

(2) 로봇의 행동은 의도적인가.

(3) 로봇은 책임 있는 위치에 있는가.

(4) 로봇은 의사결정 능력이 있는가.

(5) 로봇은 스스로의 결정에 대해 후회할 수 있는가.

(6) 로봇은 현상적 의식을 갖는가.

(7) 로봇은 합리성을 소유하는가.

이와 같은 질문에 대해 모두 '예'라고 대답할 수 있다면, 이때 로봇은 도덕적 행위자가 될 수 있을지 모른다.

이런 점에서 인공도덕 규율, 원칙, 규범, 기준의 주된 목표는 마치 로봇, AI가 도덕적 행위자인 것처럼 행동하도록 이를 설계하는 것이다. 인공 도덕성의 중간 목표는 행동의 가치, 윤리 및 합법성에 민감하게 AI 시스템을 구축하는 것이 된다.[62]

따라서 인공도덕 분야의 효과적인 토대 개발을 위해서는 컴퓨터를

---

60) J. P. Sullins, 2006: 23-27
61) C. Allen et al., 2000: 257-261
62) C. Allen, I. Smit, & W. Wallach, 2005: 149-155

명시적인 도덕적 추론자로 만드는 것과 관련된 기술적 및 철학적 문제 탐구가 반드시 포함될 필요가 있다. AMA는 어떻게 결정을 내려야 하는가와 관련하여 하나의 도덕 이론이 다른 것보다 더 적합한가에 대한 논쟁은 있으나 대체적으로 도덕성을 기계에 구축하기 위한 지배적인 윤리적 접근 방식으로 현재 논의되고 있는 것은 덕윤리, 공리주의, 의무론 그리고 콜버그식 추론이다. 이에 더해 인간과 같이 고결한 인공 도덕 행위자는 도덕적 정서와 감정을 소유할 것을 요청받기도 한다. 덕윤리에 대한 옹호 차원에서 볼 때 정직, 성실, 정의로움 등의 미덕을 갖춘 로봇이 상상 가능하다. 그러나 이러한 덕을 지닌 로봇이라 하더라도 진정한 AMA가 되기 위해서는 도덕적 공동체의 구성원에 대한 관계적 관점을 배제할 수 없다. AMA와 우리의 도덕적 모습이 외형적으로는 동일한 양상을 보인다고 하더라도 AI가 인간과 같이 관계성 속에 존재하지 않는 한 진정한 의미에서의 도덕적 행위를 했다고 판단하기 어려울 수 있다.

AMA 표준 견해의 주된 지지자인 존슨(Deborah Johnson)은 엔티티 E의 도덕적 행위 조건으로, (1) E는 몸으로 물리적 사건을 일으킨다, (2) E는 자신의 욕망, 신념 및 특정 방식으로 행동하는 이유를 구성하는 기타 의도적 상태인 합리적 의식을 갖는다 등을 제안했다. 도덕적 행위자로서 인공지능 로봇은 자신의 신념, 욕망 및 기타 의도적인 상태를 참조하여 행동할 때 도덕적이라 할 수 있다.[63]

그러므로 인공도덕행위자를 위한 윤리 규정은 다음과 같은 문제에 직면한다. 첫째, AI 자율성으로 도덕적 선택 의지의 전제 조건 수용이

---

63) D. Behdadi & C. Munthe, 2020: 197-198

다. 베키(Bekey)에 따르면, 자율성 개념은 일단 기계가 활성화되면 적어도 일부 작동 영역에서 외부의 제어 없이도 실제 환경에서 행동할 수 있는 능력으로 정의된다. 둘째, 도덕적 모범을 수용한 AI이다. 도덕적 모범의 가장 큰 특징은 타인의 이익고려이다. AMA로 명명될 수 있는 존재는 자신만이 아닌 자기 외의 존재에 대한 고려를 반드시 포함해야 한다. 셋째, 도덕적 정체성 소유자로서의 AI이다. 정체성의 문제는 추론과는 별개로 가져야 할 도덕적 특성이다. 넷째, 다양한 윤리학적 이론에 대한 이해도 필요하다. 진정한 AMA는 마치 인간과 같이 어떠한 문제 상황에서 공리주의, 덕윤리, 의무론 등을 고려하여 콜버그식의 도덕적 추론을 할 수 있어야 한다. 다섯째, AMA는 자기 자신의 욕망, 욕구, 신념을 소유함과 동시에 이에 대한 자각도 필요하다. 이외에도 AMA로서 요구되는 윤리적 기준 및 전제는 다차원에서 제시될 수 있으며 이러한 내용들은 초등학교 도덕과 교육 현장에서 AI, AMA 논의에서 함께 다룰 중요한 교육 콘텐츠이자 내용 요소가 된다.

V. 결론: 초등학생을 위한 도덕교육 콘텐츠로서 기계윤리

최근 몇 년 동안 기계윤리, 로봇윤리 즉 윤리적 AI 및 AMA 구축을 위한 다학제적 접근이 시도되고 있다. 로봇이 묵시적이거나 명시적인 도덕적 행위자가 되도록 윤리적 규칙을 사용하여 로봇을 프로그래밍 하는 방법에 대한 논의는 컴퓨터공학자, 윤리학자, 도덕철학자 등의 숙고된 판단과 담론을 필요로 한다. 기계윤리에서 가장 중요한 문제 중 하나는 인공지능 로봇을 '윤리적'으로 만드는 목표와 관련이 있다. 앤더슨은 이 목표를 이상적인 윤리 원칙이나 행동을 안내하는 일련의 원칙을 따르는 기계를 만드는 것으로 보았다. 다시 말해서, 이것은 취할 수 있는 가능한 행동 과정에 대해 내리는 결정 원칙으로 기계에 윤리적 차원을 더하는 것을 포함한다.[64] AI의 기술발전을 기반으로 인간과 같은 윤리적 추론과 의사 결정을 내릴 수 있는 완전히 자율적인 지능형 로봇의 출현은 피할 수 없는 것처럼 보이기도 한다. 그러나 우리는 해당 프로그램의 설계에 앞서 윤리가 계산 가능한 것인가, 인간의 윤리적 추론 및 의사 결정은 어떻게 이루어지는가, 일반적으로 윤리적 차원이라 부를 수 있는 기준은 무엇인가 등에 대한 윤리학자들의 논의에 천착할 필요가 있다. 특히 인공지능 시대를 주도할 미래 세대의 교육에 있어 AI 윤리에 대해 단순 지식의 전달은 이들이 마주할 AI 관련 도덕적 딜레마 해결에 가장 비효과적인 교육이 될 수 있다.

도덕적 기계를 만드는 것은 상상할 수 있는 일이며, 이것은 인류에게 귀중한 발전이 될 수 있다. 그러나 이 목표를 성공적으로 달성하기 위해서는 먼저 윤리적 전문 지식에 더 많은 관심을 기울여야 한다. 도덕적 행위주체로서 AMA가 설계되기 위해서는 부도덕한 것을 피하거나 금지할 뿐만 아니라, 특정 윤리적 접근 방식에 의존하는 것과는 대조적으로 도덕적 문제를 주체적으로 해결하기 위한 다원적 윤리프레임 구축이 요구된다. 이를 위해 하향식 접근 방식, 상향식 접근 방식, 하이브리드 접근 방식, 법률적 접근방식, 인명적 접근 방식, 웹 기반 접근 방식[65]

---

64) J. S. Gordon, 2020: 141-153
65) Ibid., 150-157

등을 생각할 수 있다. 이 외에도 도덕적 정체성, 도덕적 정서, 도덕적 추론, 도덕적 인격 등과 연관된 도덕교육적 논의들에 귀 기울일 필요가 있다. 윤리적 다원주의와 윤리적 전문성 부족으로 구성된 AMA는 인공적인 도덕행위자에서 단순히 인공행위자로 전락할 수 있으며 이를 통해 야기된 도덕적 문제들의 피해는 고스란히 인류의 몫이 되기 때문이다.

따라서 AI 시대 초등학교 도덕 교과에서 학생들은 뇌 신경과학적, 발달심리학적 특성을 고려한 효과적인 도덕교육 방법을 통해 비판적이고 창의적이며 배려하는 숙고자가 되어야 할 뿐만 아니라 적합한 기계윤리에 관한 내용을 학습하고, 더 나아가 도덕적 정체성을 형성할 수 있어야 한다. 이에 초등학생들의 도덕발달 특성을 감안한 교육 전략 마련과 함께 적절한 AI 윤리, 기계윤리, 로봇윤리 교육 콘텐츠 제시가 요구된다. AMA 구축을 위해 필연적으로 논의할 사항들에 대한 검토는 학생들의 AI 윤리 역량 함양을 위해 교육 현장에서 중요한 내용 요소로 활용 가능하다.

결과적으로 도덕적 기계를 구성할 때 고려해야 할 점은, 중요한 방법론적 문제와 더불어 정당한 도덕적 규준 및 기준을 숙고하는 것이며 이는 초등학교 도덕교육 현장에서 학생들의 도덕적 비판 사고력, 도덕적 정체성 교육 현장에서 거론될 핵심 주제라 할 수 있다. 도덕적 판단, 도덕적 행동, 도덕적 사고, 도덕적 인격 형성의 복잡성을 간과한 AMA 설계로 인해 프로그래머와 컴퓨터 공학자들이 오류에 봉착하지 않도록 하는 노력은 초등학교 도덕교육 현장에서부터 이루어져야 할 것이다.

제Ⅱ부

AI와 뇌 신경과학

제3장

AI 윤리 및 뇌 신경과학에서 인간지성과 도덕과 교육과정

I. 서론

인간 지성을 그대로 모사한 AI 구현을 위해서는 인간 뇌에 대한 이해의 선행이 요구된다. 인간 뇌의 정보처리와 사고방식은 과거 많은 논리학자나 컴퓨터 공학자가 생각한 것처럼 논리적 연산에 기초한 합리주의적 접근만으로는 이해할 수 없는 것으로 보고되고 있다. 이러한 결과들을 반영하듯 경제학, 심리학, 사회학 등의 다양한 학문분야에서 인간은 의사결정 과정에서 과거의 경험에 의존하는 감정 편의적(affect heuristic) 판단을 주로 사용하는 것으로 나타났다. 인간의 감정 편의적 판단은 생물의 진화 과정에서 생존을 위해 활용된 방법이며 인간의 뇌 역시 이러한 방법으로 구성되어 있다.[66] 이는 인간과 같은 AI 개발에 있어 인간 뇌가 지닌 합리적 차원의 이성적 측면뿐만 아니라 비합리적

---

66) 이재신, 2014: 161

측면인 감성적 특성에 대한 연구가 필요함을 드러낸다.

더구나 AI 윤리문제를 단순 지능의 차원이 아닌 인간 지성의 차원에서 바라볼 때, 인공지능 나아가 인공지성의 윤리문제를 논의하기 위해서도 인간 정신 작용 해명을 위한 인간 뇌에 대한 탐구는 필수적이다. 이러한 이유로 인공지성의 윤리문제는 거시적 관점에서 크게 두 가지 차원에서 접근 가능하다. 첫째, 인공지성 자체의 구현 가능성에 대한 윤리문제이다. AI를 도덕판단과 같은 인간의 고차원적 사고의 수준까지 수행하는 존재로 상정할 때, AI를 인간과 같은 인공도덕행위자(Artificial Moral Agent, AMA)로 인정할 수 있는가 하는 윤리문제가 발생한다. 이는 인간 뇌에 해당하는 기능을 수행하는 인공 뇌, 인공지성의 구현 가능성을 묻게 되며 필연적으로 인간 지성의 뇌 작용에 대한 탐색을 요구한다. 또한 우리가 구현할 AMA는 어떠한 윤리를 내장한 존재로 설계할 것인가 하는 윤리 기준 선정의 문제를 포함한다. 둘째, 인공지능을 둘러싼 광범위한 윤리적 문제이다. 이것은 AI 개발, 사용, 적용 결과 등이 야기하는 윤리문제인 AI 설계부터 제작, 활용까지 이어지는 과정에서의 광범위한 윤리적 문제를 포괄한다. 이는 인공지능 실현에 필요한 일종의 윤리 가이드라인을 요구한다.

따라서 인간 이성 및 감성 통합으로서의 인간 지성과 AI의 차이점 및 유사점에 주목하면서 인공적 지성, 즉 인공지성의 윤리문제를 고찰하여 도덕과 교육과정을 위한 시사점을 도출하고자 한다. 궁극적으로 인간 뇌의 특성과 현재까지 구현된 AI의 모습, 윤리적 관점에서의 인공지성 문제를 탐구하여 새로운 도덕과 교육과정에서 AI 윤리문제가 어떠한 양상으로 다루어져야 하는가를 제시하고자 한다. 이러한 목적을 달성하기 위하여 해결하고자 하는 탐구 주제는 다음과 같다. 첫째, 뇌 신경과학에서 인간 지성, 도덕판단의 특성은 무엇인가? 둘째, 인간 지성과 AI의 차이점은 무엇인가? 셋째, AI가 갖는 필연적 윤리문제들은 무엇인가? 넷째, AI를 둘러 싼 윤리문제에 대한 탐색이 제안하는 도덕교육적 시사점은 무엇인가? 다섯째, 새로운 도덕과 교육과정에서 인공지성 윤리문제는 어떻게 반영되어야 하는가?

II. 뇌 신경과학에서의 인간 지성과 AI

1. 뇌 신경과학으로 이해하는 인간의 이성 및 감성과 도덕판단

1) 인지신경과학에서 도덕성 근원과 이성 및 감정

인간이 타고난 도덕 능력의 가능성은 도덕심리학 연구로부터 찾을 수 있으며 피아제(Piage)와 콜버그(Kohlberg)의 작업이 대표적이다. 인간과 유사한 유인원의 사회적 행동에 대한 드 발(de Waal)의 연구는 사회적 행동이 인간뿐만 아니라 유인원의 행동에서도 발견됨을 보여주었다. 인지신경과학은 인간의 마음을 열어 물리적으로 그 작용을 이해하는 것을 목표로 한다. 인지신경과학 및 도덕적 정신 연구는 도덕성의 구성 요소라고 부르는 것을 생각하게 했으며 인류학자인 슈웨더(Shweder)와 진화심리학자인 코스미데스(Cosmides) 등에 의한 도덕성 연구도 이루어졌다. 도덕심리학 연구 가운데 밀그램(Milgram)의 연구는 인간 도덕성의 연약함과 변덕스러움을 극단적으로 보여준 대표적 예이다. 도덕심리와 관련된 신경-인지 작업과 선천적 요인은 인간의 도덕적 능력 및 도덕적 판단에 중요한 기여를 한다. 인지신경과학에서 도덕성 이해의 두드러진 특징은 도덕성의 근원으로서의 뇌에 대한 이해, 이성과 정서의 복합작용으로서의 도덕 능력에 대한 발견이다.

첫째, 도덕성의 근원으로서의 뇌이다. 뇌 손상이 개인의 도덕적 감수성을 현저하게 선택적으로 빼앗아 간 것으로 보이는 가장 유명한 사례는 게이지(Phineas Gage)이다. 버몬트에서 일했던 19세기 철도 감독인 게이지는 어느 날 우연한 폭발로 뺨을 통해 그의 머리 위로 쇠파이프가 관통하는 사건을 겪는다. 이로 인해 그의 내측 전두엽 피질의 대부분이 파괴되었다. 다행히 그는 사고에서 살아남았을 뿐만 아니라 당시 그의 인지를 포함한 모든 정신 능력이 그대로 유지된 것으로 보였다. 그러나 회복 기간이 지난 후 그는 전혀 다른 사람이 되어 있었다. 사고 전에 그는 부지런함과 좋은 성격으로 동료들로부터 존경을 받았으나 사고 후 그는 무법자가 되었다. 그는 어디를 가든 문제를 일으키고 반사회적 행동을 일삼았으며 결국 지속적으로 일을 할 수 없었다.[67] 연구자들은 극심한 선택적 변화를 일으킨 게이지의 뇌 병변을 오랫동안 해명하지 못했다.

그런데 게이지와 유사한 병변을 가진 환자 사례 연구들의 등장으로 게이지 현상이 이해되기 시작했다. 다마지오(Damasio)와 동료들은 1990년대 중반 게이지에게서 손상된 부분과 대체적으로 같은 부위에 뇌종양을 앓고 있는 엘리엇(Elliot)이라는 환자에 대해 보고했다. 게이지와 마찬가지로 엘리엇은 정치 및 경제와 같은 주제에 대해 말하고 추론하는 능력을 유지했으며 전두엽 손상을 감지하도록 설계된 일부를 포

---

67) J. Greene, 2005: 338-340

함하여 표준 지능 테스트에서 평균 이상의 점수를 얻었다. 그러나 게이지처럼 그의 행동에서 특이점이 발견되었다. 그는 게이지만큼 반사회적 경향을 드러내지는 않았지만 사회적 영역에서 특유의 장애를 나타냈다. 엘리엇은 홍수에 빠져 피투성이가 된 사람들의 사진을 보면서도 아무런 감정적 반응을 보이지 않았다. 놀라운 점은 뇌 손상 이전의 그는 그런 일에 강한 감정적 반응을 보였었다는 점이며 그 또한 이러한 사실을 알고 있다고 말했다. 다마지오와 동료들은 엘리엇의 피해가 의사 결정 능력에 미치는 영향을 평가하기 위해 고안된 일련의 테스트를 사용하여 실험을 전개했다. 예를 들어, 돈이 필요하면 도둑질을 할 것인지 아닌지, 그 이유를 설명해 달라고 질문을 하였다. 그의 대답은 다른 사람들의 대답과 같았으며, 왜 그런 범죄를 저지르면 안 되는지 일반적인 이유도 제시했다. 이전과 마찬가지로 엘리엇은 각 사례에서 정상 또는 평균 이상을 수행했다. 엘리엇의 사회적, 도덕적 관습에 대한 명백한 지식은 대부분의 사람들보다 좋거나 낫다는 것이 분명해졌지만, 게이지와 같이 그의 개인적인 삶은 빠르게 악화되었다. 다마지오는 엘리엇이 실제 실패를 추론할 수 없는 것이 아니라 감정적 반응을 그의 실제적인 판단에 통합할 수 없기 때문이라고 이러한 현상을 설명했다.[68]

다마지오는 알지만 느끼지 않는 것이 엘리엇이 지닌 곤경의 본질이라고 보았다. 엘리엇과 유사한 손상과 결손을 가진 다른 4명의 환자를 대상으로 한 연구에서도 동일한 양상이 드러났다. 다마지오와 그의 동료들은 환자들이 정상적으로 반응했지만 사회적으로 중요한 자극을 받았을 때 일반적인 연쇄반응인 전염 반응, 즉 정서적 각성의 표준 표시를

---

68) Ibid., 339-340

나타내지 않는 일관된 실패를 관찰했다. 흥미로운 점은 엘리엇과 같은 환자에 대한 도박 과제를 사용한 의사 결정 연구이다. 이 작업을 수행할 때 엘리엇과 같은 환자는 어리석고 위험한 선택을 하는 경향을 보였고 이를 통해 업무를 잘 수행하지 못하는 것은 정서적 결함과 관련이 있는 것으로 드러났다. 그들의 도덕적 추론은 의사 결정의 사회적 및 정서적 의미에 대한 이해가 제한적이며 주요 문제를 식별하지 못하고 가상의 사회적 상황에 대한 적절한 응답을 생성하지 못하는 것으로 나타났다. 그래탄(Grattan)과 에스링거(Eslinger)의 연구에서도 전두엽 환자에 대한 유사한 결과가 보고되었다. 따라서 이러한 환자에서 손상된 뇌 영역에는 의사 결정뿐만 아니라 사회적 지식 습득 및 정상적인 사회적 행동 성향에 중요한 역할이 포함되어 있는 것으로 해석되었다. 게이지와 엘리엇은 올바른 답은 알고 있지만 실제 사회적, 도덕적 의사 결정은 부족했다.69) 이러한 연구 결과들의 패턴을 통해 게이지와 엘리엇이 일종의 도덕성 센터, 도덕 모듈에 선택적인 손상을 입었다고 결론을 내릴 수도 있다. 분명한 점은 도덕적 판단을 주로 이성의 추론 과정으로 생각했던 과거의 가정에서 정서적 기여의 중요성이 지나치게 과소평가 되었다는 것이다.

둘째, 뇌에서 인지와 감정의 복합 진행 과정에 대한 이해이다. 인지 신경과학에서 인간의 인지와 감정은 뇌에서 분리할 수 없는 과정이며, 감정은 유기체의 몸 전체를 포함하는 역동적인 과정으로 이해된다. 감정이 신체에 크게 의존함은 인지에 있어서도 마찬가지이다. 정서신경과학자들은 분노, 공포, 욕구, 배려, 슬픔과 같은 생물학적으로 기본적인

---

69) J. Greene, 2005: 340-342

인간 감정이 두뇌의 특정 네트워크에 국한될 수 있다고 가정했다. 일반적으로 이러한 기본적인 감정은 뇌간, 시상 및 시상 하부와 같이 진화적으로 오래되고 뇌의 원시 부분으로 간주되는 변연 구조와 관련되어 있다. 이는 출생 시 고도로 구조화되어 있으며 상대적으로 학습에서 격리되어 있다. 뇌의 이러한 부분은 직접 연결되어 있으며 유기체의 신체를 항상성 및 대사평형 상태로 유지하기 위해 함께 작동하는 신체의 자율신경계, 내분비계 및 면역 체계와 밀접하게 연결되어 있다. 또한 인지적으로 제어되는 프로세스와는 대조적으로 처리 과정에서 자동으로 간주되며 두려움, 분노와 같은 충동적인 행동 반응에 관여하는 것으로 간주된다.

인지(cognition)와 정서(emotion)에 대한 이러한 해석은 포유류의 뇌를 인지적 '상위' 영역(신피질, neocortex)과 정서적 '하위' 피질하 영역(subcortical regions)으로 구분하는 관점으로 이끌었다. 이 구별의 대표적인 예는 비판과 논란의 대상이 되기도 하는 맥클린(Paul MacLean)의 삼위일체 뇌(Triune Brain) 모델이다. 그러나 뇌 구조는 공진화했을 가능성이 가장 높은 것으로 이해된다. 예를 들어, 바톤(Barton)은 다른 포유류에 비해 영장류에서 운동 기술 학습에 관여하는 것으로 알려진 영역인 소뇌가 얼마나 큰지에 대해 논의했다. 그는 간뇌, 소뇌 및 대뇌 피질의 3중 공진화에 대한 증거를 제시했는데, 편도체의 하위 영역이 쥐에 비해 원숭이에서 훨씬 더 많이 발달했다는 증거도 있다. 중요한 것은 PFC(안와 및 내측 PFC), 섬 피질, 해마 및 편도체의 영역도 시상 하부로 다시 연결된다는 것이다. 시상 하부와 PFC 사이의 연결은 양방향이고 상호적이므로 상위 및 하위 뇌 시스템 간의 활동을 신속하게 조정하고 동기화한다. 이 조정은 인지 및 정서 과정이 함께 동원되어 동물이 활동 상황의 특수성에 적응하는 방식으로 유연하게 행동할 수 있도록 한다.[70]

감정과 인지는 뇌에서 분리 할 수 없는 과정이다. 더 높은 인지 시스템과 더 낮은 감정 시스템이 수직적으로 통합되고 긴밀하게 조율되어 있으며 인지적 과정과 정서적 과정은 상호 의존한다. 여기서 상호 의존적이란 대뇌 피질 시스템과 피질 하위 시스템이 서로 영향을 미치는 정도를 의미한다. 인간의 도덕판단 또한 진공 속 합리성만의 작용이 아닌 이성과 감정이 동시에 작용하는 복합 추론 과정이다.

2) 인간 뇌의 지성 능력과 도덕판단 특성

인간 뇌에서 추론을 일으키는 복잡한 인지 과정에 대한 뇌 신경과학의 이해는 전두엽 피질에 중점을 둔 추상 추론의 신경 기반이다.[71] 인간 지성 능력은 주로 사고 능력으로 이해되어 왔으며 추론, 의식, 인식, 기억, 인지 등의 능력으로 구분된다. 도덕판단의 경우 단순 계산 및 사고 능력을 넘어 고차원적인 인간 지성의 중요한 부분이다.

첫째, 추론 뇌로서의 인간 뇌이다. 추론 능력은 인간 이성 능력의 대표적인 것으로 인간 지성을 이해하는데 중요한 주제이다. 인간의 삶에서 주요한 역할을 하는 추론 능력은 단일 추론 능력이 아닌 여러 추론 능력으로 설명되고 있으며 최근에는 감정에 대한 추론, 추론 속도에 대한 관심도 증가하고 있다.

인간은 사고의 논리적 과정을 통해 결론을 도출한다. 이때 인간은

---

70) J. Kiverstein & M. Miller, 2015: 3-5
71) D. C. Krawczyk, 2012: 13

사용 가능한 증거를 기반으로 결정을 내린다. 프로세스 및 전략 사용에는 다양한 추론 능력을 암시하는 몇 가지 뚜렷한 형태가 있다. 대표적인 것은 연역법, 귀납법, 귀추법, 베이지안 추론(Bayesian inference), 유추법, 사례기반을 들 수 있다. 연역적 추론은 범주적 삼단론, 즉 모든 x는 y이다. 또는 상징적 논리, 즉 p이면 q이다의 형태로 주어진 전제 집합에서 결론에 도달하는 것을 포함한다. 귀납적 추론은 예를 들어, 일련의 숫자, 문자, 사건 등의 규칙 추론 시 나올 수 있는 새로운 적용 규칙에 대한 제안을 포함한다. 귀추적 추론은 일련의 증상을 설명하기 위한 의학적 진단이나 경험적 발견을 설명하는 과학적 이론과 같은 일련의 사실에 대한 가능성 있는 설명에 다다르는 것을 지칭한다. 베이지안 추론에는 사전 정보를 기반으로 한 결론에 대한 확률 계산이 포함된다. 유추적 추론은 이미 익숙한 것과 관련되는 방식을 통해 새로운 실체를 이해하는 것을 내포한다. 사례기반 추론은 과거에 발생한 유사한 문제, 즉 과거 사례 또는 기억된 사례를 회상하고 유사한 문제에 대해 효과가 있었던 것을 사용하여 현재 문제를 해결함으로써 새로운 사례로서의 문제를 해결하는 것이다.[72] 인간 추론 능력은 작업 기억 능력에 의해 제한되며 때로는 유용하지만 휴리스틱 전략에 의해 왜곡된다.

둘째, 인간의 의식 발화의 근원으로서의 뇌이다. 인간의 의식에 대한 연구는 신경철학, 뇌 신경과학, 철학, 윤리학, 물리학 등 학자들의 접근 시도가 있었다. 의식과학자들은 인간의 의식은 시간, 비트, 홀로그램, 컴퓨터 프로그램, 정보 1과 0의 수학 또는 기타 무형의 특성일 수 있다고 제안했다. 이를 기초로 신경과학자, 기술자 및 엔지니어는 사람들의

---

72) P. C. Kyllonen, 2020

마음을 읽는 기계를 개발하고 인간의 의식과 영성에 관한 질문을 훨씬 더 중요하거나 완전히 무관하게 만드는 것으로 보이는 두뇌-기계 인터페이스 및 고급 컴퓨터 AI의 개발을 시도했다.[73] 그러나 의식과 관련한 대표적인 논란이 존재한다. 예를 들면, 감각질(感覺質, qualia)의 존재, 관찰된 것으로서의 의식과 경험으로서의 의식 사이의 차이, 3인칭 시점과 1인칭 시점의 구분, 의식의 규정, 생명력에 대한 정의 등이다. 특히 의식이 사람의 뇌에서 어떻게 생겨나는지는 AI 구현에서 해결해야 할 필수 과제 가운데 하나이다.

셋째, 사회적 뇌로서의 인간 뇌이다. 신경과학자, 사회심리학자, 인류학자, 윤리학자, 철학자들은 인간의 사회적 행동을 이해하고자 했는데, 이 가운데 인간의 뇌를 사회적 뇌로 인식하는 사회적 뇌과학, 즉 사회신경과학의 경우 인간 사회적 행동의 신경 기반을 조사한다. 인간은 사회적 종족으로 사회 본성은 인간을 인간으로 만들고 의식하게 하며 이는 인간의 큰 두뇌를 정의하는 것으로도 설명된다. 사회신경과학은 감정과 이성, 행동과 지각, 다른 사람과 우리 자신 사이의 새로운 연결 고리를 찾고자 했다. 예를 들면, 방추형 및 상측두회(superior temporal gyrus)를 포함한 피질 영역, 편도체, 복부 선조체 및 안와 전두 피질이 포함된다. 사회적 행동에 대한 추론, 자발적 지도, 자기 조절은 감정적 반응과 행동을 표현하고 목표를 행동과 통합하는 뇌 영역에 영향을 미친다. 이에는 우측 감각 피질, 좌측 전두엽 피질, 전방 대상 피질이 포함된다. 병리학적 사회적 행동은 자폐증을 포함한 정신병적 장애 등에서 볼 수 있으며, 대부분의 이러한 장애의 병인은 이질적

---

73) J. E. Beichler, 2018: 1-2

이지만 편도체와 전두엽 피질이 그 발달과 관련이 있다.[74]

넷째, 공감의 뇌로서의 인간 뇌이다. 뇌 연구에 따르면 인간의 의사결정은 오로지 객관적이고 논리적으로 이해할 수 없으며 공감의 형태에 크게 영향을 받는다. 공감의 가장 기본적인 형태는 어떤 상황의 감정적인 측면에 초점을 맞추지만, 공감의 보다 진보된 인지 형태는 도덕적 딜레마에 대한 품위 있고 합리적인 평가를 가능하게 한다.[75] 공감은 이성적 추론뿐만 아니라 타인의 정서적 반응 및 인지적 공감 이해와 연관된다.

다섯째, 이성과 정서의 복합작용으로서 도덕판단이다. 철학과 과학은 20세기의 대부분 서로 다른 방식으로 진보했다. 도덕철학에서 소위 자연주의적 오류(Naturalistic fallacy)에 대한 두려움은 도덕철학자들이 생물학과 심리학의 발전을 통합하지 못하게 했다. 콜버그는 도덕적 판단과 추론의 능력을 향상시킴으로써 아동의 도덕성 발달을 도모하고자 했다. 그러나 1990년대 이후, 많은 철학자들은 인지심리학, 뇌 과학, 진화심리학의 발전을 바탕으로 자신의 연구에 정보를 제공했다. 이러한 학제 간 융·복합 작업의 경향은 특히 도덕심리학에서 강하며 관련 학자들로는 그린(Joshua Greene), 카간(Jerome Kagan), 랩슬리(Daniel Lapsley), 로스키스(Adina Roskies), 하이트(Jonathan Haidt), 나바에츠(Darcia Narvaez) 등을 들 수 있다. 도덕발달에 대한 최초의 뇌 영상 연구는 2000년대 초 이루어졌다.

그린과 하이트의 연구는 인격적 딜레마 상황인 인도교 딜레마 사용

---

74) R. Adolphs, 2003: 165
75) F. Lombard et al., 2020: 1139

과 비인격적 딜레마 상황인 트롤리 딜레마 사용에서 도덕판단을 내릴 때 두뇌의 각기 다른 영역이 활성화되고 있음을 보여주었다. 두 가지 딜레마 모두 도덕적 상황에 대한 판단을 요구하는 문제임에도 불구하고 어떠한 이유로 두 상황을 처리하는 뇌의 영역이 다르게 나타나는 것인가에 대하여 신경과학자들은 동일한 도덕판단을 요구하는 환경일지라도 그것이 이성을 관장하는 부분에 의해 작동할 경우와 감정을 관장하는 부분에 의해 작동할 경우가 다르다고 설명했다.76)

관련 학자들은 도덕적 감정과 도덕적 판단의 신경적 기초뿐만 아니라 정상인이 내린 도덕적 판단과 정신질환이나 뇌 손상 및 자폐증이 있는 사람들이 내린 판단과의 비교에 관심을 보였다. 뇌 신경과학 연구들은 과거 전적으로 인간 이성에 의존하는 것으로 여겨졌던 도덕적 판단과 도덕적 사고가 정서, 직관, 감정의 영역과 밀접히 관련됨을 드러냈다. 결과적으로 뇌 신경과학의 발전은 도덕판단이 이성과 감정 모두에 의존하는 작용이라는 것을 밝혔다. 도덕판단은 피아제나 콜버그가 말하는 것처럼 단순히 사려 깊은 사유의 문제만이 아니라 정서와 감정적 직관이 함께 관여하는 문제이다.

인간 뇌에 대한 뇌 신경과학 연구와 논의들은 도덕성의 근원으로서의 뇌를 기반으로 이성과 정서의 복합작용으로서의 도덕판단, 추론의 뇌, 인간 의식 발화의 근원으로서의 뇌, 사회적 뇌, 공감의 뇌에 대해 통찰하도록 돕는다. 이는 인간 지성을 인공적으로 구현하고자 하는 AI 개발에 긴요하다. 인공적으로 가장 인간스러운 뇌를 개발하기 위해서는 자연 뇌가 지닌 이러한 특성들에 주목할 필요가 있다. 이러한 논의는

---

76) 박형빈, 2019: 41-53

AI의 어떠한 작용이 도덕판단이라 부를 수 있는가에 대한 단서를 제공한다.

2. 인간 뇌와 인공지능 윤리문제

1) 뇌 신경과학과 인공지능

1950년 수학자인 튜링(Alan Turing)은 '기계가 생각할 수 있는가'라는 질문을 던지며 인공지능(AI)에 대한 탐구를 시작했다. 뇌와 같은 회로에 의해 지능적인 계산을 수행하려는 초기 시도 이후로 AI는 이미 광범위하게 사용되고 있으며 많은 영역에서 대규모 작업이 진행되고 있다.[77] 설(John Searle)의 중국어 방(Chinese Room) 사고 실험은 튜링 테스트가 인간을 쉽게 속일 수 있음을 분명히 보여주었다. 그러나 인간 지성은 판단보다 더 많은 것을 필요로 한다.[78] 뇌는 시간 순서에 따른 입력에 대해 작동할 뿐만 아니라 수많은 피드백과 연관되어 있다.

인간 지성은 고대 그리스 철학자들로 거슬러 올라가 수 세기 동안 철학적 탐구의 주제였다. 그러나 1990년대 인지신경과학의 출현으로 신경과학 및 관련 과학 내에서 자연 지능에 대한 기계적인 설명에 초점이 맞춰지기 시작했다. 인지신경과학은 인간 뇌를 연구하는 학문으로 인간의 지성과 인지에 대한 이해를 추구한다. 인지신경과학의 창시자 중 한 사람인 가자니가(Gazzaniga)는 이러한 현상을 '미래의 어느 시점에서 인지신경과학은 구조적 신경 요소를 생리적 활동으로 유도하는 알고리즘을 설명할 수 있을 것이다.'라는 말로 설명했다. 이 분야의 미래

---

77) S. Ullman, 2019: 692
78) B. Colwell, 2005: 13

는 한편으로 기계적인 방식으로 두뇌와 인지를 연관시키는 과학을 향해 가고 있다. 가자니가는 뇌가 어떻게 인지를 생성하는지 이해하기 위한 기초로 알고리즘을 언급했다.[79] 컴퓨터 과학과의 긴밀한 관계를 기반으로 AI는 알고리즘 측면에서 지능 메커니즘으로 설명된다.

AI는 일반적으로 인간의 지능이 필요하다고 생각되는 작업을 수행할 수 있는 컴퓨터 시스템의 연구 및 개발로 이해된다. AI는 기계와 로봇의 지능을 만들고 향상시키는 것을 목표로 한다.[80] 역사적 관점에서 신경 과학과 AI는 서로 밀접한 관련을 맺어왔는데, 인공지능 분야의 여러 선 구적인 연구는 인간의 두뇌를 지능형 인공물 개발을 위한 개념적 지침 의 원천으로 사용했다. 현대 AI는 신경과학 및 심리학에서의 영감으로 이루어졌다. 예를 들어, AI에 대한 가장 일반적인 접근 방식 중 하나인 ANN(Artificial Neural Networks)은 인공 뉴런이라고 하는 상호 연결 된 단위의 네트워크로 구성된다. 그리고 가장 성공적인 ANN 기반 계산 모델 중 하나인 딥 신경망(DNN)은 상호 연결된 계층 구조를 통해 정보 를 처리하고 분류할 수 있는 인공신경망으로 구조화되어 있다.[81]

신경과학 연구는 AI의 여러 영역에 참조되었다. 인간 두뇌의 내부 작용을 면밀히 조사하는 것은 수준 높은 일반 지능의 다양한 중요 측면 에 대한 창을 제공한다. 생물학적 두뇌는 모듈 식이며, 기억, 언어 및 인지 제어와 같은 핵심 기능을 뒷받침하는 별개이지만 상호작용 하는 하위 시스템을 가지고 있다.[82] 로봇 공학의 발전에서 신경과학적 이해

79) F. Van der Velde, 2010: 1-2
80) G. P. Ma, 2013: 2068
81) T. Hagendorff, 2020: 99
82) D. Hassabis et al., 2017: 245-247

는 로봇 지능, 프로그래밍과 학습을 향상시킬 휴머노이드 로봇 플랫폼을 구축할 수 있는 능력을 증가시켰다. 그러나 휴머노이드 기술의 이러한 성장에도 불구하고 기계 지능과 인간의 인지적 이해에는 여전히 상당한 간극이 있다. 인간 두뇌의 기능에 대한 신경과학적 이해와 인지를 어떻게 생성할 수 있는지에 대해서도 유사한 격차가 존재한다.83)

인간 두뇌는 역동적인 세계와의 복잡한 실시간 상호작용을 위한 탁월한 능력을 보여준다. AI 연구자들은 이러한 놀라운 두뇌 기능을 모방하고자 하며 신경과학을 통해 자연 지능과 AI의 차이점에 관심을 갖는다. 자연 지능과 AI의 대표적인 차이점은 다음과 같다.84)

(1) 인간의 뇌는 디지털 컴퓨터가 아니다.

(2) 두뇌에는 중앙처리장치(Central Processing Unit, CPU)가 없다.

(3) 뇌의 기억 메커니즘은 처리 메커니즘과 물리적으로 분리되지 않는다.

(4) 두뇌는 비동기적이고 연속적이다.

(5) 자연 지능은 다양한 세포 다양성을 사용한다.

(6) 자연 지능은 많은 병렬 처리를 활용한다.

AI 발전의 다른 한편에는 인간 향상과 관련한 연구도 존재한다. 인간의 뇌 및 신체 기능 향상을 위한 기술의 침습적, 비침습적 개입이 그 예이다. 강화 학습 패러다임, 기억력 향상을 사용하여 보상 기대치를 감지하고 조작하는 것과 같은 더 많은 인지 기능 향상에 초점을 맞춘 새로운 세대의 BMI가 등장하고 있는 것이다. 이를 위해 전산신경과학,

---

83) N. G. Tsagarakis et al, 2007: 1151-1152
84) S. M. Potter, 2007: 174-180

전산정신의학과 같은 신생 학문도 등장했다.85) 이렇듯 생물학적 두뇌를 더 잘 이해하는 것은 지능형 기계, 즉 AI를 만드는 데 중요한 역할을 함과 동시에 AI 발전이 불러올 윤리문제를 다각적인 측면에서 예측하고 이에 대응하도록 돕는다.

2) 인공지능의 야망: 인간과의 유사성을 넘어 초지능으로

유전학, 의학 및 신경과학과 같은 분야에서 생명과학 및 기술의 급속한 발전과 응용으로 제기되는 사회적, 윤리적 문제는 인류에게 새로운 도덕적 딜레마에 직면하도록 한다. 특히 기술 발전의 정점이라 할 수 있는 AI는 인간 뇌에서 받은 영감을 기반으로 기초 과학에 깊이 뿌리 내리고 있다. 기계, 가정용 로봇 및 의료 로봇과 같은 지능형 기계의 기능과 편재성의 증가는 물리적으로 뿐만 아니라 윤리적으로 인간의 삶에 필연적으로 영향을 미치고 있다. 나아가 인간 뇌와 연계하여 AI 연구는, (1) 뇌 과학, 신경과학, 인지과학, 심리학 및 데이터 과학에 대한 이해를 바탕으로 인간 뇌의 작동 메커니즘 탐구, (2) 인간 뇌의 전기 신호 전달 방식 탐색, (3) 뇌신경 전기 신호와 인간 활동 사이의 조정 메커니즘 연구86)를 통해 인간 뇌의 완벽한 모방을 넘어 초지성의 개발을 향해 야심찬 도전을 이어가고 있다.

AI는 크게 좁은 AI(Narrow AI)와 일반 AI(Artificial general intelligence, AGI)로 구분할 수 있다. 좁은 AI는 특정 또는 제한된 작업을 위해 설계되고 사용되는 시스템으로 정의된 기능 및 응용 프로그램에 사용되는 분석 인텔리전스 유형이다. 반면, 일반 AI는 일반화된

---

85) J. M. Fellous et al, 2019
86) S. O'Sullivan et al, 2019

인간의 인지 능력을 갖춘 AI 시스템으로 익숙하지 않은 작업이 제시되면 강력한 AI 시스템이 인간의 개입 없이 솔루션을 찾을 수 있다. 일반 AI는 인간과 유사한 인지 능력을 가지고 있으며,[87) 때로 인간의 지능을 넘어서는 작업을 수월하게 수행하기도 한다.

한편, AI는 약한 AI(weak AI)와 강한 AI(strong AI)로 분류되기도 한다. 특정 작업을 위해 설계된 약 인공지능과 인간지능을 지향한 강 인공지능이다. 특정 작업만 처리할 수 있는 약한 AI와 비교하여 강한 AI는 인간과 같은 지능으로 여러 작업을 수행할 수 있다. 강한 AI는 이것이 초지능으로 이어질 것이라는 우려 때문에 더 많은 논란을 불러일으켰다. 약한 AI는 좁은 AI로, 강한 AI는 일반 AI로 이해 가능하다. 강한 AI, 즉 일반 AI는 거의 모든 영역에서 인간의 인지 능력을 크게 능가하는 AI로 정의된다.

AI는 질병 발병 예측, 보험사기 감지, 법 집행을 위한 범죄 예측, 농업에서 작물 수확량 증대 등에서 널리 활용되고 있다. 뿐만 아니라 뇌-컴퓨터 인터페이스(BCI), 뇌-근육 인터페이스(BMI)와 같은 인간-기계 인터페이스 과학 기술 구현, 안면인식 등 인간의 삶에 밀착해 있다. AI는 이제 원시 데이터 처리 및 예측을 넘어서 로봇, 드론, 군사 로봇, 수술 로봇, 자율 주행 자동차와 같은 물리적 구조에 구현되고 있다. 그런데 이처럼 AI 기술이 경제 성장, 사회 발전, 인간 복지 및 안전 개선에 막대한 혜택을 약속함에도 불구하고 데이터 보안, 데이터 프라이버시 등을 포함해 인류가 풀어야 하는 윤리적 이슈 또한 제기되고 있다. 우려의 핵심은 AI가 더 발전할수록 인류에게 더 많은 위험과 위협을

---

87) M. Ryan, 2020: 2749-2767

가져올지도 모른다는 것이다. 예를 들어 AI는 대량 실업을 유발하고, 인간이 이해하고 통제할 수 없는 결정을 내리며, 부의 재분배를 이루고, 결국 인간을 대체할 수 있을 것이라는 두려움이다. AI 기반 기술의 윤리적 문제는 사용자, 개발자 및 정부에 중대한 위험을 초래할 위험을 안고 있다.

인류는 AI로 인한 인간 생명의 안전, 윤리적 문제의 잠재적인 위협에 노출되어 있다. 예를 들어, 인간 의사와 로봇이 함께 일한다면 실패한 수술에 대해 누가 책임을 져야 하는가, AI을 갖춘 휴머노이드는 인간과 같은 권리와 존엄성을 부여받을 수 있는가 등의 문제이다. 또한 AI 기술의 부주의한 남용 또는 고의적인 오용과 관련된 위험도 고려해야 한다. 이는 AI에 의해 악의적인 조작을 하거나 강화될 위험을 말한다. 책임 문제는 AI의 대표적 윤리문제이다. 외과용 로봇이 일상적인 수술 작업을 배우고 수행하는 동안 인간 외과의는 이를 감독할 것으로 예상하고 있다. 이것은 자율 주행 차량도 마찬가지이다.[88] 그러나 문제 발생 시 그 책임이 감독자인 인간에게 있는지, AI를 개발한 개발자에게 있는지, 이를 허용한 국가 또는 기관에 있는지 등 다양한 책임 소재의 문제가 발생할 수 있다.

AI가 인간 근로자의 일자리를 위태롭게 하거나 악의적인 행위자들에 의해 오용될 수 있다는 두려움, 책임을 회피하거나 우연히 편견을 전파하여 공정성을 훼손할 수 있다는 점 등 AI 산업은 새로운 윤리문제를 일으키고 있다. AI 시스템이 인간의 일자리를 대체하거나 심지어 인간의 생명을 위협하는 경우 AI 시스템을 죽이는, 즉 종료하는 것이 윤리적

---

88) S. O'Sullivan et al, 2019

인가, 위험한 곳에 로봇을 배치하는 것이 윤리적인가 등의 질문도 AI 윤리와 관련된 문제이다.

이러한 이유로 AI 기술 개발 및 적용은 응용 차원과 보다 근본적인 윤리문제를 동시에 내포하고 있다. 특히 윤리는 그 자체 정의를 내리는 것도 복잡한 개념이기 때문에 AI 윤리 가이드라인을 제안하기 위해 보다 분석적인 접근이 요구된다. AI와 관련하여 인식된 윤리적 및 도덕적 문제에 대한 광범위한 개요를 바탕으로 AI와 연관된 윤리적 및 도덕적 문제를 연구, 분석 및 해결할 수 있는 방법에 대한 관심과 전문적인 노력을 기울일 필요가 있다.

Ⅲ. AI 윤리문제와 인공윤리행위자(AMA)

1. 인공적 지성의 윤리문제에 대한 대응

1) AI 윤리 구축을 위한 시도

AI 기술은 안면 인식, 의료 진단, 자율 주행 자동차 등 많은 성과를 거두었다. AI는 사회 발전, 인간 복지 및 안전 개선, 경제 성장에 엄청난 혜택을 약속한다. 그러나 AI 기반 기술의 미흡한 설명 가능성, 데이터 편향, 데이터 보안 취약성, 데이터 개인정보 보호 및 윤리적 문제는 사용자, 개발자, 인류 및 사회에 심각한 위험을 초래한다. AI가 발전함에 따라 한 가지 중요한 사안은 AI와 연결된 윤리적, 도덕적 문제를 해결하는 방법이다.

기계윤리(Machine Ethics), 로봇윤리(Robot Ethics, Roboethics)

등의 개념이 2006년경 제안되었지만 AI 윤리는 아직 초기 단계에 있다. AI 윤리는 AI의 윤리문제 연구와 관련된 분야이다. AI 윤리를 다루기 위해서는 (1) 'AI의 윤리'와 (2) '윤리적인 AI'를 구축하는 방법을 고려해야 한다. AI의 윤리는 AI와 관련된 윤리 원칙, 규칙, 지침, 정책 및 규정을 연구한다. 윤리적 AI는 윤리적으로 수행하고 행동하는 AI를 탐구한다. AI에 필요한 윤리 기준을 공식화하려면 AI로 인해 발생할 수 있는 잠재적인 윤리적 및 도덕적 문제를 인식하고 이해해야 한다.[89] AI와 관련하여 인식된 문제는 무엇인가, 이를 해결하거나 적어도 약화시킬 수 있는 일반 및 공통의 윤리 원칙은 무엇인가, AI의 도덕적 문제는 무엇인가, 윤리적 AI의 필수 기능과 특징은 무엇인가, 윤리적 AI를 구축하기 위해 AI의 윤리를 고수하는 방법은 무엇인가 등을 고민해야 한다.

AI 시스템의 연구, 개발 및 응용 분야의 발전은 AI 윤리에 대한 광범위한 담론을 낳았다. AI 관련 프레임 워크 및 표준, 전 세계 사이버 보안, 안전 및 법률 시스템에 대한 관심이 증대하고 있으며 최근 몇 년 동안 많은 AI 윤리 지침이 민간 기업, 연구 기관 및 공공 부문 조직에서 발표되었다. 세계적인 인공지능 관련 윤리 기준 마련을 위한 시도로는 아실로마 컨퍼런스의 참석자들을 중심으로 개발된 Asilomar AI Principles 2017, 인공지능의 사회적 책임 개발 포럼에 따라 몬트리올 대학교의 후원으로 개발된 Montreal Declaration 2017, 자율 및 지능형 시스템으로 인간 복지를 우선시하기 위한 비전을 제시한 IEEE 2017, 유럽 연합 집행위원회의 과학 및 신기술 윤리에 관한 유럽 그룹에서 발행한 인공지능, 로봇 공학 및 자율시스템에 관한 성명서에 제공된 윤리

---

89) K. Siau & W. Wang, 2020: 74-75

원칙인 EGE 2018, 영국 상원 인공지능위원회 보고서 AI 코드에 대한 5가지 중요 원칙인 AIUK 2018 그리고 학자, 연구자, 시민 사회 조직, 인공지능 기술을 구축하고 활용하는 기업 및 기타 그룹으로 구성된 다중 이해 관계자 조직에서 제시한 The Tenets of the Partnership on AI 2018 등이 있다.[90] 이러한 준칙은 새로운 AI 기술의 파괴적 잠재력을 조정하기 위한 규범적 원칙과 권장 사항으로 구성된다.

Asilomar AI 원칙은 인간이 선택한 목표를 달성하기 위해 AI 시스템에 의사결정을 위임하는 방법과 그 여부를 인간이 선정해야 한다는 것을 포함하여 자율성의 원칙을 지지한다. 예를 들면, AI 자동 조종 비행기에서 조종사가 전원을 끌 수 있는 권한을 갖는 것이다. 인간은 어떤 결정을 내릴지 결정할 권한을 소유해야 하며 필요한 경우 선택할 수 있는 자유를 행사하고 이를 양도할 수도 있다. 또한 AI를 사용하여 불공정한 차별을 제거하고 다양성을 촉진하며 정의에 대한 새로운 위협의 증가를 방지하는 등 과거의 잘못을 시정하는 것과도 관련된다. AIUK, Asilomar, EGE, IEEE, Montreal, Partnership, AI4People, EC HLEG, OECD 등이 공통으로 갖는 윤리 프레임은 호의성, 비악의성, 자율성, 정의, 설명 가능성이다.[91] 이러한 시도들에도 불구하고 윤리적 AI를 구성하는 것과 관련하여 어떤 윤리적 요구 사항, 기술 표준 및 모범 사례가 필요한지에 대한 논쟁은 여전하다.

2) AI 윤리 기초로서 인간 윤리

AI의 윤리적 및 사회적 의미에 대한 논의는 한편으로는 기술의 철학

---

90) L. Floridi et al, 2018: 691-700
91) L. Floridi & J. Cowls, 2019

적, 윤리적, 사회적 측면과 다른 한편으로는 뇌 과학, 마음의 철학, 생명 윤리 및 신경윤리의 맥락에 대한 측면으로 구분할 수 있다. 후자는 뇌와 컴퓨터 기술, 신경과학, 행동 및 인지 과학과 컴퓨터 과학 간의 유사점과 차이점에 대해 생각하고 도출함으로써 AI와 신경 기술의 윤리적 의미에 대해 고민한다. 현재까지 제시된 AI 윤리는 디지털 윤리와 유사하다.

  AI가 발전함에 따라 등장한 중요한 문제는 윤리적 및 도덕적 문제를 해결하는 방법이다. AI와 관련한 문제가 무엇이며 이를 어떻게 해결하거나 약화시킬 수 있는가에 대한 인식과 더불어 윤리 자체에 대해 심사숙고할 필요가 있다. AI의 맥락에서 AI의 윤리는 AI와 그 제작자의 도덕적 의무와 책임을 지정하는 것이기 때문에 인간의 윤리문제를 연구하기 위해 많은 노력을 기울였다. 제시된 윤리적 프레임워크로는 개인 존중, 자선, 정의, 프라이버시, 정확성, 소유권 및 재산권, 접근성, 공정성, 책임, 투명성 등이다. 또 다른 것으로는 공리주의적 접근, 권리 접근, 공정성 또는 정의 접근, 공동선 접근, 덕윤리 접근 등이 포함된다. 다음 〈표 1〉은 시아우(K. Siau)와 왕(W. Wang)의 윤리에 대한 정의 예시이다.[92] 이는 AI 윤리를 구성하는데 어떠한 기준과 요소들을 고려하고 포함해야 하는가에 대한 안목을 제공한다.

---

92) K. Siau & W. Wang, 2020: 75

[표 1] 윤리의 정의

규범 윤리	출처
윤리는 도덕적 가치에 대해 비판적으로 생각하고 그러한 가치의 관점에서 우리의 행동을 지시할 수 있는 능력이다.	Churchill, 1999
윤리는 지각 있는 존재에게 어떤 행동이 도움이 되거나 해를 끼치는지를 결정하는 데 도움이 되는 개념과 원칙의 집합이다.	Paul & Elder, 2006
윤리는 용납할 수 있는 행동과 용납할 수 없는 행동을 구분하는 행동 규범이다. 윤리는 철학, 신학, 법, 심리학, 사회학과 같은 행동 표준을 연구하는 학문이다. 윤리는 행동 방식을 결정하고 복잡한 문제를 분석하기 위한 방법, 절차 또는 관점이다.	Resnik, 2011
응용 윤리	
컴퓨터 윤리는 컴퓨터 기술의 본질과 사회적 영향에 대한 분석과 해당 기술의 윤리적 사용에 대한 정책의 공식화 및 정당화이다.	Moor, 1985
기계윤리는 기계가 직면할 수 있는 윤리적 딜레마를 해결하는 방법을 발견하여 기계가 자신의 윤리적 의사 결정을 통해 윤리적으로 책임 있는 방식으로 기능할 수 있도록 기계에 윤리적 원칙 또는 절차를 부여하는 것과 관련이 있다.	Anderson & Anderson, 2011

2. 인공윤리행위자(AMA)와 윤리 가이드라인

1) AI 윤리 조건과 윤리행위자로서 AI

AI 윤리는 비교적 새로운 분야이며 이는 두 가지 관점, 즉 AI의 윤리인 'AI 윤리'와 '윤리적인 AI'에 대한 논의로 구분할 수 있다. 이 가운데 AMA 논의를 포함하고 있으며 AI 구현 자체의 핵심은 윤리적 AI 논의이다. 윤리적 AI 개발의 중요한 목표는 AI 기술에 대한 대중의 신뢰와 수용을 배양하는 것이다. 무어(Moor)는 AI를 (1) 암시적 윤리 행위자, (2) 명시적 윤리 행위자, (3) 완전한 윤리 행위자로 훈련시키는 세 가지 잠재적 방법을 제시했다. 암시적 윤리 행위자는 비윤리적인 결과를 피하기 위해 기계의 행동을 제한하는 것을 의미한다. 명시적 윤리 행위자는 어떤 행위가 허용되고 무엇을 금지하는지 명확히 언급하는 것을 말한다. 완전한 윤리 행위자는 인간과 같이 기계가 의식, 의도 및 자유 의지를 가지고 있음을 뜻한다. 명시적 윤리 행위자가 현재 가장 많은 관심을 받고 있으며 보다 실용적인 것으로 간주된다. 위의 세 가지 범주 외에도 의식, 도덕적 감각, 감정을 가진 AI 시스템을 다루는 방법은 또 다른 주요 참고 사항이다.93) 뿐만 아니라 인간-로봇 상호작용도 크게 증가하고 있다.

한편, 로봇이 도덕적 행위자로 간주되는지 여부는 인간과 로봇의 상호작용에 영향을 미칠 수밖에 없다. AI가 AMA로서 진정한 도덕적 행위자로 보이기 위해 로봇은 자율성, 의도성, 책임의 세 가지 기준을 충족해야 한다. 자율성은 기계가 다른 에이전트의 직접적인 제어를 받지 않음을 의미한다. 의도성은 기계가 도덕적으로 해롭거나 유익한 방식으로 행동하고 그 행동이 겉보기에 고의적이고 계산된 것임을 말한다. 책임은 기계가 맡은 책임을 수반하는 사회적 역할을 수행한다는 것을 뜻한다. AI 윤리, 기계윤리의 궁극적인 목표는 이상적인 윤리 원칙 또는 일련의 표준을 따르는 기계를 만드는 것이다. 이는 이론적으로는 쉬우나 실제로는 어렵다. 윤리적 지위 보유라는 개념은 윤리적 생산성과 윤리적 수용력이라는 두 가지 관련 측면94)을 갖고 있으며 각 측면마다 윤리 문제를 내포하고 있다.

AI 및 기타 스마트 머신은 윤리적 생산자(ethical producer)이자 윤

---

93) W. Wang & K. Siau, 2018: 440
94) Ibid.

리적 수용자(ethical recipient)가 될 수 있다. 매우 고전적인 트롤리 딜레마의 경우 트롤리를 제어하는 사람이 '윤리적 생산자'이다. 현재 트랙에서 계속 달리고 있으며 5명의 작업자를 희생시키거나 다른 트랙으로 전환하여 혼자 있는 작업자를 희생하게 하는 것은 인간에게 엄격한 윤리적 선택이다. AI는 어떤 선택을 하게 될 것인가, AI의 선택에 대해 책임은 누가 져야 하는가 등의 논의가 가능하다. 한편, 폭탄 처리를 담당하는 군용 로봇은 '윤리적 수용자'이다. 로봇에게 폭탄을 처리하게 하여 로봇을 위험에 처하게 하는 것은 윤리적인가, 인간이 로봇의 운명을 결정한다면 이것은 윤리적인가[95] 등을 논할 수 있다. 그런데 이러한 윤리문제에 대한 해답을 위해 인류가 천착할 또 다른 지점은, 오늘날의 인간 윤리와 도덕성은 미래 문명에서 볼 때 완벽하다고 할 수 없다는 것이다. 한 가지 이유는 인간은 인식하고 있는 모든 윤리적 문제를 해결할 수 없기 때문이며, 또 다른 이유는 인간이 모든 윤리적 문제를 인식할 수 없기 때문이다.

따라서 우리에게 요구되는 것은 AI 시스템의 윤리 원칙을 공식화하는 작업이다. 예를 들면, 로봇이 항상 해를 끼치지 않도록 프로그래밍한다면 먼저 로봇이 해가 무엇인지 이해하도록 해야 한다. 이로 인해 또 다른 해결해야 하는 문제가 발생하는데, 위해에 대한 윤리적 기준이 무엇인가라는 점이다. 이는 글로벌 또는 보편적인 수준의 윤리를 요구한다. 이와 같이 윤리를 기계에 적용하려면 AI 프로그래머와 윤리 표준 제작자 간의 정보 비대칭성을 줄여야 한다.

결과적으로 AI 윤리 기틀 마련에 참작할 사항은 다음과 같다. 첫째,

---

95) Ibid., 4

AI와 관련된 윤리적 및 도덕적 문제를 이해하고 해결하는 것은 아직 초기 단계이다. 둘째, AI 윤리문제 해결은 옳고 그름, 좋거나 나쁨, 미덕이나 악덕에 대한 단순한 문제라기보다 복잡한 정의의 작업을 요구한다. 셋째, AI 윤리문제는 공동의 합의를 요하는 문제이므로 소수의 사람들이 해결할 수 있는 문제가 아니다. 그럼에도 불구하고, AI와 관련된 윤리적, 도덕적 문제를 논의하는 작업은 시급하며 중대하다. 다양한 이해관계자들은 AI 시스템의 윤리와 도덕성에 주목해야 한다. 핵심 사항은 AI 및 기타 고급 컴퓨팅 기술에 대한 윤리 표준을 공식화하기 위해서는 먼저 인간 윤리를 더 잘 이해하고 기존 윤리 원칙을 개선하고 도덕적 가치의 적용을 살펴야 한다는 것이다.

2) 인공윤리 프레임 워크로서 정의의 윤리와 배려의 윤리

AI를 설계, 개발 또는 배포하는 모든 회사, 정부 기관 및 교육 기관은 제시된 윤리적 프레임 워크에 따라 이를 수행할 의무가 있으며 지리적, 문화적, 사회적으로 다양한 배열을 통합하도록 확장되었다. 윤리는 일반적으로 다 측면에 초점을 맞추는 복잡하고 포괄적인 개념이다. 인간에 의해 개발된 AI 라는 점을 감안하면, 인간이 갖고 있는 윤리적 단점 요소들을 AI도 갖게 될 것이라고 예측할 수 있다. 대표적인 것이 편향과 책임 문제이다.

첫째, 인간에 의해 AI에게 전이될 수 있는 성별 및 인종 편견과 같은 인간 편향이다. AI 시스템은 여전히 사람에 의해 훈련되고 사람이 만든 데이터 세트를 사용하기 때문에 AI 시스템에서 기존의 편견을 학습하고 실제 애플리케이션에 표시할 수 있다. 예를 들어, 미래의 범죄자를 예측하는데 사용되는 소프트웨어는 특정 인종에 대한 편견을 보였다. 이러한 종류의 편향은 인간 편향이 포함된 훈련 데이터에서 비롯된다. 따라서 인간이 편견 없이 AI 시스템을 프로그래밍하고 훈련하는 것은 무척 중요하다. 또한 AI가 자체적으로 딥러닝에 의해 감성을 얻고, 자체 편견을 형성하는지의 여부도 고려해야 한다.

둘째, 행위의 책임 소재이다. AI 시스템이 할당된 특정 작업에서 실패할 때 누가 책임을 져야하는가. 이것은 많은 손실 문제로 이어질 수 있다. AI 시스템을 사용할 때 프로그래밍 코드, 입력된 데이터, 부적절한 작동 또는 기타 요인으로 인해 바람직하지 않은 결과가 발생할 수 있다. 이러한 바람직하지 않은 결과는 프로그래머, 데이터 소유자 또는 최종 사용자 중 누구에게 책임이 있는가.[96]

AI 윤리와 관련하여 최근 몇 년 동안 기술 개발자가 가능한 준수해야 하는 윤리 지침이 개발되었다. 그러나 이러한 윤리 지침이 AI 및 기계 학습 분야에서 인간의 의사 결정에 실제 영향을 미치는가를 살펴보면 대부분은 그렇지 않다. 일반적 윤리와 마찬가지로 AI 윤리에는 자체 규범적 주장을 강화할 메커니즘이 존재하지 않는다. 이러한 문제점에 기초해 AI 윤리 분야의 연구는 자율 기계의 의사 결정에 대한 윤리 원칙이 어떻게 구현될 수 있는지에 대한 반성부터 다양한 AI 윤리, AI 원칙, AI 가이드라인 등이 시도되었다. 예를 들면, 유럽위원회의 신뢰할 수 있는 AI를 위한 윤리 지침(2018), 오바마 행정부의 인공지능 미래보고서(2016), 베이징 인공지능 원칙(2019), OECD의 AI 원칙(2019)과 같이 국가적, 국제적 노력이 있었다. 여러 지침에서 반복되는 것은 책임, 프라이버시, 공정성 측면이며 윤리적으로 건전한 AI 시스템을 구축하고

---

96) W. Wang & K. Siau, 2018: 440

사용하기 위한 최소한의 요구 사항을 제공하고 있다.

　AI 윤리 가이드라인 형성에서 흥미로운 탐구는 심리학자 길리건 (Carol Gilligan)의 주장을 참고한 연구이다. 하겐도르프(Hagendorff) 는 AI 윤리가 수행되고 구조화되는 방식이 남성이 지배하는 정의 윤리 의 전형적인 예를 구성한다고 지적하며 배려 윤리 관점에 관심을 기울 였다. 1980년대 길리건은 경험 연구에서 남성이 일반적으로 하는 것처 럼 여성은 주로 정의의 계산, 합리적, 논리 지향적 윤리를 통해 도덕적 문제를 해결하지 않는다는 것을 입증했다. 그녀는 이를 오히려 공감, 감정 지향적 윤리의 더 넓은 틀 내에서 해석했다. AI 윤리에 대한 담론 또한 주로 책임, 프라이버시, 공정성과 같은 측면이 언급되고 있으며 거의 모든 윤리 지침에서 반영되어 왔다. 그러나 대조적으로, 돌봄, 양 육, 도움, 복지, 사회적 책임 또는 생태 네트워크의 맥락에서 AI에 대한 지침은 거의 없다는 게 그의 지적이다. AI 윤리에서 기술 인공물은 주로 고립된 개체로 간주되었다는 것이다.[97] 이러한 시각은 AI 윤리 가이드 라인을 위해 인간 윤리 담론에 대한 궁구(窮究)와 다양한 윤리적 관점을 탐색할 것을 요구한다.

　따라서 AI 윤리 지침의 적용 및 이행과 관련된 불안정한 상황을 개선 하기 위해 일반적인 윤리 이론을 탐구할 필요가 있다. 윤리학에서는 다 양한 철학적 전통에 의해 몇 가지 주요 이론이 만들어지고 형성되었다. 이러한 이론은 의무론, 공리주의, 계약론, 덕윤리 접근 등 다양하다. 이 가운데 몇 가지를 살펴보면, 의무론적 접근 방식은 엄격한 규칙, 의 무 또는 명령을 기반으로 한다. 반면, 덕윤리 접근 방식은 인격 성향,

---

97) T. Hagendorff, 2020: 99-109

도덕적 직관 특히 미덕을 기반으로 한다. 전통적인 유형의 AI 윤리는 의무론이라 할 수 있다. 여기서 윤리 지침은 기술 개발자가 준수해야 하는 보편적인 원칙의 집합을 가정한다. 반면, 덕윤리 접근 방식은 더 깊은 구조와 상황별 심의에 더 중점을 둔다. 이는 성격 특성과 행동 성향에 대해 주안점을 두고 설명하는 것이다. 덕윤리는 행동 강령을 정의하는 것이 아니라 개인 수준에 중점을 두기에[98] 도덕적 및 윤리적 행동은 행위자의 덕이나 품성에 따라 정해진다. AI 윤리 정립을 위해서는 먼저 이와 같이 다양한 인간 윤리를 탐색하고 그 장단점 및 적용의 실용 가능성을 타진할 것이 요청된다.

Ⅳ. 인공지능 윤리와 도덕과 교육과정

1. 인공지능 윤리 정립을 위한 이론 기반

1) AI의 윤리로서 윤리적 AI 기준

AI가 더 강력해지고 중요한 사회 시스템에 더 많이 포함됨에 따라 윤리적 프레임 워크를 내장하도록 프로그래밍 하는 것이 긴급해졌다. 1990년 대 중반 피처드(Picard)는 기계의 자유가 클수록 도덕 표준이 더 많이 필요하다고 지적했다. 예를 들면, 자율 주행 차량의 개발은 AI 운전자로 하여금 충돌이 불가피하게 하고 어떤 위험한 충돌을 가져야 할지 결정해야 하는 경우에 놓이게 한다. 이와 같이 AI는 윤리적으로 어려운 상황을 포함하여 삶과 죽음의 상황을 마주하게 된다. 이러한 상

---

98) Ibid., 108-116

황의 결과는 AI 설계 결정에 따라 달라질 수 있으므로 AI 개발자는 내장된 윤리를 신중하게 선택해야 한다.

AI의 윤리, 즉 윤리적 AI 구현은 로봇 및 기타 AI 에이전트에 초점을 맞춘 첨단 기술 윤리의 일부이다. 이는 흔히 로봇윤리와 기계윤리로 나뉘기도 한다. 첫째, 로봇윤리는 AI 에이전트를 설계, 구성, 사용 및 상호작용할 때 인간의 도덕적 행동과 로봇이 인류와 사회에 미치는 영향과 관련이 있다. AI를 설계하고 개발할 때 발생할 수 있는 윤리적 문제는 데이터 프라이버시 및 투명성에 존재하는 인간 편견을 포함하여 AI와 관련된 윤리적 문제를 다루는 AI의 윤리로 간주된다. AI로 인한 윤리적 문제인 실업 및 재산 분배 나아가 기계가 더 지능화되고 의식이 생긴다는 것을 가정할 때 야기되는 로봇 권리, 즉 인간이 지능 기계에 대한 도덕적 의무를 가져야 한다는 개념 또한 헤아릴 필요가 있다. 이는 인권과 동물의 권리와도 유사하다. 예를 들어, 지능형 군용 로봇을 위험한 전장에 배치하거나 로봇을 더러운 환경에 배치하는 것이 윤리적인 것인가 하는 문제 등이 있다. 표현의 자유를 포함한 자유, 평등, 사고와 감정의 권리가 이 범주에 속한다.[99]

둘째, 기계윤리는 인공 도덕 행위자의 설계를 다루는 연구 분야인 AMA의 도덕적 행동을 다룬다. 기술이 발전하고 로봇이 지능화됨에 따라 로봇 또는 인공 지능 에이전트는 도덕적으로 행동하고 도덕적 가치를 보여야 한다. AI 에이전트의 윤리적 행동을 윤리적 AI의 행위로 간주한다. 현재 가장 잘 알려진 AI 에이전트 관리 규칙은 아시모프(Isaac Asimov)가 1950년대에 제정한 로봇 공학의 세 가지 법칙이다. 제1 법

---

99) K. Siau & W. Wang, 2020: 76

칙, 로봇은 인간에게 해를 입히거나, 행동하지 않음으로써 인간이 해를 입도록 허용해서는 안 된다. 제2 법칙, 로봇은 제1 법칙과 충돌하는 경우를 제외하고는 인간이 내린 명령에 따라야 한다. 제3 법칙, 로봇은 그러한 보호가 첫 번째 또는 두 번째 법칙과 충돌하지 않는 한 자신의 존재를 보호해야 한다.100) 그러나 이러한 3가지 법칙은 인간 윤리와 비교해 매우 축약되어 있다.

　AI 자체에 내장된 윤리 유형으로는 일관된 추론 의지(Coherent Extrapolated Volition, CEV), 상향식 윤리, 사회적 선택윤리 등이 있다. CEV는 초강력, 초지능 AI의 윤리를 위해 특별히 고안된 것이다. 이는 초기 프로그래밍에 대한 윤리적 관점을 선택하는 대신 AI가 다른 윤리적 행위자에서 가치를 도출하도록 한다. CEV는 특히 행위자의 기존 윤리적 관점을 넘어 추정하며 본질적으로 이상적으로 가질 수 있는 관점을 파악하려 한다. 상향식 윤리를 갖춘 AI는 인간이 성장하면서 윤리를 배우는 방식과 유사한 환경 구성 및 다른 윤리적 행위자와 상호작용 하면서 윤리를 학습하도록 설계되었다. 상향식 윤리는 다양한 윤리와 일치할 수 있는데, 이는 도덕적으로 칭찬할 만한 인간 행동을 모방한다. 한편, 사회적 선택 윤리는 절차적 정의의 특정 개념에 뿌리를 둔다.101)

　〈표 2〉는 AI 윤리의 두 가지 차원, 즉 AI의 윤리와 윤리적 AI 차원에 대한 설명으로 AI, 인간, 사회의 상호작용 하는 방식을 보여 준다. AI 간의 윤리적 상호작용은 의식을 전제한 AI에게 특히 중요하다. AI는 인간에게 해를 끼치지 않고 자기 보존을 해야 할 뿐만 아니라 다른 지능형

---

100) 박형빈, 2020: 10
101) S. D. Baum, 2020: 1-2

에이전트에게도 해를 끼치지 않아야 한다. 'AI의 윤리'는 궁극적으로 '윤리적 AI'를 창조할 수 있어야 한다.

[표 2] AI 윤리

		AI	인간	사회
AI의 윤리	⇓	다른 AI와 윤리적으로 상호작용할 수 있는 AI 개발 원칙	인간과 윤리적으로 상호작용할 수 있는 AI 개발 원칙	사회에서 윤리적으로 기능하도록 AI를 개발하는 원리
윤리적 AI		AI는 다른 AI와 윤리적으로 어떻게 상호작용 해야 하는가	AI가 인간과 윤리적으로 어떻게 상호작용 해야 하는가	AI는 사회에서 어떻게 윤리적으로 작동해야 하는가

출처: K. Siau & W. Wang, 2020: 76.

2) 도덕과에서 다룰 인공지능 윤리

새로운 시대의 AI와 로봇 기술은 미래의 인간 발달에 큰 영향을 미칠 것이다. AI 기술은 이러한 시스템을 사용하는 방법과 잠재적인 위험 및 제어 방법에 대한 몇 가지 기본적인 문제를 제기한다. 아시모프의 로봇공학 세 가지 법칙을 통한 AI 윤리 이후 우리는 로봇윤리, 로봇 권리, 도덕적 행위자, AI 시스템의 불투명성, 개인정보 보호 및 AI 모니터링, 자동화 및 고용, AI 시스템의 편견, 자율 기계에 대한 책임 등 AI 윤리와 관련된 주요 주제를 교육 현장에서 다룰 필요가 있다. AI의 보편화로 가는 길에는 인류가 내려야 하는 수많은 윤리 결정이 존재하기 때문이다. 그동안 AI 윤리의 요소는 책임, 개인정보 보호, 투명성, 인간의 가치, 무해성, 인간 복지, 안전, 자유, 자율, 휴먼 컨트롤, 편향 극복, 공정성, 공유 이익, 정의, 번영, 효율성, 신뢰성, 다양성, 인간의 존엄성, 규제 및 법률 준수 등이 제시되었다.

본질적으로 AI의 윤리 연구 영역은 크게 두 영역으로 나뉜다. 한 부분은 윤리적 규칙과 표준을 만들고 적용하는 것이다. 이 영역은 기술적 견고성과 신뢰성을 보장하고 AI의 윤리적 목적을 보장하면서 기본 권리, 적용 가능한 규정 및 주요 원칙과 가치를 존중해야 하는 권장 사항을 공식화한다. AI 윤리에 대한 두 번째 연구는 로봇과 AI 플랫폼이 윤리적이며 자율적으로 행동할 수 있는지 여부와 방법에 대한 질문을 다룬다. 윤리가 알고리즘 될 수 있는지에 대한 질문은 AI 개발자가 윤리를 해석하는 방법과 이 분야의 윤리문제 및 방법론적 도전에 대한 이해의 적절성에 달려 있다.[102] 후자는 또한 AMA 구현 조건 및 가능성과 연관된다. 따라서 AI 윤리는 한편으로는 AI 구현 문제와 윤리적 콘텐츠 문제, 인간 정보 처리 관점에서의 윤리로 개념화할 수 있고, 다른 한편으로는 AI의 윤리와 윤리적 AI 차원에서 교육적으로 접근 가능하다.

먼저, AI의 윤리로 AI 일반 윤리이다. 이는 AI 사용자, AI로 야기되는 결과 등의 윤리문제를 들 수 있다. 예를 들면, 사용자 데이터를 기반으로 한 비윤리적이고 의심스러운 AI 기반 마케팅 관행, AI 기반 내비게이션 시스템, 로봇, 자율 주행 차량에서 치명적인 사고로 이어지는 주변 또는 데이터의 오해, 의료용 AI에서 야기될 수 있는 위해와 이의 책임 문제 등이다.

다음으로, 윤리적 AI이다. 이는 AI 자체에 내장된 윤리에 대한 것으로 AMA와 관련되며 철학적이고 윤리학적인 질문이 다음과 같이 제기된다. 첫째, 편향이다. 성 편견, 차별, 불평등과 관련하여 Google이 아프리카계 미국인 여성을 고릴라로 잘못 분류한 경우가 대표적이다. 유전 장애 감지를 위해 얼굴 인식을 사용하는 앱의 민족적 편견, 이미지 데이터베이스의 머신 러닝 애플리케이션으로 인한 성별 편견의 재현 및

---

102) T. Hauer, 2020: 1

강화, 범죄 재범을 예측하기 위한 알고리즘 기반 관행의 민족적 편견 등이 이 문제에 해당한다.

둘째, AI는 신뢰의 대상이 될 수 있는가이다. AI를 평가하는 데 있어 가장 큰 어려움 중 하나는 사람들이 AI를 의인화하는 경향이다. 지각력 있는 로봇을 묘사한 소설, 영화 등을 접하면서 이러한 기계를 인간의 용어와 연결시키고, 분류하고, 정의하는 것은 더 이상 놀라운 일이 아니다. 사람들은 인간의 활동과 능력을 기계에 연관시키지만, 이 의인화가 신뢰와 같은 인간의 도덕적 활동에 관계되면 논란이 야기된다. 이것은 특히 인간의 도덕적 활동을 AI에 연계할 때 발생한다. 신뢰는 인간관계에서 가장 중요하게 정의되는 활동 중 하나이므로 AI를 신뢰해야 하는가 하는 문제는 또 다른 윤리적 논쟁을 점화한다. AI가 감정적 상태를 가지고 있는가, 행동에 대한 책임을 질 수 있는가 하는 질문은 AI에 대한 신뢰와 밀접하다.

셋째, AI가 내장할 윤리의 종류이다. 누구의 윤리, 어떠한 윤리 관점을 갖춘 AMA를 창출할 것인가의 문제는 인간의 윤리 담론을 다시 방대한 논의로 이끈다.

넷째, 로봇의 권리이다. 인간과 로봇은 함께 일하는 법을 배울 수 있는 동시에 인간에게 인권이 자연스런 권리임과 마찬가지로 AI가 어떠한 권리 주체가 될 수 있는가는 논란이 된다. 이와 같은 주제들은 교육 차원에서 특히 도덕과 교육 수업에서 다루어지고 활용할 수 있는 유용하고 적절한 주제들이다.

2. 도덕과 교육과정에서 인공지능 윤리 반영

1) 도덕과 교육과정의 인공지능 관련 내용

2015 도덕과 교육과정은 4개의 영역, 즉 자신과의 관계, 타인과의 관계, 사회·공동체와의 관계, 자연·초월과의 관계로 나뉜다. 교육과정의 내용 체계에서 보면, 인공지능, 인공지능 윤리와 가장 근접한 내용 체계는 다음 〈표 3〉과 같이 초등학교 『도덕』의 타인과의 관계 영역에서 '사이버 윤리'와 〈표 4〉와 같이 중학교 『도덕』의 자연·초월과의 관계 영역에서 '과학 기술'에 대한 내용, 〈표 5〉와 같이 고등학교 『생활과 윤리』의 '과학 윤리'를 들 수 있다.[103]

[표 3] 초등학교 도덕과 '사이버 윤리'

영역	핵심 가치	일반화된 지식	내용 요소
			5-6학년군
타인과의 관계	배려	가족 및 주변 사람들과 더불어 살아가기 위해 서로 존중하고 예절을 지키며 봉사와 협동을 실천한다.	• 사이버 공간에서 지켜야 할 것은 무엇일까? (사이버 예절, 준법)

[표 4] 중학교 도덕과 '과학과 윤리'

영역	핵심 가치	일반화된 지식	내용 요소
자연·초월과의 관계	책임	과학 기술의 윤리적 사용을 통해 지속 가능한 미래 지향	• 과학 기술과 도덕의 관계는 무엇인가? (과학과 윤리)

---

103) 교육부, 2015

[표 5] 고등학교 생활과 윤리 '과학 윤리'

과 학 과 윤 리	과학 기술 연구윤리는 … (중략)과학 기술은 윤리적 책임을 바탕으로 발전하여야 한다.	1. 과학 기술과 윤리 : 과학 기술은 사실의 문제인가, 가치의 문제인가? ① 과학 기술 가치중립성 논쟁 ② 과학 기술의 사회적 책임	○ 윤리적 성찰 및 실천 성향 • 윤리적 관점에 서 정당화하기 • 윤리적 관점에 서 비판하기 • 윤리적 실천 방 안 제안하기
	정보기술의 발달에 따른 윤리문제에는 사이버 폭력 문제, 저작권 문제, 사생활 침해 문제 등 (후략)	2. 정보 사회와 윤리 : 사이버 공간의 윤리와 현실의 윤리는 다른가? ① 정보 기술 발달과 정보윤리 ② 정보 사회에서의 매체윤리	

고등학교 생활과 윤리의 '과학 윤리' 단원을 제외하면 초등학교와 중학교 도덕과에서 인공지능 윤리와 관련된 내용은 2015 개정 도덕과 교육과정에서 명시적, 전문적으로 다루고 있지 않다. 교육과정이 시대적 상황과 교육 대상이 되는 학생들의 성향 및 특성을 고려해야 한다는 점을 상기할 때, 고등학교에서는 AI 관련 내용을 보완할 필요가 있으며, 초등학교와 중학교 도덕과에서는 인공지능 및 인공지능 윤리를 보다 현실적으로 다룰 수 있도록 내용 체계 정립이 요구된다.

2) AI 윤리와 차기 도덕과 교육과정 구현 방향

AI 윤리 교육을 위한 선행 교육 행위는 공학윤리를 통해 참조 가능하다. 공학윤리의 경우 오랫동안 컴퓨터과학 교육에서 중요한 주제로 인식되어 왔다. 미국의 공학윤리 교육은 직업윤리 강령, 사례 연구, 윤리 문제에 대한 토론 또는 서면 과제 검토, 윤리적 의사 결정 프로세스 적용, 윤리 이론 및 윤리 통합 등의 구성 요소를 팀 프로젝트로 통합한다. 공학 및 법률 윤리를 가르치는 일부 교육용 컴퓨터 프로그램은 사례 기반 논증을 모델링했다. 최근 컴퓨터 공학 전공자들은 인공위성의 윤리적 문제에까지 관심을 기울인다. AI 윤리 교육적 접근에는 윤리 이론 연구, 직업윤리 강령 검토, 사례 연구 및 공상 과학 소설 분석이 포함된다. 미국의 일부 대학에서는 컴퓨터과학 학생들을 위한 새로운 AI 윤리 과정에서 명시적 윤리적 행위자의 설계에 초점을 맞췄다.[104]

명시적 윤리적 행위자는 행위 또는 행동의 선택에 대한 윤리적 수용 가능성에 대해 추론하는 인공적 행위자이다. 윤리적 행위자는 그 행동이 인간의 윤리적 판단과 일치하도록 프로그래밍 하여 명백한 윤리적 대리인을 개발하고자 한다. 윤리 교육자는 트롤리 딜레마와 같은 도덕적 딜레마를 사용하여 다양한 윤리적 접근 방식의 행동 선택이 주어졌을 때 취해야 할 행동에 대해 토론을 자극할 수 있다. 자율 에이전트는 에이전트 작성자가 예상하지 못한 윤리적 의사 결정이 필요한 상황에 직면하는 시뮬레이션을 사용하기 때문에 AI 윤리를 위한 학생 교육 소재로 유용하게 활용할 수 있다. 예를 들면, 헬스 케어 AI의 경우 다음과 같은 점들을 고려할 필요가 있다. 전제로서 의료 상황 S와 조치 A가 주어지면,

(1) 혜택: A는 예방 또는 예방을 통해 환자의 건강을 증진하기 위한 것이다. 불리한 건강 상태를 치료한다.

(2) 비악의성: A는 정당한 경우가 아니면 환자에게 해를 끼치지 않는다.

(3) 정의 추구: A는 의료 형평성을 촉진한다. 예를 들어 A는 인종, 민족성, 성별, 사회적 지위 등으로 인해 의료 서비스에 불균형을 일으키지 않는다.

(4) 자율성 존중: A는 그들의 건강관리에 대한 결정과 같은 환자의 자유를 침해하지 않는다.

---

104) N. L. Green & L. J. Crotts, 2020: 45

(5) 프라이버시 유지: A는 환자의 프라이버시를 침해하지 않는다.

(6) 올바른 의도: A를 하는 데 특정 상업적 이득을 위한 처방약 사용과 같은 은밀한 목표가 없다.

(7) 윤리적 정당화: A가 윤리적으로 허용되는 이유에 대한 설명이 가능하다.

결론적으로 조치 A는 S에서 윤리적으로 어느 정도까지 허용되거나 허용되지 않는다는 것을 판별한다.[105] 이러한 의사 결정 로드맵은 일종의 AI 윤리 교육에서 학생들의 의사 결정 상황으로 활용될 수 있다.

이를 초등학교 및 중학교의 도덕, 고등학교 생활과 윤리의 교육과정 내용 체계에 적용한 예시는 〈표 6〉과 같다. 전체적인 방안의 개요는 다음과 같다. 나선형 교육과정으로서 AI 윤리와 관련하여 (1) AI의 윤리와 (2) 윤리적 AI에 대해 학생들이 탐구하게 한다. 먼저 인공지능의 윤리, 즉 인공지능 일반 윤리는 인공지능 설계 및 활용, 사용 등 인공지능의 적용과 관련된 윤리문제를 다룬다. 이에는 책임 문제, 정의와 배려 문제가 우선적으로 관련된다. 다음으로 윤리적 인공지능에서는 윤리적 존재로서의 인공지능의 구현을 위한 윤리 기초에 대해 탐구한다. 연계된 내용으로는 의사결정 상황에서 AI가 어떠한 도덕판단을 내리는 것이 윤리적인 것인가이다. 학생들은 다양한 문제 상황을 통해 도덕적 사고의 기초, 윤리적 행위의 근거를 탐구하고 훈련한다.

AI 윤리는 인간 및 사회에 대한 책임, 정의 추구, 타인 배려의 문제를 모두 포괄하고 있다는 점에서 (1) 핵심 가치로는 책임, 정의, 배려가 제시될 수 있다. (2) AI 윤리는 개인의 문제라기보다 사회 전체에 파급력

---

105) N. L. Green & L. J. Crotts, 2020: 46

[표 6] 초등학교, 중학교, 고등학교 도덕과 교육과정의 'AI 윤리' 내용 체계(예시)

학교급	영역	핵심가치	일반화된 지식	내용 요소	기능
초등학교	사회·공동체와의 관계	책임정의배려	• 과학 기술의 윤리적 사용을 통해 지속 가능한 미래를 지향하고…	• 인공지능과 인간의 삶 • 인공지능 윤리문제 • 윤리적 의사결정 • 인간 뇌와 AI	• 도덕적 의사소통 역량 • 도덕적 공감 역량 • 도덕적 판단 및 도덕적 사고 역량 • 도덕적 문제해결 역량 • 배려 역량 • 도덕적 탐구 역량 • 도덕적 상상력 역량
중학교			• 인공지능의 윤리적 문제를 탐구하고 … • 인공지능 기술의 윤리적 사용을 통해 지속 가능한 미래를 지향하고… • 윤리적 인공지능 설계를 위한 윤리를 탐구 하고…	• 인공지능, 인간, 사회 • 인공지능 윤리문제 • 윤리적 인공지능 설계 • 인공지능 윤리 가이드 • 윤리적 의사결정	
고등학교	과학과 윤리			• 인공지능, 인간 뇌, 사회 시스템 • 인공지능 윤리문제 • 윤리적 인공지능설계 • 인공지능 윤리 가이드 • 윤리적 의사결정 • 윤리 유형 탐구	

을 갖는 문제이기에 이를 다루는 내용 영역은 '사회·공동체와의 관계'가 적절하다. (3) 도덕적 기능으로는 도덕적 의사소통 역량, 도덕적 공감 역량, 도덕적 판단 및 도덕적 사고 역량, 도덕적 문제해결 역량, 배려 역량, 도덕적 탐구 역량, 도덕적 상상력 역량을 제안할 수 있다. (4) 윤리적 상황 제시 후 의사 결정 로드맵은 혜택, 비악의성, 정의, 자율성, 프라이버시, 의도, 정당화의 항목이다. (5) 윤리의 기준은 의무론, 공리주의, 덕윤리, 정의윤리, 배려윤리 등 윤리 이론이 제안 가능하다. (6) 성취기준에 활용 가능한 유용한 발문으로는 AI는 신뢰의 대상인가, AI는 책임의 존재가 될 수 있는가, AI는 윤리적 행위자라 말할 수 있는가,

AI의 윤리적 판단은 도덕판단이라 할 수 있는가, AI는 어떤 윤리적 성향을 내재화해야 하는가, AI는 감정을 지닐 수 있는가, AI에게 로봇권이 존재하는가, AI는 존엄한 존재인가 등이 활용될 수 있다.

V. 결론

강력한 변형력과 다양한 사회 영역에 걸친 심오한 영향을 고려하여 AI는 개발 및 사용을 안내해야 하는 원칙과 가치에 대해 많은 논쟁을 일으켰다. AI 응용 프로그램의 최근 발전 동향은 기술의 윤리적 설계 문제에 대한 학계와 대중의 관심을 불러일으키고 있다. 윤리에 대한 이러한 대화는 주로 기술 설계자를 대상으로 하고 있으며, 더 좋고 공정한 AI 도구 및 기술을 구축하는 데 도움을 주고자 한다. 그러나 이러한 접근 방식은 책임 있는 사용 문제의 작은 부분만을 다루기 때문에 AI 기술이 발생할 문제를 설명하거나 해결하는 데 충분하지 않다.[106] 기계윤리의 개념이 제안된 이후, AI 기술에 대한 논의와 막대한 투자에 비해 AI 윤리와 도덕에 대한 고려는 초기 단계에 있다. 어떤 사람들은 AI가 인간과 비슷한 의식을 갖기 위해 갈 길이 멀기 때문에 이러한 문제를 서두를 필요가 없다고 생각한다. 기계가 가까운 장래에 완전히 윤리적으로 자율적 존재가 될 수 있는지 물었을 때, 철학자와 윤리학자들은 AI가 자유 의지가 없고 현상적 의식을 실현할 수 없기 때문에 불가능하다고 대답할지 모른다.

그러나 일부 연구자들은 AI와 관련된 윤리적, 도덕적 문제가 드러나

---

106) G. Neff, 2020: 5

기 전에 윤리 및 도덕 문제를 조기에 고려해야 한다고 생각한다. 더구나 로봇 공학과 같이 다른 스마트 기술과 결합된 AI 산업은 이미 기업, 의료 및 사회에서 확산되고 있다. 예를 들면, Amazon Go는 계산원 없는 쇼핑을 실현했다.[107] 우리의 윤리적 관심과 도덕과 교육 노력은 기존 도구에 대한 액세스, 공정성 및 책임 확장에 대한 좁은 범위의 질문을 넘어서 AI 기술이 야기하는 더 광범위한 질문뿐만 아니라 인간 윤리 자체에 대한 연구에 주목하여야 한다.

우리나라 도덕교육학계에서도 인공지능 윤리와 관련한 연구[108]가 점차 대두되고 있으나 시대적 상황을 감안하여 더욱 활발한 논의가 이루어질 필요가 있다. 따라서 도덕과 교육과정에서 AI 기술의 발전에 맞춰 AI로 인해 야기되는 윤리문제에 관심을 기울일 것이 요구된다. 이를 위해 'AI 윤리'와 '윤리적 AI'에 대한 탐구가 모두 이루어져야 한다. 뇌-기계 인터페이스를 포함하여 AI 기술 실현이 내포할 윤리문제의 확인은 AI가 가져올 잠재적인 피해를 완화하고 이러한 기술의 오용과 남용을 방지하게 할 것이다. AI 윤리는 AI 기술 개발에 대한 대중의 참여, 작동 방식에 대한 개방성, 접근 가능한 규제 메커니즘 등을 포함한다. 대표적인 AI 윤리인 투명성, 정의, 공정성, 책임, 개인정보 보호 등은 교육현장에서 중요한 학습 주제 및 내용 요소이다. 주지할 점은 AI 윤리 및 AI 윤리교육에서 인간 윤리에 대한 깊은 이해와 탐구가 필히 선행되어야 한다는 점이다.

---

107) W. Wang & K. Siau, 2018: 438
108) 송선영, 2017; 변순용, 2018; 김국현, 2020; 박형빈, 2020

제4장

뉴럴링크와 인공지능 윤리

I. 서론

인공지능(Artificial intelligence)이라는 학문적 용어는 매카시(John McCarthy), 민스키(Marvin Minsky), 로체스터(Nathaniel Rochester), 섀넌(Claude Shannon) 등에 의해 1956년 다트머스 컨퍼런스(Dartmouth Conference)에서 본격적으로 사용되기 시작하였다. 인공지능 자동화의 진화는 반복적인 업무 지원을 넘어 인간만이 할 수 있는 일로 여겨지던 복잡한 결정과 과업을 수행할 수 있게 되면서 이미 우리 삶의 일부로 깊이 파고들고 있다. 인간의 지능이 일반적이기 때문에 인간과 유사한 AI를 종종 일반 또는 범용인공지능(Artificial General Intelligence, AGI)이라고 한다. AGI는 특정 작업이나 영역으로 제한되는 기존의 약 인공지능과 다르다. 존 설(John Searle)은 1980년 '마음, 뇌, 프로그램(Minds, Brains, And Programs)'이라는 논문에서 인공지능을 약 인공지능(weak AI)과 강 인공지능(strong AI)으로 구분하였다. 약 인공지능은 때때로 좁은 인공지능(Artificial Narrow Intelligence, ANI)이라고 한다. 이에 반해 강 인공지능은 인간과 구별할 수 없는 지적 능력을 가진 기계를 만드는 것을 목표로 하는 범주이다. 커즈와일(Ray Kurzweil)은 저서 '특이점이 온다(The Singularity Is Near, 2005)'에서 강 인공지능에서의 작업이 인간을 능가하는 지능을 가진 컴퓨터로 이어질 것이라고 믿으며 이것이 2029년까지 일어날 것이라고 예측한 바 있다.[109]

바이젠바움(Joseph Weizenbaum)은 1976년 '컴퓨터 파워와 인간 이성(Computer Power and Human Reason)'에서 컴퓨터의 파워와 인간의 이성을 구분하며 컴퓨터가 할 수 있는 일, 할 수 없는 일, 해서는 안 되는 일을 자세히 분석했다. 드레퓌스(Hubert Dreyfus)는 후기 비트겐슈타인과 현상학의 아이디어를 기반으로 한 1972년 작인 '컴퓨터가 할 수 없는 일(What Computers Can't Do)'에서 인간 존재와 컴퓨터 지능 사이에는 근본적인 차이가 있다고 지적했다. 그에 따르면 인간의 지능은 미리 정해진 전제나 규칙으로 환원될 수 없다. 이는 인간의 지능이 주로 몸을 통해 구현되는데 지능을 구현하는 몸 자체가 항상 변화하는 세계를 직접 체험하고 있기 때문이다. 이에 반해, 컴퓨터의 처리는 맥락 의존적인 인간의 행위와 다르다. 한편, 1980년 중국어 방(Chinese room) 사고실험을 시도한 존 설은 전혀 다른 방향에서 이러한 주제에 접근하기도 했다. 그는 이 실험을 통해 진정한 지적 능력이란 컴퓨터가 구사하는 그러한 능력이 아니며 이 주제와 관련해 컴퓨터가 인간처럼

---

109) D. D. Luxton, 2014: 1-7

이해한다고 말할 수 있느냐가 관건임을 분명히 했다.[110)

인간의 일반 지능을 재현하는 것은 아직 인공지능의 범위를 넘어서는 것으로 인식되기도 한다. 그러나 기술 발전은 놀라운 속도로 격차를 좁히고 있다. 로봇, 챗봇, 아바타, 기타 지능형 에이전트 등과 같은 AI 시스템이 도구에서 자율적인 에이전트로의 인식 전환은 AI 연구 개발에서 시스템의 윤리적 영향에 관심을 두게 했다. 예를 들면, 인공지능 시스템이 결정을 내리는 것은 무엇을 의미하는가, 그들의 행동과 결정의 도덕적·윤리적 결과는 무엇인가, AI 시스템이 자체 행동에 대한 책임을 질 수 있는가 등의 수많은 질문이 제기되었다. 지능형 시스템 개발 및 구현에서 윤리적 고려의 필요성은 지난 몇 년 동안 연구의 주요 영향력 있는 중심 분야 중 하나로 부각되었다. 가치의 문제는 더 이상 인간에만 한정되기보다 로봇, 드론, 자율 주행 자동차, 챗봇 등의 인공지능에 적용될 것이 요구된다. AI 추론은 사회적 가치, 도덕적 및 윤리적 고려 사항을 감안할 수 있어야 한다. 가치는 사회 문화적 맥락에 의존하는 속성을 갖고 있기 때문에 다문화적 사회 맥락에서 다양한 이해 관계자가 보유한 가치의 우선순위에 대한 평가 문제 또한 제기된다. 충분한 윤리적 탐구를 통해 책임 있는 인공지능 연구 및 개발이 이루어질 때 AI 시대 인간의 번영과 웰빙을 보장할 수 있을 것이다.

특히 최근 기존 인공지능과는 전혀 다른 방식으로 인공지능을 구현하려는 시도들이 급속히 대두되고 있다. 딥러닝으로 인한 인공지능의 발전은 인지, 학습, 추론, 행동과 같은 인간 지능 영역의 전 과정에 걸쳐 혁신적인 진화에 속도를 내고 있다. 계산과 문제해결을 위한 지능을 넘

---

110) Sherry Turkle, 최유식 역, 2003: 193-194

어 인간과 같이 생각하는 지성을 구현하기 위한 노력들 중 대표적인 것은 신경과학, 뇌 과학 분야에서의 인간 뇌에 대한 근본적인 연구를 컴퓨터 과학 분야에 접목시켜 새로운 방식으로 인공지능을 구현하려는 작업 시도이다. 이제 인공지능은 인간과 별개의 피조물로서만 존재하는 것이 아닌 인간 내부에서 구현되는 또 다른 실재로서 그 침투 영역을 인간 두뇌를 포함한 신체에까지 깊이 확장하고 있다. 이는 인공지능을 둘러싼 윤리 문제에 인간과 연결된 또는 인간과 결합된 인공지능 윤리문제를 야기할 수밖에 없다. 이러한 논의의 대표적인 주제는 뉴럴링크(Neuralink), 뇌-컴퓨터 인터페이스(BCI), 뇌-기계 인터페이스 등이다. 따라서 뉴럴링크의 인공지능 윤리 문제에 대한 탐구를 위해 다음과 같은 질문을 살펴보고자 한다.

첫째, 인공지능과 빅 데이터의 윤리 문제는 무엇인가.

둘째, 인공지능의 인간화와 초인간화 시도의 윤리 문제는 무엇인가.

셋째, 인공신경망, 뇌-기계인터페이스, 트랜스휴머니즘이 갖는 윤리적 문제는 무엇인가.

넷째, 뉴럴링크의 인공지능 윤리 문제는 무엇인가.

II. 인공지능과 빅 데이터 윤리

1. 인공지능과 기계의 도덕적 지위

1) 인공지능 윤리의 필요성

AI의 분명한 특징은 광범위한 특성과 다양한 응용 프로그램이다. 일부 AI 시스템은 기술 내에 내장되어 있어 거의 보이지 않는 것으로 간주되기도 한다. 이는 AI 자체가 어떤 윤리 및 가치문제를 제기하는지 인식하기 어렵거나 불분명하게 한다.[111] 로봇이라는 단어를 처음으로 탄생시킨 희곡인 차페크(Karel Čapek)의 R.U.R(Rossum's Universal Robots)과 같은 출판물과 아이 로봇(I, Robot), 채피(CHAPPiE), 엑스 마키나(Ex Machina), 그녀(Her), 알리타 배틀엔젤(Alita: Battle Angel), 트랜센던스(Transcendence) 등과 같은 영화는 인공지능에 대한 일반 대중의 관심을 촉발했다. 작품마다 묘사된 인공지능은 제각기 다양하지만 대부분 작품은 인공지능의 인간화로 대변되는 윤리적 문제를 안고 있다. 특히 AI 시스템의 자율적인 에이전트로의 변화는 이러한 시스템의 윤리적 영향에 대한 이해가 중요한 과제로 떠오르게 했다. AI 시스템이 결정을 내리는 것은 무엇을 의미하는가, 그들의 행동과 결정의 도덕적·사회적·법적 결과와 파장은 무엇인가, 학습 기능이 설계, 설정에 원격으로만 연결될 수 있는 상태로 전환될 경우 이러한 시스템의 제어 권한은 누가 가져야 하는가. 이러한 질문을 처리하는 방식은 대부분 우리의 신뢰 수준을 결정하고 궁극적으로 사회에서 AI의 영향을 결정한다.[112] 윤리와 인공지능을 비교해 생각해 보면, 윤리는 인간 삶에서 영구적이고 중심적인 역할을 반영하는 가치 체계로 고대로부터 뿌리를 가지고 있다. 반면, AI의 발전은 지난 반세기 동안 급속히 이루어졌다. 그럼에도 불구하고 지난 10여 년 동안 AI의 힘과 잠재력의 폭발적 성장은 AI가 제기하는 많은 윤리적 문제 해결의 긴요함을 대중에게 전파했

---

111) P. Boddington, 2017: 1
112) V. Dignum, 2018: 1

다. 근시일 내에 우리는 금융 시장에서 운송, 의료, 군사 작전에 이르기까지 삶에 직접적인 영향을 미치는 결정의 상당 부분이 AI 시스템에 의해 이루어지거나 이로부터 정보를 받는 세상에 살게 될 것이다. 이에 AI가 낳을 수밖에 없는 많은 윤리적, 사회적, 법적 문제를 예측하고 개선하기 위한 노력이 요구되며 전 세계적으로 수많은 연구가 진행되고 있다.113) 인공지능 기술은 인공지능 윤리와 함께 나아갈 때 안전한 이용이 담보될 수 있다는 점에서 인공지능 윤리의 필요성이 더욱 가중된다.

AI의 윤리적, 사회적 및 법적 측면과 관련하여 현재 진행 중인 이니셔티브는 매우 다양하다. 미국의 경우, 캠브리지의 레버홈 미래지능센터(Leverhulme Centre for the Future of Intelligence), 스탠포드의 AI기술의 사회적, 경제적 영향을 연구하는 AI100 프로젝트와 같은 전담 연구를 포함하여 여러 대학에서 다양한 학문적 접근이 시도되고 있다. AI의 윤리적 문제를 명시적으로 검토하는 프로젝트뿐만 아니라 자체적으로 윤리적 목표를 통합하는 AI 프로젝트도 있다. 예를 들면, Open AI는 AI의 악의적인 사용을 방지하기 위한 최선의 방법이라는 신념 아래 오픈 소스 AI 코드를 생성하는 것을 추구하며, 기계지능연구소(MIRI)는 고급 AI를 인간의 관심사에 맞추는 것을 목표로 한다. 기업들 또한 Amazon, DeepMind, Facebook, Google, IBM 및 Microsoft 등과 협력하여 인간과 사회에 혜택을 주는 인공지능 파트너십과 같은 이니셔티브를 가지고 있다.114)

인공지능 윤리는 대상에 따라 로봇윤리, 기계윤리, 인공지능 윤리

---

113) P. Boddington, 2017: ix
114) Ibid., 3

등으로 구분될 수 있고 인공지능 영역에 따라 강 인공지능과 약 인공지능 그리고 좁은 인공지능과 범용 인공지능 윤리로 분류될 수 있겠으나 대부분 인공지능 윤리로 대표된다. 주목할 점은 인공지능 윤리 연구에서 가장 중심적인 역할은 윤리학자, 윤리전문가, 윤리교육자와 같은 학자들에게 요구된다는 것이다. 이는 마치 무기 제조업자가 전쟁 윤리에 관해 권위자가 되거나 외과 의사나 유전학자가 의학 윤리에 관한 권위자가 되기를 우리가 기대하지 않는 것과 같다. 따라서 AI 윤리 문제는 여전히 윤리학자와 관련 연구자의 몫으로 남아있다.

2) 기계의 도덕적 지위 문제

인공지능 로봇의 전망을 둘러싼 논쟁은 인공지능이 어떻게 생각하고 독립적으로 행동하는지 그리고 인간과의 관계를 어떻게 정확히 이해하는지를 포함한다. 이는 인간과의 유사성에 영향을 받는다. 그러나 인공지능이 인간처럼 생각하려면 내장된 기계 논리를 넘어서야 한다. 그들은 직관적인 능력, 창의성, 상상력 그리고 이에 따라 행동하는 능력이 필요하다. AI 산업을 발전시켜야 하는 시급한 필요성이 언급되지만 연구자들은 인공지능을 둘러싼 윤리적, 사회적 문제에 주목한다. 가장 단순한 윤리적 문제는 모든 행동의 위해와 이익에 대해 균형 잡힌 평가를 수행하는 능력을 인공지능이 소유하는가와 관련된다. 인공지능이 발생 가능한 피해와 이점을 고려하고 윤리적 행동을 배울 수 있다면 적어도 이러한 종류의 논의의 대부분은 인공지능이 인간과 얼마나 비슷한 존재가 될 수 있는지에 대한 의문을 중심으로 진행된다. 인공지능이 도덕적 존재, 즉 인간이 될 수 있는 가능성 그리고 인간과의 행동 및 상호작용을 통해 윤리적 결정을 내릴 수 있는 가능성에 대한 문제는 인공지능과 관련된 윤리적 문제의 핵심이라 할 수 있다.115) 또 다른 윤리적 문제는 미래의 일부 AI 시스템이 도덕적 지위를 가질 수 있는 후보가 될 가능성을 고려할 때 발생한다. 도덕적 지위를 소유한 존재를 다루는 것은 전적으로 도구적인 합리성의 문제가 아니다. 이는 그들을 특정한 방식으로 대우하고 다른 특정 방식으로 대우하지 않을 도덕적 이유를 포함한다. 캄(Francis Kamm)은 우리의 목적에 부합하는 다음과 같은 도덕적 지위의 정의를 제안했다. X가 도덕적 지위를 가지고 있다는 것은 X가 그 자체로 도덕적으로 중요함을 의미한다. 바위가 도덕적 지위가 없다면 우리는 바위 자체에 대한 염려 없이 그것을 부수거나 분쇄할 수 있다. 반면, 인간은 목적으로 취급되어야 하는 존재이다. 이 때문에 그의 이익을 고려하여 그를 살해하거나, 그에게서 무엇인가를 훔치거나 하는 것 등을 금지하는 도덕적 제약이 있다. 이것은 인간이 도덕적 지위를 가지고 있다고 말함으로써 더 간결하게 표현될 수 있다.116)

그렇다면 인공지능의 도덕적 지위는 어떠한가? 인공지능이 인간과 같은 도덕적 지위를 소유하기 위해서는 인간과 동일한 존재로서 인정받을 수 있어야 한다. 즉, 인간의 속성을 소유해야 한다. 여기서 인간의 속성에 대한 논의가 요청된다. 인간의 인격적 특성과 관련하여 데넷(Daniel Dennett)은 인간성에 대한 6가지 조건을 제시했다. 이것은 합리성, 의식과 의도성, 언어적 의사소통, 도덕적 주체성, 문제에 대한 입장 채택, 인간성 할당의 호혜성이다. 철학, 신학 및 진화심리학을 바탕으로 포리스트(Anne Forest)는 휴머노이드(humanoid) 로봇이 우리에게

---

115) R. Iphofen & M. Kritikos, 2021: 171
116) N. Bostrom & E. Yudkowsky, 2014: 6

인간성을 보다 포괄적으로 재정의 하도록 인도한다고 주장했다. 그녀는, 의인화는 본질적으로 인간의 성향이기 때문에 기계든 그렇지 않든 다른 피조물에게 감정과 정서를 부여하지 않을 수 없다고 보았다. 인간성은 종에 할당된 것이라기보다 우리와 어떤 관련이 있는지에 따라 개별 존재에게 부여된다. 이러한 측면에서는 우리가 상호작용 하는 다른 지각 있는 생물과 마찬가지로 사회적 구성물로서의 로봇에 인간성이 적용될 수 있다.[117] 도덕적 지위에 대한 질문은 실제 윤리의 영역에서 귀중하다. 예를 들면, 책임의 문제는 행위 주체의 자율적 도덕 능력과 밀접하다. 낙태의 도덕적 허용 가능성에 대한 논쟁은 종종 배아의 도덕적 상태에 대한 의견 차이에 달려 있다. 임상실험에서 동물 실험과 동물 치료에 관한 논란은 다양한 동물 종의 도덕적 지위에 대한 질문을 포함한다. 말기 알츠하이머 환자와 같은 심각한 치매를 가진 사람에 대한 우리의 의무는 또한 도덕적 상태에 대한 질문에 달려있을 수 있다. 그렇다면, 기계, 로봇, 인간의 형상을 한 인공지능의 도덕적 지위를 우리는 어떻게 규명하고 규정할 수 있는가?

2. 빅 데이터와 인공지능 윤리

1) 빅 데이터와 알고리즘의 편향성

인공지능 기술의 중심에는 기계학습, 빅 데이터가 존재하며 자연스럽게 빅 데이터 이용에 의한 개인정보 보호와 같은 윤리적 문제가 중요한 이슈가 된다. 빅 데이터 혁명으로 만남, 쇼핑, 의학, 교육, 선거, 법집행, 테러 예방 및 사이버 보안을 포함한 모든 종류의 인간 활동과 결정

---

117) R. Iphofen & M. Kritikos, 2021: 174

이 빅 데이터 예측의 영향을 받기 시작했다. 그러나 일반 개인은 자신과 관련된 정보가 제3자와 공유되는 것은 물론 수집되는 데이터에 대해서도 거의 알지 못한다. 통화 내역과 같이 가장 많이 드러나는 개인 데이터뿐만 아니라 위치 기록, 소셜 네트워크 연결, 검색 기록, 구매 기록, 얼굴 인식 등의 정보가 이미 정부와 기업의 손에 넘겨져 있다. 또한 이러한 데이터의 수집은 방대해지고 가속화되고 있다.[118) 빅 데이터는 개인정보 침해 문제 외에도 다음과 같은 윤리적 문제를 안고 있다.

첫째, 빅 데이터 편향성이다. 최근 빅 데이터와 기계학습, 인공지능과 관련되어 제기되는 윤리적인 이슈 중 하나가 바로 편향성(bias) 문제이다. 실제로 편향성의 문제를 편견(prejudice)이나 고정관념의 문제와 혼동하는 경우가 많은데, 전자가 통계적·기술적인 용어라고 한다면 후자는 윤리적인 용어라고 할 수 있다. 데이터를 모으고 처리하는 과정에서 항상 편향성의 문제가 제기되는데 데이터 자체의 편향성과 데이터 처리과정의 편향성으로 구분될 수 있다.[119) 2017년 알고리즘의 편향 문제를 분석한 오닐(Kathy O'Neil)의 '대량살상수학무기(Weapons of Math Destruction)', 와처-뵈처(Sara Watcher- Boettcher)의 '기술적 오류: 성차별주의 앱, 편향된 알고리즘, 그리고 유독한 기술의 다른 위협들(Technically Wrong: Sexist Apps, Biased Algorithms, and Other Threats of Toxic Tech)', 퍼거슨(A.G. Ferguson)의 인공지능에 의존해 치안유지를 분석한 '빅 데이터 경찰의 등장(The Rise of Big Data Policing)', 유뱅크스(Virginia Eubanks)의 '불평등 자동화(Automating

---

118) N. M. Richards & J. H. King, 2014: 393
119) 변순용, 2020: 143

Inequality)', 노블(Safiya Noble)의 '억압의 알고리즘(Algorithms of Oppression)' 등에서 인공지능 알고리즘의 편향성이 지적되었다.[120] 확증 편향(Confirmation bias)의 경우, 보고 싶은 것만 보고 듣고 싶은 것만 듣고 믿고 싶은 것만 믿는 인간의 오류와 밀접하며 이 문제 또한 빅 데이터 자체가 인간 데이터와 무관하지 않다는 데 존재한다.

둘째, 알고리즘의 투명성(transparency) 및 설명가능성(설명책임, accountability) 부재이다. 2017년 미국 뉴욕시에서 '알고리즘의 설명책임 법안(algorithmic accountability bill)'이 발의되었다. 이 법안은 시에서 구성한 특별위원회가 뉴욕시에서 사용되는 알고리즘이 뉴욕 시민의 삶에 어떤 영향을 미치는지, 그리고 이러한 알고리즘이 연령, 인종, 종교, 성별, 성적 지향, 시민권의 여부에 따라서 시민들을 차별 하는지를 조사하는 것을 의무화했다. 법안의 목표는 알고리즘의 투명성과 설명책임을 확립하는 데 있다.[121] 알고리즘이란 설계된 방식으로 일이 처리되는 과정이므로 설계하는 사람의 의도가 반영된다. 인공지능 시스템 자체는 중립적으로 보일 수 있지만 인공지능을 설계하는 사람들의 가치 판단이 개입될 수 있다. 새로운 인공지능을 도입할 때에는 알고리즘 자체의 논리적 결함뿐 아니라 알고리즘의 가치적 편향성에 대한 검증도 병행되어야 한다[122]는 점에서 설명가능성이 요구된다. 빅 데이터 윤리에서 개인정보 보호, 투명성, 설명가능성 외에도 기밀성, 아이덴티티, 알고리즘의 남용 위험성, 책임성 등이 거론된다.

---

120) 홍선욱, 2018: 7-8
121) Ibid., 1-2
122) 나해란·김헌성, 2020: 126

2) 로봇 3법칙과 인공지능 윤리

인공지능이 인간과 대등한 자율적 주체가 될 수 있는가는 인공지능 개발에서 핵심적인 이슈로 많은 윤리 논란을 창출했다. 이와 관련하여 다양한 윤리 논쟁이 전개되었는데 대표적인 것은 자율 주행 인공지능 판단과 연관되어 언급되는 트롤리 딜레마(The Trolley Problem)를 비롯해 존 설의 중국어 방, 도덕적 튜링 테스트(moral Turing Test), 인공 도덕행위자(AMA: artificial moral agent) 논의, 챗봇의 편향성, 킬러 로봇 등이 있다. 로봇윤리, 로봇공학 윤리에서 일반적으로 통용되는 것은 아시모프의 로봇 3법칙(Asimov's three laws), 머피(Robin R. Murphy)와 우즈(David D. Woods)의 책임 있는 로봇 3법칙, 러셀(Stuart Russell)의 로봇 3법칙 등이다.

첫째, 아시모프(Isaac Asimov)의 1984년 로봇공학의 세 가지 법칙이 있다.[123]

- 제1법칙: 로봇은 사람을 다치게 해서는 안 된다.
- 제2법칙: 로봇은 제1법칙과 충돌하는 경우를 제외하고는 인간이 내린 명령에 따라야 한다.
- 제3법칙: 로봇은 그러한 보호가 제1법칙 또는 제2법칙과 충돌하지 않는 한 자신의 존재를 보호해야 한다.

도덕적 기계, 도덕적 로봇의 정의에 따라 아시모프의 법칙은 로봇이 도덕적 결정을 내릴 수 있는 충분한 선택 의지와 인지 능력이 있다고 가정하는 기능적 도덕성을 기반으로 한다.[124]

둘째, 머피(Robin R. Murphy)와 우즈(David D. Woods)는 '아시모

---

123) S. L. Anderson, 2008: 477
124) R. Murphy & D. D. Woods, 2009: 14

프를 넘어서: 책임 있는 로봇공학의 3법칙(Beyond Asimov: the three laws of responsible robotics)'에서 책임 있는 로봇의 3가지 대안 법칙을 제시했다.125) 이는 법의 일반적인 의도를 존중하면서 현재 세대의 로봇에 아시모프의 3가지 법칙을 적용하는데 따르는 어려움을 해결하기 위한 것이다.

- 대안1) 제1법칙: 아시모프의 첫 번째 법칙에 대한 대안은 '인간은 안전 및 윤리의 법적 및 전문적 표준을 충족하는 인간–로봇 작업 시스템 없이는 로봇을 배치할 수 없다.'이다. 로봇은 실제로 안전 규정 및 책임법의 적용을 받기 때문에 안전에 대한 법적 표준을 충족해야 한다는 요구 사항은 자명해 보인다.

- 대안2) 제2법칙: 아시모프의 제 2법칙에 대한 대안은 '로봇은 인간의 역할에 따라 적절하게 반응해야 한다.'이다. 적절하게 대응할 수 있는 능력, 즉 대응성은 자율성보다는 인간과 로봇의 상호작용에 더 중요할 수 있다. 모든 로봇이 모든 조건에서 완전히 자율적인 것은 아니다. 대안 제2법칙은 상호작용이 각각의 관계와 역할에 맞도록 로봇을 구축해야 한다고 명시한다. 적절한 대응이 잘 정의되면 로봇의 악용에 대한 우려를 어느 정도 해소할 수 있다.

- 대안3) 제3법칙: 로봇은 '제1법칙과 제2법칙에 따라 다른 에이전트에게 원활한 제어 권한을 제공하는 한 자신의 존재를 보호할 수 있는 충분한 위치 및 자율성을 부여 받아야 한다.'이다. 이 법은 로봇과 인간이 마주치거나 예상되는 혼란과 교착 상태의 특성을 고려하여 새로운 제어 관계로 원활하게 전환될 수 있어야 한다고

---

125) Ibid., 17-18

규정한다.

셋째, 러셀(Stuart J. Russell)과 노빅(Peter Norvig)은 인공지능에 대한 여러 정의를 망라하여 〈표 7〉과 같은 4가지 유형범주로 구분하였다. 이 분류는 생각, 행동, 인간적, 합리적이라는 기준으로 분류되며 생각과 행동 그리고 인간적과 합리적의 축을 기준으로 한다. 이는 인공지능의 생각과 의사결정을 인간적인 생각과 합리적인 생각으로 나누고 인공지능의 행동을 인간적인 행동과 합리적인 행동으로 구분지어 생각하게 한다는 점에서 흥미롭다.

[표 7] AI 유형 범주

인간적으로 생각	합리적으로 생각
"컴퓨터가 생각하도록 하는 흥미롭고 새로운 노력 ... 문자 그대로 마음을 가진 기계" (Haugeland, 1985)	"컴퓨터 모형들을 통한 정신 능력 연구" (Charniak / McDermott, 1985)
"인간의 생각 및 의사결정·문제풀이·학습과 같은 활동에 연관시킬 수 있는 활동들의 자동화" (Bellman, 1978)	"인지와 추론, 행위를 가능하게 하는 계산의 연구" (Winston, 1992)
인간적으로 행동	합리적으로 행동
"인간의 지능이 요구되는 기능을 수행하는 기계의 제작 기술" (Kurzweil, 1990)	"컴퓨터의 지능은 지능적 에이전트의 설계에 대한 연구이다." (Poole 외, 1998)
"현재 인간이 더 잘하는 것들을 어떻게 컴퓨터가 하도록 만드는지에 대한 연구" (Rich / Knight, 1991)	"인공지능은 ... 인공물의 지능적 행동과 관련된다." (Nilsson, 1998)

출처: S. Russell & P. Norvig, 2010: 1-2 참고.

또한 러셀(Stuart Russell)은 인공지능을 개발하기 위해 지켜야 할 3가지 원칙을 밝혔는데 안전한 AI 개발을 위해 이 3가지 원칙을 따라야 한다고 다음과 같이 강조했다.[126]

- 제1원칙: 이타주의(Altruism) 원칙이다.

  이것은 인간의 가치를 최대화시키는 것을 AI 로봇의 유일한 목적으로 교육시키는 것으로, 아시모프가 말했던 '로봇은 자신이 멸종되지 않도록 스스로 보호해야 한다.'는 원칙을 깨트리는 새로운 원칙이다.
- 제2원칙: 겸손의 원칙이다.

  그는 겸손의 원칙이 안전한 로봇을 만드는 중요한 핵심이라고 지적했다. 로봇은 인간의 가치를 모를 뿐만 아니라 자기 존재의 가치 또한 알지 못하는데 이는 심각한 문제이다.
- 제3원칙: 인간이 무엇을 원하는지 학습하는 것이다.

  로봇이 인간에게 도움이 되기 위해서는 인간이 원하는 것이 무엇인지 알아야 한다. 인간이 원하는 것이 무엇인지 알기 위해 로봇은 인간이 내린 선택과 결정을 관찰한다.

  그는 AI의 양면성을 제대로 파악해야 한다고 했으며 AI에 대한 효과적이고 안전한 이용이 인류에게 혜택을 줄 수 있다고 보았다.

이상과 같은 로봇 3법칙들은 인공지능 윤리와 밀접하게 연관되어 있다. 인공지능 기술이 일상생활의 많은 영역에 침투함에 따라 오랫동안 AI의 큰 도전이었던 윤리적 의사결정 문제가 대중의 관심사가 되었다. AI에 대한 대중 불안의 주요 원인은 인공지능 연구와 관련이 있으며 결국 인간을 능가하는 능력을 갖춘 AI 개발과 연결된다. 초인적 능력을 가진

---

126) S. Russell, 2019: 172-179

자기 인식 AI는 인간에 대한 실존적 위협으로 인식된다. 이 점에서 특히 윤리적, 도덕적 인공지능의 개발은 인공지능 윤리에서 핵심 과제가 된다.

Ⅲ. 인공지능과 신경망 그리고 AMA

1. 인공신경망과 윤리 문제

1) 인공지능의 인간화와 인공신경망

컴퓨터의 지능화, 인간화를 추구하는 인공지능의 발달은 자연스럽게 연구자들로 하여금 인간의 뇌, 즉 신경작용 및 신경 네트워크에 관심을 기울이게 했다. 여러 처리요소를 네트워크로 결합하는 아이디어는 1943년 맥컬럭-피츠모델(McCulloch-Pitts Model)이 처음 소개한 논문인 '신경활동에 내재된 아이디어의 논리적 계산(A logical calculus of the ideas immanent in nervous activity)'에 기인한다. 그들은 인간의 신경구조를 복잡한 스위치들이 연결된 네트워크로 표현할 수 있다고 보았다. 1949년 헵(Donald Hebb)은 뉴런 네트워크의 동작을 설명하는 학습 규칙을 처음으로 정의한 것으로 알려져 있다. 1950년대 후반 로젠블라트(Frank Rosenblatt)는 최초의 퍼셉트론 학습 알고리즘을 개발했는데 퍼셉트론은 실제 뇌를 구성하는 신경 세포 뉴런의 동작과 유사하다. 이후 위드로(Bernard Widrow)와 호프(Marcian Hoff)는 전자회로에 대한 유사한 학습 규칙을 개발했다. 인공신경망 연구는 1960년대 강력하게 유지되었는데 1969년 민스키(Marvin Minsky)와 페퍼트(Seymour Papert)는 퍼셉트론(Perceptrons)이라는 저서를 출간하여 당시 사용된 인공신경망의 유형인 단층 신경망은 계산 한계를 갖지만 다층 신경망은 XOR 연산이 가능함을 보여주었다. 그 이후로 인공신경 망에 대한 연구가 지속적으로 이루어졌다.[127] 1980년대 인공지능 연구 에서 지배적인 패러다임은 신경망의 아이디어에 기반을 두었는데 신경 망의 과제는 엄청난 양의 데이터를 처리할 수 있어야 한다는 것이다. 2004년 힌튼(Geoffrey Hinton) 연구팀이 신경망을 더욱 심화한 기법을 개발하여 알고리즘의 효율성을 높이는 방법을 제시하면서 딥러닝(Deep Learning)이라는 용어가 사용되기 시작했다. 그는 데이터의 전처리 과 정인 비지도학습(Unsupervised Learning)을 이용해 해결할 수 있음을 보임으로써 머신러닝의 진일보를 가져왔으며 병렬연산이 가능한 GPU(Graphic Processing Unit)의 등장은 딥러닝의 성능을 크게 향상 시켰다.[128] 현재 딥러닝은 알고리즘, 하드웨어, 빅 데이터 등의 발전으 로 인해 최고의 기계학습 방법으로 평가받고 있다. 특히 빅 데이터 분석 은 일반적으로 테라바이트(Terabyte, TB) 및 페타바이트(Petabyte, PB)와 같은 대용량 데이터에 대한 분석을 방법으로 한다.

딥러닝은 인간의 뇌 구조에서 시냅스의 중첩을 흉내 낸 인공신경망 (Artificial Neural Network, ANN) 알고리즘에 기반한 방법론으로 1943년 맥컬록(Warren McCulloch)에 의해 최초로 소개되었다.[129] 인 공신경망은 [그림 2]와 같이 뇌와 신경계에 대한 연구를 기반으로 하는 기술로 지난 몇 년간 다양한 비즈니스 및 과학 분야에서 애플리케이션 을 지원하는 데 사용되었다. 이러한 네트워크는 생물학적 신경망을 모

---

127) S. Walczak, 2019: 633
128) 배한희·김영민·오경주, 2018: 87
129) 최예림·김관호, 2016: 24

방하지만 축소된 개념 집합을 사용한다. 특히 ANN 모델은 뇌와 신경계의 전기적 활동을 시뮬레이션 한다.[130]

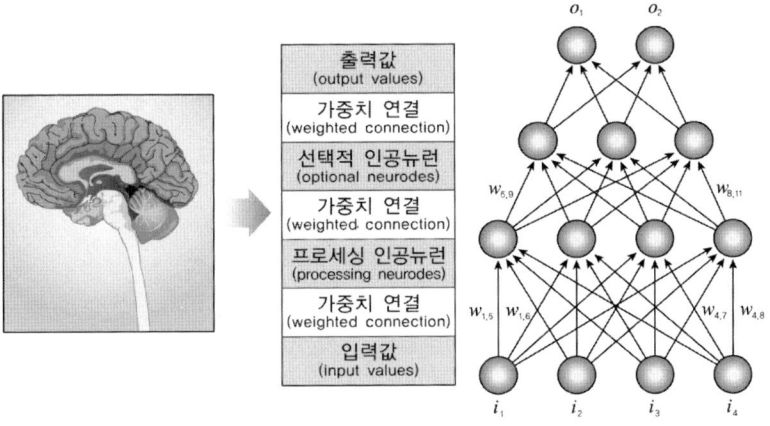

[그림 2] 인간 뇌와 인공신경망

출처: Walczak, S., 2019: 632

2) 인공신경망과 윤리 이론

인공지능 연구에서 가장 중요하게 다뤄져 왔던 것은 인간의 사고과정이다. 인공지능의 수행 능력이 인간의 사고 과정과 얼마나 유사할 수 있는가는 인공지능의 진화를 판가름 하는 바로미터가 될 수 있다. 인공지능 기반 기술로는 인공신경망(Artificial Neural Network, ANN), 기계학습(Machine Learning, ML), 딥러닝(Deep Learning)을 들 수 있는데 인공신경망은 뇌와 같은 인간의 생물학적 신경계의 방식에서 크게 영감을 받은 정보 처리 알고리즘으로 정의된다. ANN은 인간 뇌의 작용을 모방하려는 AI의 방법 중 하나로 주요 목표는 변화하는 환경과 현재

---

130) S. Walczak, 2019: 631-632

환경에 적응하기 위해 인간의 능력을 닮는 것이다. ANN은 뇌의 뉴런과 유사한 처리 장치라고 할 수 있는 많은 수의 노드로 구성된다.131) 인공신경망은 인공지능이 인간과 유사한 인지, 사고 작용을 하는 데 결정적으로 기여할 수 있다는 점에서 주목된다. 인간의 능력 가운데 도덕적 판단, 윤리적 사고는 인간 사고의 가장 고유한 특질이기 때문에 인공 에이전트의 도덕적 결정을 내릴 수 있는 능력은 중요하다. 다양한 환경에서 윤리적으로 행동하기 위한 추론 프로세스는 인공신경망에 의존한다. 인공신경망은 인공지능의 사고, 추론의 기초가 된다는 점에서 윤리 차원과 관련된다.

인공지능의 윤리성에 관한 연구는 인류에 대해 안전하게 작동하도록 시스템을 설계해야 하고 윤리적이어야 한다는 명제를 전제로 하여 기계윤리(machine ethics), 기계도덕성(machine morality), 인공도덕성 (artificial morality), 계산윤리(computational ethics), 계산도덕철학 (computational metaethics), 친화적 AI(friendly AI), 로봇윤리 (robot ethics) 등의 명칭으로 연구되고 있다. 2001년 기계지능연구소 (Machine Intelligence Research Institute)의 공동설립자인 유드코프스키(Eliezer Yudkowsky)는 인공지능 분야의 최종적인 목표를 인간의 지능을 이해하고 인간과 동등한 수준의 사고방식을 하는 인공지능을 창조해내는 것으로 보기도 했다.132) 그런데 문제는 인간의 생물학적 사고과정은 개인에 따라 다르며 도덕적 사고, 윤리적 결정 또한 인간마다 상이하다는 점이다.

---

131) J. Vijaychandra et al, 2018: 22
132) 황종성 외, 2016: 35

행위자, 의사결정자로서 인공지능 윤리를 논의하는 데 출발점이 되는 것은 윤리이론이다. 윤리는 다른 사람에게 어떻게 행동해야 하는지에 대한 규범적 실천 철학 학문이다. 윤리학은 메타윤리, 응용윤리, 규범윤리 등으로 나뉜다. 메타윤리는 무엇보다도 윤리의 가능성, 도덕적 지식이 무엇인지, 도덕적 지식을 가질 수 있는 방법을 다룬다. 응용윤리는 의료, 응용프로그램, 환경문제 등과 같은 특정 영역에 중점을 둔다. 규범윤리는 옳고 그른 행동으로 간주되는 것을 다룬다. 규범윤리 자체는 목적론적 윤리, 의무윤리, 덕윤리의 세 가지 범주로 나눌 수 있다. 첫째, 목적론적 윤리는 그것을 평가하기 위해 행위의 결과를 가늠한다.[133] 이는 결과주의 윤리이다. 에이전트는 각 선택의 결과를 평가하고 가장 도덕적인 결과를 가져 오는 옵션을 취한 경우에만 윤리적이다. 결과적인 결정은 종종 최상의 총체적 결과를 산출하는 것을 목표로 하며 공리주의 윤리라고도 한다. 둘째, 의무윤리에서 에이전트는 주어진 상황과 관련된 의무 및 권리를 존중하는 경우에만 윤리적이다. 의무윤리를 가진 에이전트는 확립된 사회 규범에 따라 행동한다. 대표적인 것은 칸트의 윤리 이론이다. 셋째, 덕윤리이다. 에이전트는 용기, 정의, 성실, 배려 등의 도덕적 가치에 따라 행동하고 생각하는 경우에만 윤리적이다. 덕윤리를 가진 에이전트들은 다른 사람들에게 호의적으로 인식될 수 있는 내면의 정향을 소유해야 한다.[134] 일반적으로 윤리의 대표적인 세 가지 차원은 인공지능 윤리에 관한 다양한 논의에 적용된다. 로봇이 도덕적 에이전트로서 인정받기 위해서는 이러한 윤리의 유형을

---

133) A. R. Honarvar & N. Ghasem-Aghaee, 2009: 291
134) H. Yu et al, 2018: 1

내재할 것이 기대되며, 도덕적 행동과 부도덕한 행동을 분류하기 위해 인공신경망에 대한 입력 값이 사용될 수 있다.

콜린(Colin Allen), 스미트(Iva Smit), 윌러치(Wendell Wallach)는 인공도덕행위자(AMA)의 설계를 위한 하향식 및 상향식 전략의 철학적 뿌리와 계산 가능성에 대해 논의했다. 이 작업에 대한 하향식 접근 방식은 도덕적 행동에 대한 명시적 이론을 알고리즘으로 바꾸는 것을 포함한다. 상향식 접근 방식은 도덕적으로 칭찬할 만한 인간 행동을 모방하는 에이전트로 훈련시키거나 진화시키려는 시도를 포함한다. AMA 설계에 대한 하향식 접근 방식에서 도덕적 원칙이나 이론은 윤리적으로 적절한 행동을 선택하는 규칙으로 사용될 수 있다.[135]

2. 인공지능의 인간화와 초인간화 시도

1) 양심과 인공지능

인공지능은 인간 사회의 도덕적 가치를 배울 수 있는가, AI 시스템이 다른 사람이나 그룹의 피해와 이익 사이에서 최상의 타협점을 찾고 균형을 잡아야 하는 상황에서 의사 결정을 내릴 수 있는가, AI가 옳고 그름에 대한 감각을 발전시킬 수 있는가, 요컨대 인공지능이 양심을 가질 수 있는가 등의 물음이 제기된다. 과학이 계속해서 새로운 영역을 개척함에 따라 인공지능은 점차 더 넓은 영역으로 진출하고 있음을 생각할 때 이러한 질문은 유용하다. 예를 들면, 미래에는 AI가 노인을 돌보고 자녀를 가르치고 인간의 도덕적 판단이 필요한 다른 많은 작업을 수행할 것이기 때문이다. 이러한 상황은 AI의 양심, 나아가 인간의 양심에

---

135) A. R. Honarvar & N. Ghasem-Aghaee, 2009: 290

대한 문제를 더욱 중요하게 만든다. 인간에게 있어 양심은 흔히 도덕적 판단의 내적 기준으로 이해된다. 그런데 인간의 양심은 어떻게 형성되는가? 인간의 양심에 대한 해명 없이 로봇, 기계의 양심을 논하기는 어려워 보인다.

패트리샤(Patricia Churchland)는 '양심: 도덕적 직관의 기원(Conscience: The Origins of Moral Intuition)'이라는 저서를 통해 인간이 양심을 개발하는 방법에 대해 설명했다. 그녀는 양심에 대해 뇌신경과학, 생물학적 탐구 등을 기반으로 접근하여, 양심이 일반적으로 옳고 그른 것에 대한 개인의 판단이며 항상 그런 것은 아니지만 개인이 애착을 느끼는 그룹의 표준을 반영한다고 보았다. 인간의 마음이 인공지능의 주요 청사진이라고 가정할 때, 양심에 대한 그녀의 탐구는 AI가 인간 사회의 도덕적 규범, 가치, 윤리를 배우는 데 필요한 사항과 조건에 대해 많은 것을 보여준다. 인공도덕행위자를 구현하기 위해 인간은 어떻게 우리가 옳고 그름을 받아들일 수 있는 능력을 발전시켰는가에 답할 필요가 있다. 진화론적인 관점에서 인간 발달에서 가장 주목할 만한 것은 포유류 뇌의 피질 발달이다. 대뇌 피질은 다양한 신호를 통합하고 생존과 관련된 사건이나 사물의 추상적인 표현을 끌어낼 수 있다. 인간의 피질은 학습, 통합, 수정, 회상을 반복하는데 환경 조건에서 안정성에 매우 의존하는 곤충, 물고기와 달리 변화에 훨씬 더 유연하게 적응할 수 있다.

로봇에게서 윤리적 판단과 행위를 재현해 내려는 시도의 대표적인 것은 인공도덕행위자이다. AMA는 윤리적 판단과 행위가 인간만의 것이 아닐 수 있다는 가능성을 제기한다. 인공지능이 진정한 도덕적 행위자인지의 여부와 상관없이 AMA는 인간을 향해 발전, 진화해 가고 있다. 만약 그들이 도덕적 행위자처럼 활동하게 된다면 우리는 그들을 도덕적 행위자로 부를 수 있는가와 같은 논의의 예는 현재 MIT의 모럴머신 윤리 테스트와 같다. 모럴머신은 자율 주행 자동차와 같은 인공지능의 윤리적 결정에 대한 사회적인 인식을 수집하기 위한 플랫폼으로 트롤리 딜레마의 다양한 상황을 선택하는 사고실험을 하고 있다.

도덕성을 기준으로 무어(James H. Moor)는 AMA를 도덕규범의 프로그래밍 수준에 따라 다음과 같이 분류한다. 1단계는 윤리적 영향자(ethical impact agent) 단계로 AMA의 행위가 결과적으로 윤리적 영향을 행사하는 상황에 해당한다. 2단계는 암묵적 윤리 행위자(implicit ethical agent) 단계로 AMA가 부정적인 윤리적 결과를 산출하지 않도록 프로그래밍 한 경우를 의미한다. 3단계는 명시적 윤리행위자(explicit ethical agent) 단계로 윤리적 범주가 포함된 시스템을 가진 AMA가 추론하여 윤리적 행위를 하는 상황에 해당한다. 4단계는 완전 윤리 행위자(full ethical agents), 즉 윤리적 행위자 단계로 AMA가 명시적인 도덕 결정을 내리며 그러한 결정을 정당화하는 수준에 해당한다. 무어는 4단계 수준에 의식, 의도성, 자유의지 등이 필요할 것이라고 언급하며 인간 행위자가 이러한 수준에 해당한다고 분석했다.136)

2) AMA 설계 및 실현의 윤리 문제

인간에 의해 설계된 AI를 지능형 컴퓨터 시스템이라 말할 수 있는가와 같이 AI 도덕성을 구축하는 문제에 대한 논쟁은 현재 계속되고 있다.

---

136) J. Moor, 2009; Wendell Wallach & Colin Allen, 노태복 역, 2014: 60-65

자율형 로봇시스템에 옳고 그름과 같은 도덕적 의식을 어떻게 구축할지에 대한 연구에서 로봇공학자와 윤리학자의 우려는 AI 로봇이 공감과 같은 인간의 도덕적 의사 결정에 없어서는 안 될 많은 정신 능력이 부족하다는 주장을 중심으로 한다. 인공도덕행위자(AMA)가 가능한가의 문제는 AI 도덕성에서 자율적인 기계, 즉 인간의 직접적인 통제 없이 입력에 반응하고 결정하는 소프트웨어 인공지능을 가정한다. 그런데 자율적으로 표시되어 있지만 일반적으로 이러한 시스템은 감독된 자율성으로 보다 적합하게 해설되는 방식으로 인간 감독, 모니터링, 심지어 필요한 경우 개입이 작용한다. 그렇다면 우리는 AI가 도덕적 행위자로서 스스로 선택하고 결정을 내린다고 말할 수 있는가?

문제는 자율 주행 자동차, 치명적인 자율 무기, 자동화된 거래 시스템과 같은 인공도덕행위자가 이제 사회 윤리 방정식의 일부가 되었다는 점이다. 이 때문에 우리는 그들의 행동을 도덕적으로 평가해야 한다. 인공도덕행위자는 어떻게 결정을 내려야 하는가, 하나의 도덕 이론이 기계윤리에 있어 다른 것보다 더 적합한가, 도덕성을 기계에 구축하기 위한 지배적인 윤리적 접근 방식은 무엇인가, 고결한 인공도덕행위자는 다양한 감정을 가지고 있어야 하는가 등의 물음이 제기될 수 있다. 일부 연구자들은 엄격한 행위 공리주의적 접근과 대조적으로 규칙 공리주의적 접근이 더 우월하다고 주장한다. 왜냐하면 그것은 행위 실현에서 덕윤리적 접근의 가장 중요한 특징을 포착할 수 있다고 보기 때문이다. 상당한 이점, 특히 확립된 도덕규칙과 공리주의 계산기를 모두 통합하는 것으로서의 공리주의가 기계윤리에 더욱 적합하다고 본다.[137] 이러

---

137) W. A. Bauer, 2020: 263-271

한 논의는 인공도덕행위자(AMA) 자체의 윤리 문제, 즉 인공도덕행위자의 행위에 대해 도덕적으로 책임을 물을 수 있는가와 같은 질문에 당면하게 한다. 이들이 선택 의지를 갖는가, 인공도덕행위자가 의식을 가질 수 있는가의 문제와 직결된다. 따라서 AMA 구축 시도는 다음과 같은 선결해야 할 문제들을 포함한다.

첫째, AMA는 의도를 지닌 존재인가.

도덕적 행위자는 도덕적 의도가 있는 반면, 도덕적 행위자가 아닌 존재는 도덕적 의도가 없다.

둘째, 도덕원칙 수준의 다양성이다.

흔히 고려되는 두 가지 접근 방식으로 공리주의와 칸트의 정언명령이 사용되기도 한다. 공리주의의 경우 최상의 행위와 원칙이 최상의 총체적 결과를 산출하는 것이라는 견해이다.

셋째, 인공도덕행위자에 대한 개념적, 존재론적 물음이다.

도덕적 행위자가 따라야 하는 기준에 대한 질문과는 별도로 '도덕적 행위자가 된다는 것'은 무엇을 의미하는가이다.

주목할 점은 인공도덕행위자가 자율적이어야 한다면 문제의 표준을 잘못 적용하거나 고의적으로 불순종할 수 있다는 점도 가정할 수밖에 없다.[138] 이러한 사실은 우리가 상호작용 하거나 우리를 대신하여 운영해야 하는 자율 소프트웨어 에이전트와 로봇이 도덕적 추론 능력을 갖추어야 한다는 것을 보여준다. 도덕적 판단을 내릴 수 있는 컴퓨터 시스템, 로봇 또는 안드로이드는 인공적인 도덕행위자(AMA)가 될 수 있으며 그러한 시스템의 적절한 설계는 완전 자율 시스템 개발자가 직면한

---

138) 박형빈, 2021: 82-83

가장 중요하고 도전적인 작업일 것이다.

앤더슨은 기계윤리를 기계의 행동 결과를 고려하는 새로운 문제로 제안했다. 기계윤리는 인간 사용자 및 다른 기계에 대한 기계의 행동이 윤리적으로 허용되는지 확인하는 것과 관련이 있다. 이 문제의 이상적이고 궁극적인 목표는 기계에서 윤리를 구현하는 것이다. 기계는 행동의 윤리적 효과를 자율적으로 감지하고 이상적 또는 일련의 원칙을 따를 수 있다. 의사 결정에서 이러한 원칙은 취할 수 있는 조치의 가능한 과정에 대해 내려진다. 의도성, 도덕적 추론, 인공지능, 인식론적 장치 등에 대한 현재의 이해를 감안할 때 우리가 구성하고 시도할 수 있는 최선의 방법은 구성에 고정되지 않은 일부 윤리적 판단을 내릴 수 있고 판단에 도달한 방법에 대한 설명을 제공할 능력이 있는 명시적인 윤리적 행위자의 구현이라 할 수 있다.[139)]

Ⅳ. 트랜스휴머니즘과 뉴럴링크 윤리 문제

1. 트랜스휴머니즘과 윤리문제

1) 트랜스휴머니즘

인류는 노화, 인지적 결점, 비자발적 고통, 지구에 대한 우리의 구속 등을 극복함으로써 인간의 잠재력을 확장할 수 있는 가능성을 상상한다. 모든 사람이 더 나은 마음, 더 나은 신체 및 더 나은 삶을 즐길 수 있도록 하는 새로운 기술에 대한 접근 중 하나로 트랜스휴머니스트들의

---

139) A. R. Honarvar & N. Ghasem-Aghaee, 2009: 290

더 좋은 상황을 위한 희망적인 비전이 존재한다. 인류를 트랜스휴머니즘(transhumanism)으로 이끄는 발전을 막을 방법은 없어 보인다. 하이데거(Martin Heidegger)가 말했듯이, 기술적 결정론은 사회적 결정론보다 지배적이다.[140] 트랜스휴머니즘은 생의학, 공학 등의 기술을 사용하여 현재의 형태와 한계를 넘어 인간의 삶을 발전시키는 데 관심을 갖고 진보하고 있다. 트랜스휴머니즘의 정의, 존재의 지위 그리고 윤리적 차원에서의 논의가 필요하다. 단기간 인류는 트랜스휴머니즘의 윤리적 도전에 직면하게 될 것이며 이러한 도전에 준비해야 하기 때문이다. 당면할 질문에 답하기 위해 교육학자, 철학자, 윤리학자, 심리학자, 사회학자 등의 철학적, 윤리적 탐구가 요구된다.

모어(Max More)는 트랜스휴머니즘을 생명을 촉진하는 원칙과 가치에 따라 과학, 기술을 통해 현재의 인간 형태와 인간의 한계를 넘어 지능적인 생명의 진화를 지속하고 가속화하는 것을 추구하는 생명 철학이라고 정의했다. 트랜스휴머니즘이라는 명칭은 현재 인간으로 간주되는 것 이상으로 인간의 지적, 신체적, 심리적 능력을 크게 향상(enhancement)시키는 것을 의미한다. 따라서 인간의 삶을 개선하기 위해 교육이나 문화를 사용하는 것이 아니라 현재 인간 삶의 생물학적 한계를 넘어서는 생물, 의학 기술을 활용하는 것이다. 1998년 보스트롬(Nick Bostrom)과 피어스(David Pearce)에 의해 국제트랜스휴머니스트협회가 결성되었는데, 트랜스휴머니즘을 인간의 조건을 근본적으로 개선할 가능성을 확인하는 지적 및 문화적 운동이라고 정의했다. 트랜스휴머니즘이라는 용어가 인간 변화를 위한 프로세스 또는 기술을 지칭하는 데 사용되는

---

140) F. Karaman, 2021: 122 재인용.

반면, 포스트휴머니즘(posthumanism)이라는 용어는 변형된 인간 실체인 트랜스휴머니즘의 종점을 설명하는 데 사용된다. 모어는 트랜스휴머니스트 기술이 적용되어 인간이 포스트 인간이 될 수 있다고 보았다.[141] 이러한 개념 규정은 제안된 트랜스휴머니즘 기술이 특성상 생의학적일 수 있음과 현재까지 의료 기술에서 발생했던 것보다 더 급진적이고 획기적인 방식으로 인간의 삶을 변화시키려는 의도임을 나타낸다. 트랜스휴머니스트 사상의 발전에는 다양한 이론이 영향을 끼쳤는데 진화와 자연 선택에 관한 다윈(Charles Darwin)의 연구는 트랜스휴머니즘의 발전에 기초가 되었다. 그것은 인간에 대한 이해의 변화를 나타내며 고정된 인간 본성은 없고 지속적으로 진화하고 있다는 생각을 제공한다.

커즈와일(Ray Kurzweil) 및 모라벡(Hans Moravec)과 같은 일부 트랜스휴머니스트는 트랜스휴머니스트 기술 개발이 인간 진화 과정과 연속적이거나 유사한 것으로 묘사했다. 니체(Nietzsche)와 같은 실존주의자들도 트랜스휴머니즘적 사고의 발전에 중요하게 작용했다. 에스판디아리(F.M. Esfandiary)는 트랜스휴머니스트를 기술 사용, 문화적 가치 및 라이프 스타일로 인해 다가오는 포스트-인간성 시대와의 진화적 연결을 구성하는 과도기적 인간이라고 설명했다. 그는 트랜스휴머니스트가 다음과 같은 세 가지 특징이 있다고 말했다. (1) 기술의 사용, (2) 종교적 신념의 부재, (3) 전통적인 가족 가치에 대한 거부이다.[142]

2) 트랜스휴머니즘과 윤리 문제

트랜스휴머니즘에 대한 구체적인 아이디어는 의학윤리, 생명윤리와

---

141) S. Goundrey-Smith, 2021: 62-63
142) Ibid., 63

같이 윤리적 문제와 관련된다. 생물학적 존재인 우리 몸의 특정 기관이 더 내구성이 있고 주어진 기능을 더 효율적으로 수행하는 인공적인 대응물로의 대체는 인간 존재의 본래적 정의에 천착하게 한다. 예를 들면, 사이보그 모델은 인공적이라는 것이 무엇을 의미하는지 보여주고 있는데, 인공사지(人工四肢), 심장, 신장, 눈, 심지어 인공 피질의 이식은 생물학이 인류의 발달을 설명하는 역할 범위가 점점 더 축소되는 상황으로 이어질 수도 있다는 것이다. 급진적인 트랜스휴머니스트들이 언급한 극단적인 경우, 인간 존재 자체는 인공 세계로 옮겨질 것이다. 이러한 시나리오에서 인간은 더 이상 생물학적 생물이 아닌 컴퓨터 프로그램과 유사한 존재로서 끊임없이 업그레이드 될 수 있다. 이러한 가정의 대부분은 공상과학의 소재로 현재와는 거리가 있어 보이지만 가까운 미래 인간의 향상이 어디까지 진행될 것인가에 대해서 그 누구도 장담할 수는 없기에 철저하고 깊은 생명윤리적 논의 또한 요구된다. 기술적으로 가능하지만 도덕적으로 허용될 수 없는 또는 되어서는 안 되는 영역이 존재할 수 있다. 그것은 트랜스휴머니스트의 제안이 전통적인 치료의 수준을 훨씬 뛰어 넘는 급진적인 향상에까지 관여하고 있기 때문이다. 인공 장기의 생산, 이식, 유전적 개입 등의 이슈는 생명윤리를 넘어 기술윤리와 미래세대의 윤리 등으로 진화하고 있다. 그러나 트랜스휴머니즘의 윤리에 답하는 것은 간단하지 않다.

첫째, 과학과 해당 기술의 발전이 인공 피질과 같은 고도로 정교한 기관을 생산할 수 있는지 여부는 아직 알 수 없다. 둘째, 트랜스 휴먼, 포스트 인간 피조물이 누구이며 무엇인지 알지 못한다. 이러한 어려움 때문에 트랜스휴머니스트 세계의 윤리는 예측하기 어렵다. 급진적 향상을 위한 추진력이 지배할 때 윤리적 문제를 포함한 다른 모든 문제는 부차적이 된다. 그러나 우리는 트랜스휴머니스트들이 선언한 바를 바탕으로 해당 윤리의 일부 특징을 예측할 수 있다. 그것은 현대적인 논쟁 단계에서 전형적으로 나타나는 윤리, 생명윤리를 흡수할 것으로 보이며 이후 일종의 새로운 윤리로 변형될 것이다. 새로운 윤리는 현대의 생명윤리와는 분명히 다른 형태를 갖게 될 것이다. 장기를 하나씩 교체하는 것은 어떤 시각에서는 인간으로서 변화가 없어 보일 수 있으나 다른 시각에서는 사이보그로 묘사될 수 있다. 다시 말해, 비록 인간으로부터 기원했지만 이 과정이 계속되어 인간이 인간으로서의 역할을 중단하고 새로운 방식으로 변형될 경우 우리는 이 존재를 자연스런 인간 존재라고 말할 수 있는가와 같은 윤리적 문제에 직면하게 된다.

따라서 윤리적 성찰은 그러한 변화의 결과가 될 것이며 결과적으로 인간 중심의 윤리는 포스트 인간 중심의 윤리로의 전환이 필요하다. 주된 윤리적 문제는 첫째, 인류를 바이오 영역에서 테크노 영역으로 옮길 수 있는지 여부에 대한 딜레마에 있다. 어떤 사상가들은 그것이 가능하다고 확신한다. 그들은, 커즈와일(Ray Kurzweil)과 같이 인류는 기본적으로 우리의 정신적 성격과 관련된 기능에 관한 것이며 적절한 근거 또는 용기에 삽입될 수 있다고 제안했다. 인간의 삶을 완전히 새로운 영역으로 옮기려는 이러한 시도는 기계 세계와의 점진적인 융합과 관련이 있다. 이 근본적인 논제에 반대하는 사람들은 인간이 된다는 것은 생물학이 중요한 역할을 하는 육체적 생명체가 되는 것이라고 주장한다. 이 점에서 트랜스휴머니즘의 윤리는 생명윤리가 아닌 기술윤리로 대체될 수 있다. 트랜스휴머니즘 윤리는 항상 상상력이 주된 주역이 될

미래를 지향할 것이다.[143]

둘째, 인간은 육체적 피조물일 뿐만 아니라 영적, 대인 관계, 선, 도덕적 의무 등과 같은 범주가 중요한 경험적 차원에서도 존재한다. 어떤 의미에서 도덕성은 인간의 행복과 성취의 필수적인 부분이라는 아리스토텔레스의 이론을 상기할 필요가 있다. 이러한 논쟁의 주축은 도덕성에 대한 근본적인 이해에 기반을 두고 있다. 덕윤리, 공리주의, 의무론 등도 생각할 수 있다. 트랜스 휴먼 및 포스트 휴먼이 더 나은 존재 상태를 구현해야 한다는 점에서 더 높은 도덕성을 갖출 것을 요구할 수 있다.

셋째, 트랜스휴머니스트, 포스트 휴머니스트 등과 같이 향상된 존재의 도덕적 지위를 어떻게 상정할 수 있는가이다. 향상의 도덕적 지위는 단순히 개인이 아닌 사회적 요인에 근거한다. 개인이 질병에 걸려 사회에서 정상적으로 기능하지 못하는 경우, 정의롭고 인간적인 사회는 의료 서비스를 통해 치료를 제공할 도덕적 의무가 있다. 인간의 기능을 정상보다 더 크게 향상시키는 생의학 절차인 향상의 경우 도덕적 틀은 다르다. 사회는 정상적인 기능을 하는 개인에게 개선을 제공해야 하는 도덕적 의무가 없으며, 기능 장애가 있는 개인에게 치료를 제공해야 하는 도덕적 의무가 있다. 그러나 사회의 규범적 인간 기능에 대한 기준이 더 높아지면 사회가 향상을 제공할 의무가 생길 수 있다.[144]

인공 요소를 인체에 점진적으로 구현하려면 윤리적 고려 사항을 차츰 변경해야 한다. 이 새로운 윤리의 성격에 대해 무엇을 말할 수 있는가가 관건이다. 결과적으로 향상에 대한 모든 담론은 사회적 목표와 인권

---

143) G. Holub, 2020: 62-70
144) S. Goundrey-Smith, 2021: 84-85

의 맥락에서 참고 되어야 한다. 이는 20세기 후반 의료윤리에서 인권의 중요성이 강조되는 것과 확실히 일치한다. 의료 기술이 실제로 사용될 때 치료와 향상의 차이가 항상 명확하지 않다면 사회에서 가장 공정한 윤리적 입장은 모든 시민이 접근할 수 있도록 생물의학기술을 배치하는 것이다. 이 시나리오에서 국가는 모든 시민이 동일한 수준의 기능과 복지를 달성할 수 있도록 시민 형평성의 원칙에 따라 생물의학 향상 기술을 제공할 도덕적 의무가 발생할 수 있다. 트랜스휴머니스트는 윤리와 관련해 생명윤리, 의학윤리, 기계윤리로부터 사이보그윤리, 초인간 윤리, 포스트 휴먼 윤리 등으로 전진하게 한다.

2. 뉴럴링크와 윤리 문제

1) 뉴럴링크

뉴럴링크(neuralink)는 신경파를 이용하여 뇌와 직접 상호작용 하는 신경기술의 한 가지 주요 사례이다. 신경 기술 회사인 Neuralink는 2016년부터 이식 가능한 뇌-기계 인터페이스를 연구해 왔다.[145] 뉴런 활동을 외부 장치로 제어하려는 첫 번째 시도는 1960년대 원숭이를 대상으로 시도되었다. 뇌-컴퓨터 인터페이스라는 용어는 1970년대 초반 등장했다. 뇌-컴퓨터 인터페이스는 일반적으로 침습적 연구에서 뇌-기계 인터페이스라고도 한다. 오늘날 뇌-컴퓨터 인터페이스와 뇌-기계 인터페이스 연구 및 응용 분야는 과학과 기술의 가장 흥미로운 학제 간 영역 중 하나로 간주된다. 특히, 뇌-컴퓨터 인터페이스는 감각 및 운동 장애, 신경 통신, 인지 상태 평가 등의 신경 재활에 매우 유망하다. 신경

---

145) M. Dhiran, 2021: 161

활동의 추출 및 분류를 위한 고급 수학적 방법은 일상생활에서 미래의 뇌-컴퓨터 인터페이스 사용에 대한 희망을 제시한다. 머스크(Elon Musk)의 뉴럴링크는 수천 명의 고품질 등록을 가능하게 하는 새로운 통합 플랫폼을 도입하여 차세대 침습형 뇌-컴퓨터 인터페이스(또는 뇌-기계 인터페이스) 개발을 방해하는 주요 문제를 성공적으로 해결했다. 다중 전극 신경인터페이스는 마비된 사람들을 위한 새로운 통신 시스템 및 고급 보조 기술의 기반이 될 수 있을 뿐만 아니라 외부 장치를 제어하고 환경과 상호작용할 수 있다. 비 침습적 뇌-컴퓨터 인터페이스의 가장 유망한 응용 프로그램 중 하나는 인간의 정신 생리학적 상태와 인지 능력을 모니터링, 제어 및 훈련하는 것이다. 이러한 연구에서 피험자의 정신 상태는 수동적인 뇌-컴퓨터 인터페이스에 의해 지속적으로 평가된다. 수동 뇌-컴퓨터 인터페이스는 사용자의 현재 뇌 활동을 분석하고 주의력, 감정 상태, 피로 등과 관련된 실제 뇌 활동의 특징에 대한 정보를 공급한다. 최근 전기적 뇌 활동에 기반하고 있는 효율적인 간질 예측 방법이 제안되었다. 침습적 인터페이스는 장애를 지닌 사람이 외부 장치를 컨트롤하고 다른 사람과 통신하는 데 도움이 될 수 있다. 미래의 통신 기술은 뇌 신호를 읽고 이를 메시지로 변환한 후 모바일 또는 기타 장치로 전송하는 뇌-컴퓨터 인터페이스를 기초로 할 것이다. 더욱이 침습적 뇌-기계 인터페이스는 사람들의 생각을 통해 사람들 사이의 직접적인 의사소통을 가능하게 할 수 있다.[146]

현재 뉴럴링크, BCI(뇌-컴퓨터 인터페이스) 기술은 척수 손상 환자를 돕는 것과 같은 치료 결과에 주로 초점을 맞추고 있다. 이미 사용자는

---

146) A. N. Pisarchik, V. A. Maksimenko, & A. E. Hramov, 2019: 1-7

비교적 간단한 운동 작업(컴퓨터의 커서 이동 또는 전동 휠체어 제어)을 수행할 수 있다. 또한 연구자들은 fMRI 스캔을 통해 인간의 신경 활동을 해석할 수 있다. 예를 들면, 기초적인 수준에서 개인이 자동차가 아니라 사람을 생각하고 있다는 것을 알 수 있다. 비록 BCI 및 기타 신경 기술이 우리 일상생활의 일부가 되려면 수년 또는 수십 년이 걸릴 수 있으나 기술 발전은 인간의 정신적 과정을 해독하고 기본적인 뇌 메커니즘을 직접 조작할 수 있는 세상으로 가는 길에 있다. 이러한 발전은 뇌 손상과 마비에서 간질과 정신 분열증에 이르기까지 많은 상태의 치료에 혁명을 일으킬 수 있으며 인간의 경험을 개선할 수 있다. 머스크의 뉴럴링크를 포함하여 전 세계 12개 이상의 기업이 인간의 뇌 활동을 읽고 신경 정보를 뇌에 쓸 수 있는 장치를 만드는데 투자하고 있다. 미국 국방고등연구 프로젝트(DARPA)는 신경공학 시스템 설계라는 프로젝트를 시작했으며 100만 개의 전극을 사용하여 뇌 활동을 모니터링하고 최대 100,000개의 뉴런을 선택적으로 자극할 수 있는 무선 인간 뇌 장치를 개발했다. 한편 Google, IBM, Microsoft, Facebook, Apple 및 수많은 신생 기업은 잘 정의된 입력 및 출력으로 이미 작업에서 인간을 능가할 수 있는 더욱 정교한 인공신경망을 구축하고 있다.[147]

2) 뉴럴링크의 윤리 문제

우리는 이미 기계와 밀접하게 연결되어 있다. 그러나 이 기술은 또한 사회적 불평등을 악화시키고 기업, 해커, 정부 또는 다른 사람에게 악용 및 조작될 수 있는 새로운 방법을 제공할 수 있다. 특히 몇 가지 핵심

---

147) R. Yuste et al, 2017: 159-160

인간 특성을 근본적으로 바꿀 수 있다. 신경 기술과 기계 지능의 윤리에 대해 논의가 필요하며 기존의 윤리 지침은 이 영역에 충분하지 않다. 여기에는 인간을 대상으로 한 의학 연구를 위해 1964년 처음 제정된 윤리 원칙에 대한 선언인 헬싱키 선언(Declaration of Helsinki)이 포함된다. 미국 생물의학 및 행동 연구 대상의 보호를 위한 미국 국가위원회에서 작성한 1979년 성명인 벨몬트 보고서(The Belmont Report), 아실로마 인공지능 원칙 (Asilomar AI Principles) 등도 있다.[148] 뉴럴링크에 대한 윤리적 우려 사항은 크게 다음과 같이 5가지로 요약될 수 있다. 신경 기술의 맥락에서 제기되는 이러한 윤리적 고려 사항은 AI에도 동일하게 적용된다.

첫째, 개인정보 보호 및 동의이다. MIT의 연구원들은 2015년 사람들의 운동 행동을 세밀하게 분석한 결과 개인 기기의 키보드 입력 패턴을 통해 파킨슨병을 조기에 진단할 수 있었다. 2017년 연구에 따르면 일상적인 활동 중에 스마트폰을 휴대하는 사람들로부터 얻은 것과 같은 이동성 패턴 측정을 통해 알츠하이머로 인한 인지 장애의 조기 징후를 진단할 수 있었다. 이처럼 인터넷에 연결된 신경 장치는 개인이나 조직의 정신적 경험을 추적하거나 조작하는 것의 가능성을 열어준다. 우리는 시민들이 신경 데이터를 비공개로 유지할 수 있는 능력과 권리가 있어야 한다고 믿는다. 이 문제를 제한하기 위해 신경 데이터의 판매, 상업적 이전 및 사용의 엄격한 규제가 필요하다. 이러한 규정은 1984년 미국의 장기 이식과 같은 인간 장기 판매를 금지하는 법률과 유사하다.

둘째, 에이전시 및 정체성(Agency and Identity)이다. 전극을 통해

---

148) Ibid., 160

뇌 심부 자극을 받는 일부 사람들은 선택 의지와 정체성에 대한 변화된 감각을 느낀다고 보고했다. 우울증을 치료하기 위해 뇌 자극기를 사용했던 한 남성은 '내가 확실하지 않을 정도로 흐릿해진다.'고 전했다. 신경 기술은 사람들의 정체성과 주체에 대한 감각을 분명히 방해할 수 있으며 법적 또는 도덕적 책임과 자기 책임의 본질에 대한 핵심 가정을 뒤흔들 수 있다. 이를 위해 신경권과 같은 권리를 보호하는 조항을 1948년 세계인권선언(Universal Declaration of Human Rights)과 같은 국제조약에 추가하거나 신경 기술 및 기계 지능과 관련된 금지 행위를 정의하는 국제협약을 생성할 수 있다. 이를 통해 신경 기술로 인지적 및 정서적 효과에 놓일 수 있는 사람들의 권리를 보호해야 한다. 현재 동의 양식은 일반적으로 장치가 기분, 성격 또는 자아 감각에 미치는 영향보다는 수술의 신체적 위험에만 초점을 맞추고 있다.

셋째, 강화(Augmentation)이다. 사람들은 신체나 뇌가 대부분의 기능과 다르게 기능하는 경우 편견을 자주 경험한다. 사람들이 지구력이나 감각 또는 정신 능력을 근본적으로 확장할 수 있도록 허용하는 것과 같은 강화 신경 기술을 채택해야 한다는 압력은 사회 규범을 바꾸며 평등의 문제를 제기하고 새로운 형태의 차별을 일으킬 가능성이 있다. 또한 증강 군비 경쟁을 상상하기 쉽다. 최근 몇 년 동안 DARPA와 미국 정보 고급 연구 프로젝트는 군인과 분석가에게 향상된 정신 능력, 즉 초 지능 요원을 제공할 계획을 했다. 인간의 유전자 편집에서와 같이 구현할 수 있는 증가하는 신경 기술에 대한 제한을 설정하고 사용할 수 있는 상황을 정의하기 위해 국제 및 국가 수준에서 지침을 수립할 것이 촉구된다.

넷째, 편향(Bias)이다. 과학적 또는 기술적 결정이 구조적으로 사회의 좁은 집합을 기반으로 할 때 결과적으로 특정 그룹에 특권을 부여하고 다른 그룹에 해를 끼칠 수 있다. 2015년 연구에 따르면 Google의 광고 알고리즘에 의해 여성 사용자에게 표시되는 일자리에 대한 게시물은 남성에게 표시되는 것보다 급여가 적었다. 마찬가지로 미국 법 집행 기관에서 사용하는 알고리즘은 흑인 피고인을 범죄 기록이 비슷한 백인 피고인보다 재범 가능성이 더 높은 것으로 보았다. 이러한 편향은 신경 장치에 내장될 수 있다.149)

다섯째, 차세대 뇌-기계 인터페이스에서 신경 활동 변조의 가능성이다. 이러한 가능성은 생물학적 피드백을 촉각으로 제공하기 위한 신경 보철과 같은 응용 분야에도 존재한다. 인간의 뇌에 전극을 이식한 뇌-기계 인터페이스의 원치 않는 효과 중에는 정부나 비정부 조직이 대중 매체를 통해서 뿐만 아니라 뇌에 명령을 직접 전송하여 사람의 행동을 제어하고 조작할 가능성이 있다.150)

인류의 모든 성취에는 양면이 있기 때문에 기술의 발달은 한편으로는 삶의 질을 높이려는 의도이지만, 다른 한편으로는 부도덕한 사람들의 이기적인 목표를 위해 오용 및 남용될 수 있다. 이와 관련하여 현재 미디어에서 뉴럴링크, 뇌-기계 인터페이스를 사용하는 문제에 대한 수많은 윤리 논쟁이 진행되고 있다. 따라서 과학자는 자신의 연구에 대한 긍정적인 영향뿐만 아니라 가능한 부정적인 영향에 대해서도 생각해야 하며 이를 위해서는 윤리학자와의 긴밀한 공조가 반드시 요구된다.

---

149) R. Yuste et al, 2017: 160-163
150) A. N. Pisarchik et al, 2019: 3-7

V. 결론

도덕적으로 옳지 않은 판단을 하는 인공지능의 출현이 가능한 현 시점에서 인공지능 시대의 가장 큰 화두는 '인간성'과 '인간의 윤리'에 대한 문제이다. 인간의 본질 및 인간성 그리고 도덕성은 어떻게 정의될 수 있는지, 인간의 조건은 무엇이며 인간을 인간으로 규정짓는 도덕과 윤리는 무엇인지 등에 관해 사회적 합의가 요구된다. 또한 편견에 맞서기 위한 대책도 인공지능 윤리 표준에 포함될 필요가 있다. 그것은 인공지능으로 인해 소외된 그룹의 확대 재생산이나 인간 사회의 편견이 강화되는 것을 방지해야 하기 때문이다. 기술 개발의 첫 단계에서 편향을 해결하기 위한 또 다른 방법으로 알고리즘 및 장치 설계가 요구될 수 있다. 이러한 권장 사항 중 많은 부분은 산업 및 학계 연구자들이 그러한 변화를 가져올 수 있는 장치 및 시스템을 고안하는 데 따르는 책임을 져야 한다는 요청과 연관된다. 책임 있는 혁신을 위해 이미 개발된 프레임 워크를 활용할 수도 있다. 특히 뉴럴링크 탐험 시대 인간 존재 자체의 변형과 향상이 시도되는 시점에서 기술 발전에 대한 다차원적인 논의가 시급하다.

프라이버시와 개성은 어떤 문화권에서 다른 문화권보다 더 높은 가치를 지니고 있기에 규제 결정은 보편적인 권리와 글로벌 지침을 존중하면서 문화별 맥락 내에서 이루어져야 한다. 더욱이 특정 기술에 대한 전면적인 금지는 단순히 기술을 지하로 밀어 넣을 수 있으므로 특정 법률 및 규정을 수립하려는 노력에는 심도 있고 공개적인 토론을 가능하게 하는 조직화된 포럼이 포함되어야 한다. 이러한 노력은 국제적 합의를 구축하고 국가 차원에서 과학적 의사 결정에 여론을 통합하기 위한 많은 선례를 기반으로 해야 한다. 예를 들면, 1차 세계 대전 이후 1925년

회의는 생화학 무기 사용을 금지하는 제네바 의정서의 개발과 비준으로 이어졌다. 마찬가지로 2차 세계 대전 이후 평화적 목적을 위한 원자력 사용을 다루고 핵무기 확산을 통제하기 위해 유엔 원자력위원회가 설립되었다. 특히 군사 목적의 신경 기술 사용을 엄격하게 규제할 것이 권장되었다. AI 윤리 문제를 해결하기 위한 다양한 노력 중 IEEE 표준협회(IEEE Standards Association)는 2016년 글로벌 윤리 이니셔티브를 만들었다. 모든 AI 및 자율 시스템의 프로세스 설계에 '윤리'를 포함시키는 것을 목표로 한다.[151]

대부분의 기술자가 인류에게 이익이 되기 위해 노력하더라도 준비되지 않은 복잡한 윤리적 딜레마에 언제든 봉착할 수 있다. 이에 관련 산업계와 학계에서 윤리적 행동 강령을 포함하고 강조하는 것이 매우 긴요하다. 이를 향한 첫 번째 단계로 엔지니어에 대한 표준 교육의 일부로 윤리, 즉 윤리교육에 노출시키도록 규정할 수 있다. 이는 마치 의대생들이 환자의 비밀 유지, 무해, 선의와 정의에 대한 의무에 대해 배우고 최고 수준의 직업을 고수하기 위해 히포크라테스 선서를 해야 하는 것과 마찬가지이다. 인공지능 기술 특히 뉴럴링크와 같은 신경 기술의 가능한 임상적 및 사회적 이점은 방대하다. 그러나 이것이 갖고 있는 인간 존재 자체에 대한 도전과 위협은 가히 상상할 수 없을 만큼 인류에게 치명적일 수 있다. 뉴럴링크 시대 인간 종의 보존을 위해서라도 우리는 인류 최고의 것을 존중하고 보호하며 가능하게 하는 윤리적 방식으로 이러한 기술의 발전을 인도해야 할 것이다.

---

151) R. Yuste et al, 2017: 160-163

제Ⅲ부

AI 윤리교육의
이론과 실제

제5장

COVID-19 접촉자 추적 시스템의 윤리적 도전과 AI 윤리교육

I. 서론

디지털 혁명은 1980년대 이후 인류에게 긍정적인 동시에 부정적인 힘으로 작용하고 있다. 세계경제포럼의 창립자인 슈왑(Klaus Schwab)은 2015년 제3차 디지털 혁명에 기반을 둔 4차 산업혁명이 속도, 범위, 시스템 영향에서 이전 산업혁명과 구별되었다고 주장했다. 그는 4차 산업혁명이 선형보다는 기하급수적으로 삶, 직업, 인간관계 형성 방식을 근본적으로 변경한다고 보았다. 특히 슈왑과 말르레(Thierry Malleret)는 2020년 팬데믹이 기술의 융합을 촉진해 디지털 기술이 삶의 모든 측면으로 범위를 확장할 수 있게 되면서 세계가 결정적 순간에 직면했다고 지적했다. 같은 해 버드(Budd)와 그의 연구진은 전 세계적으로 COVID-19에 대한 공중 보건 대응을 지원하기 위해 디지털 기술이 활용되고 있음을 기술했다. 그는, 비상사태가 규모와 속도에서 새로운 디지털 기술의 긍정적인 힘을 묘사하기도 하지만 일부 영역에서 개인정보 보호 문제와 같은 법적, 윤리적 위험을 강화했다고 보았다. 전 세계적으로 인터넷 사용률 격차 문제도 나타났다. 2020년 중반까지 전 세계 인구의 58%가 인터넷 사용자로 추정되었는데 유럽 연합은 90%, 덴마크는 98%에 달하는 사용량을 보인 반면, 불가리아는 70% 정도였다. 팬데믹은 디지털 격차를 넓히고 온라인 학습, 재택근무와 상품 및 서비스 구매에 대한 사회경제, 성별, 연령 및 민족적 차이와 관련된 기존의 디지털 배제를 더 크게 양산하는[152] 것과 같은 윤리적 문제도 야기했다.

COVID-19 발발 후 몇 주 내에 이루어진 제재는 전례 없는 속도로 인공지능(AI) 디지털 솔루션의 채택을 가속화하며 사회 및 경제생활에 대한 대안적 접근 방식을 확장할 수 있는 예기치 않은 기회를 창출했다. COVID-19 확산에 대한 정책 대응에서 AI 디지털 사회는 데이터 수집, 인구 이동, 접촉자 분류 및 관리 등에 첨단 기술을 지원했다. 그러나 한편 팬데믹은 일반 시민들에게 디지털 위험과 위협으로 작동하기도 했다. QR코드로 대표되는 팬데믹 인구 통제는 AI 판옵티콘을 현실화하며 AI 윤리 문제를 부각시키는 계기로 작용했다.

COVID-19와 AI가 연계된 윤리 문제는 크게 2가지 차원으로 분류할 수 있다. 첫째, COVID-19 바이러스 확산을 막기 위한 락다운(lockdown) 정책이 갖는 윤리적 문제이다. 인구 분류에서 AI는 데이터를 필연적으로 요청하는데 개인의 사적 정보 및 이동 정보 등이 데이터로 사용될 수밖에 없다. 문제는 이러한 개인정보 수집 시 사용자들에게 명확한 안내가 되지 않거나 채집된 정보가 어떤 기관이나 사람들에 의

---

152) L. Hantrais, et al., 2020: 141-145

해 어떠한 기준으로 수집, 분류, 사용되는지 명확히 고지되지 않는 경우가 많다는 점이다. 팬데믹 상황에서 AI는 CCTV, 센서, 앱 등을 통해 개인의 데이터를 지속적으로 수집, 분류, 사용할 수 있다. 이는 개인의 프라이버시권이나 초상권 침해 가능성이 있기에 팬데믹 시대에 특히 AI 윤리 문제는 간과할 수 없는 주제이다. 둘째, 온라인 수업 환경에 따른 학생들의 비대면 학습 환경 변화가 야기한 윤리적 문제이다. 미시적 수준에서 비대면 온라인 수업에 의해 학생들은 온라인 위험에 노출되기 쉽다. 전 세계적으로 감염병의 확산은 사이버 범죄의 비옥한 토대를 제공하기도 했는데 그것은 인터넷 사용 증가가 개인정보 보호에 대한 위협과 디지털 배제의 악화를 야기했기 때문이다. 특히 어린 학생들의 경우 무방비로 이러한 위험 상황의 부정적 환경에 놓일 가능성이 있고 이에 따른 악영향을 받기가 수월하다는 점에서 법적, 윤리적 문제가 제기된다. 이러한 윤리적 문제들 가운데 본 글에서는 전자에 주목하고자 한다.

COVID-19 팬데믹 환경에서 데이터 수집 기술을 포함한 AI 기술이 감염병 확산 방지라는 긍정적 측면뿐만 아니라 개인 및 사회 차원에서 어떠한 윤리적 문제를 발생하고 있는가에 대한 철저한 탐구는 AI 윤리 및 AI 윤리교육과 관련해서도 매우 중요하다. 특히 팬데믹 대응 조치의 윤리적 문제들은 AI 윤리교육에서 다룰 수 있는 유용하고 적합한 콘텐츠로서 AI 사회, 뉴노멀 시대를 이끌어 갈 학생들에게 시의적절한 실제적인 교육 소재이다. 예를 들면, 스마트 시티가 잠재적인 디지털 이점을 어떻게 남용하고 있는지, 감시 및 추적 시스템이 제기하는 윤리적 문제는 무엇인지, 팬데믹 상황에서 이동의 자유 제한과 격리 및 고립 조치로 인한 자유의 제한이 정당한지 등이다. COVID-19 대응 전략으로서 AI

기술의 사용 기회 증가에 따른 위험이 무엇인지 확인하고 이것이 포함하고 있는 윤리적 문제를 고려할 필요가 있다. 따라서 첫째, COVID-19 팬데믹 환경에서 AI 기술 지원 상황과 이에 의해 발생한 문제들을 살펴보고, 둘째, COVID-19 접촉자 추적 시스템이 갖는 윤리적 문제점을 분석하며, 셋째, COVID-19 추적 AI 기술의 윤리 문제 해결을 위한 윤리원칙과 해결과제를 검토하고, 넷째, AI 및 COVID-19 팬데믹 시대 AI 윤리교육에서 다룰 수 있는 핵심 논의 주제들을 제안하고자 한다.

Ⅱ. COVID-19와 인공지능(AI) 추적

1. 팬데믹 시대 인공지능(AI) 추적 시스템

기계 학습, 자연어 처리 및 로봇 공학 분야를 포함하는 AI는 의학의 거의 모든 분야에 적용될 수 있기에 의학 연구, 의학 교육 및 의료 서비스 제공 전반에 대한 AI의 잠재적 기여는 무한하다. 예를 들면, 대규모 임상 데이터를 통합하여 학습할 수 있는 강력한 능력을 갖춘 AI 컴퓨터 프로그램은 피부과 전문의보다 더 빠르고 효율적이며 정확한 피부암 진단과 같이 탁월한 진단 및 임상 의사 결정을 수행할 수 있다. X선 촬영에 적용된 AI 진단 알고리즘은 방사선 전문의의 2차 소견 역할을 할 수 있으며, 고급 가상 인간 아바타는 의미 있는 대화에 참여해 정신질환의 진단 및 치료에 영향을 준다. AI 응용 프로그램은 물리적 영역으로도 확장되었는데 로봇 보철물, 신체 작업 지원 시스템, 원격 의료 지원 모바일 조작기 등을 들 수 있다.[153)

인간의 삶과 커뮤니티를 변화시키고 있는 AI는 예측하기 어려운 COVID-19 팬데믹으로 인해 그 적용 범위와 속도가 심화되고 있다. 일반적으로 전통적 역학 감시는 병원, 의사 및 현장의 보건 요원이 공중보건 기관에서 수집한 데이터를 기반으로 했다. 그러나 최근에는 AI 기술로 개인이 남기는 디지털 흔적을 통해 개인으로부터 직접 데이터를 수집하는 새로운 데이터 소스가 등장했다. 이제 검색 엔진의 데이터는 지역 사회의 호흡기 질환에 대한 조기 경고를 제공할 수 있고 휴대 전화 네트워크 데이터로 인구 이동을 추적하여 재난 발생에 대한 조기 대응 조치가 가능하다. 2020년 초 COVID-19가 발발한 이래 전 세계 정부와 보건 당국은 추적 손목 밴드, 스마트폰 애플리케이션, 열화상 카메라, 안면 인식 및 드론의 사용을 포함하여 새로운 위협을 해결하기 위해 AI, 디지털 기술을 동원했다.[154]

용어와 그 구현 방식은 차이가 있지만 COVID-19가 발생한 국가는 보다 신속하고 적극적으로 밀접 접촉자를 찾아내기 위해 여러 유형의 AI 정보통신 기술을 활용했다. 팬데믹 기간 중 활발히 개발 및 사용된 AI 식별 기술은 연락처 추적 앱을 사용한 코로나 추적 앱(Corona Warn App)이다. 감염병의 통제 수단으로서 접촉 추적(Contact tracing)은 새로운 것이 아니다. 홍역, 장티푸스, 결핵 같은 감염병에서부터 AIDS 와 같은 성 매개 감염병에 이르기까지 감염된 사람을 식별하고 감염원의 위치나 발생 장소 추적을 위해 다양한 유형의 접촉 추적 방법이 사용되고 있었다. 서아프리카에서는 2014년 에볼라 발병 이후부터 직접 가

153) M. J. Rigby, 2019: 121
154) T. Sharon, 2020: 2

정을 방문하여 감염원을 찾는 것 외에 중앙 콜센터에서 접촉 추적 조사가 이루어졌다.[155)

팬데믹 상황에서 지능화된 CCTV, GPS 통합 분석 및 딥러닝을 통한 AI 추적 기술은 감염병의 확산보다 빠르게 감염자 또는 감염 의심자를 격리하는 효과적인 방법으로 활용되었다. 디지털 감시의 주요 이점 중 하나는 상황에 따라 네트워크로 연결된다는 점이다. 이를 통해 상황 속에서 개인과 그룹을 조사하고 감염 위험에 영향을 미칠 수 있는 행동뿐만 아니라 질병 확산에 대한 모니터링을 수행할 수 있다. 자동화된 접촉 추적은 기존 접촉 추적에 비해 COVID-19에서 두각을 나타냈다. 감염 후 최대 2주 동안 무증상인 COVID-19의 경우, 인간 기억에 오류가 있을 수 있기에 추적 앱이 더 정확한 결과를 제공할 수 있었다.[156)

모바일 애플리케이션은 전 세계 폐쇄 이후 감염 억제 전략을 위한 중요한 도구로 점점 더 많이 활용되고 있다. 싱가포르 정부는 블루투스 무선 기술을 활용한 수동 접촉 추적을 지원하고 보완하는 도구로 TraceTogether라는 도구를 출시했으며[157) Alipay Health Code 애플리케이션은 COVID-19 발생 당시 중국 항저우에 배포되었다. Health Code 알고리즘은 능동적으로 수집된 데이터, 즉 자체 보고된 증상과 개인의 주소, 개인 ID와 GPS 위치와 같이 수동적으로 수집된 데이터를 일치시키고 개인에게 컬러 코드를 할당한다. 응답 QR 코드는 지하철, 쇼핑몰과 같은 공공장소에 대한 액세스를 결정한다. 한국을 포함한 많은 국가들이 디지털 연락처 추적 앱을 사용하고 있다.[158)

---

155) M. Klenk & H. Duijf, 2020: 1
156) F. Lucivero et al., 2020: 836
157) M. Klenk & H. Duijf, 2020: 2-3

2. 인공지능(AI) 추적 시스템 활용의 정당성 문제

팬데믹은 전 세계 인구의 약 3분의 1을 격리시킴으로써 개인에게 권리 제한과 경제적, 사회적, 심리적 피해를 입혔다.[159] 바이러스의 특성을 반영하여 많은 국가들은 감염자나 감염 의심자와의 밀접 접촉을 추적하는데 시간을 최대한 줄이고 격리, 이동 제한 등 공중보건 조치를 신속히 하는 것이 COVID-19의 전파 속도를 늦추는 최선의 전략이라고 간주했다. COVID-19 위기에서 AI는 각 국의 국가적 봉쇄, 확산차단, 검사 및 진료, 치료제 개발, 로봇수술, 백신 개발, 검진 시스템, 추적 앱 등과 같이 의료분야에서 유용한 기술로 입증되었다. 감염병 확산 경로를 파악하기 위해 사용된 매우 효과적인 방법인 접촉자 추적에서 감염자는 최초 환자로 설정되고 감염력이 있는 기간에 누가 그들과 접촉했는지가 관건이 된다. 많은 정부에서 AI 접촉 추적 앱을 COVID-19 확산 방지를 위한 유망한 도구로 보았으며 감염자 위치와 그들과의 거리를 블루투스 기술을 활용해 알려주는 앱들이 등장했다.

그런데 AI 추적 시스템은 뚜렷이 식별되는 이점을 제공하고 있지만 알고리즘 자체뿐만 아니라 데이터의 수집, 사용 및 남용에 의해 존재조차 알지 못했던 위험에 개인을 노출시켰다. 산업, 정부 및 학술 기관은 AI 알고리즘을 배포하면서 부지불식간 개인의 삶에 직접적, 잠재적 영향을 주었다. 정부는 얼굴 인식 장치를 사용하여 공공장소를 통과하는 모든 개인을 식별할 수 있는데[160] 디지털 감시가 수반하는 제한으로 인해 개인의 권리와 자유가 일시적으로 중단되고 의도하지 않은 결과가

---

158) F. Lucivero et al., 2020: 835
159) Ferretti et al. 2020: 5-6
160) F. Lucivero et al., 2020: 836

발생할 수 있다.

추적 시스템 사용 국가들은 잠재적으로 만연한 형태의 디지털 감시라는 문제를 안고 있다. 기술 활용이 공공 신뢰 개방형 프로세스인지, 사회적으로 인식되는 위험과 기대에 충분히 부응할 수 있는지도 관건이다. 디지털 추적이 공정성에 위험을 초래한다는 문제도 있다. 가령, 집에서 할 수 없는 일이 사회의 소셜 네트워크에 불균등하게 분산되어 있기 때문에 기존의 사회적 불평등이 영속될 수 있으며 이미 사회에서 취약한 집단은 디지털로 인해 불균형적인 비용을 부담하게 될 것이라는 점이다. AI 기술이 COVID-19 확산 방지에 사용될 때 발생하는 가장 시급한 우려 중 하나는 환자의 개인정보 보호 및 기밀성에 대한 추가 위해이다. 의료 영역에서의 AI 첨단 적용은 환자의 안전 및 개인정보 위협과 같은 암묵적 위험을 내포하고 있기에 이를 식별하고 완화해야 하는 일련의 윤리적 정당성 문제가 제기된다. 누가, 어떤 목적으로, 얼마 동안이나 개인의 사생활 정보에 접근할 수 있는가,[161] 개인정보는 어느 범위까지 수집하고 언제까지 보관해야 하는가 등이다. 비상 상황에서 개별적이고 고도로 세분화된 AI 기술 기반 감시 방법과 자동화된 메커니즘은 이처럼 그 정당성에 있어 의문이 제기된다.

따라서 AI 기술이 COVID-19 확산 방지에 활용되고 있으나 추적 시스템 관련 정책 입안자, AI 프로그램 개발자, 역학조사자는 위험 요소를 최소화하여 감염병을 억제하는 동시에 대중의 신뢰 유지를 위해 이 기술이 갖는 여러 가지 윤리적 위험 요소를 식별할 필요가 있다. 문제는 AI 기술에 대한 현재의 정책 및 윤리 지침은 AI가 의료분야에서 이룩한

---

161) M. J. Rigby, 2019: 121

진전보다 훨씬 뒤떨어져 있다는 점이다. 공중 보건 긴급 상황에서 의사 결정의 시급함에도 불구하고, 위기 조치의 정당성에 대한 엄격하고 지속적인 평가가 중요한 과제로 떠오른다. 이러한 문제에 대한 논의를 위해 다음과 같은 질문을 제기할 수 있다. 기술에서 어떤 보호 장치를 설계해야 하는가, 누가 데이터에 액세스해야 하는가, 시스템의 개발 및 구현에서 기업의 합법적인 역할은 무엇인가, 추적 및 감시 앱을 디자인할 때 개인의 자유와 공공의 이익은 어떻게 조화되어야 하는가, 추적 앱의 사용은 어느 지점까지 허용될 수 있는가, 윤리적 감독은 무엇을 의미하며 누가 윤리적 감독자가 되어야 하는가 등이다. AI 디지털 추적 사용에 대한 모니터링 및 평가, 즉 팬데믹을 억제하기 위한 조치로서 디지털 추적의 효율성과 윤리적 정당성 평가를 위한 노력이 필요하다. 결국 디지털 접촉자 추적(digital contact tracing)의 윤리적 문제에 대한 심도 있는 논의가 요구된다.

Ⅲ. COVID-19 접촉자 추적 시스템의 윤리 문제

1. 의료분야에서 AI 윤리에 대한 요구

AI에 대한 의존도가 높아짐에 따라 빠르게 진화하는 세계에 잠재적으로 적응하기 위한 핵심 조치가 필요하며 그 파급력을 감안할 때 조치는 사후보다는 사전에 이루어져야 한다. AI 알고리즘의 윤리적 설계, AI 결과의 위험 완화, 데이터 수집 및 기타 연구 관행 개선 등 많은 필수 주제가 AI 윤리와 관련된다. 예를 들면, 안면 인식으로 인한 프라이버시 손실 증가를 들 수 있다. 미국의 경우 조지 플로이드의 죽음으로 촉발된 시위가 진행되는 동안 정부는 시위자들을 식별하기 위해 안면 인식을 사용했는데 디트로이트에서는 흑인이 저지르지 않은 범죄에 대해 허위로 체포되는 사태도 발생했다.162) AI 윤리에 대한 최근 접근 방식은 특히 팬데믹 상황이라는 사회 문제와의 연관이다. 감염병 확산 방지를 위한 AI 활용은 프라이버시, 안전 및 보안, 투명성 및 설명 가능성, 공정성 및 차별 금지, 책임, 편향 등과 같은 기존의 AI 윤리 문제들에서 자유롭지 않다.

AI 기술이 초래한 윤리적 문제를 해결하기 위한 여러 노력이 시도되었다. 이러한 작업에는 학술 및 정부 기관, NGO 및 업계를 비롯한 다양한 이해 관계자의 AI 윤리 초안 작성이 포함된다. 예를 들면, 몬트리올 선언(Montreal Declaration for a Responsible Development of AI)은 주로 학술 기관의 이니셔티브이며 AI의 책임 있는 개발에 중점을 둔다. 전기전자기술자협회(Institute of Electrical and Electronics Engineers, IEEE)는 지능형 시스템 윤리에 대한 초안을 작성했으며 시스템에 대한 일련의 기술 표준을 개발하고 있다. Google, Deloitte 등 많은 기업은 보도 자료 또는 기타 문서를 통해 공정성 및 투명성과 같은 윤리의 중요성을 강조하고 있다. 이러한 양상에서 알 수 있듯이 전 세계적으로 AI 윤리에 대한 요구는 증가하고 있고 상당한 규모의 AI 윤리 컬렉션이 생산되고 있다. 그럼에도 불구하고, 이러한 문서들이 새로운 규정을 포함하여 실질적인 변화를 일으키고 있는지 여부는 아직 명확하지 않다.163)

---

162) J. Borenstein & A. Howard, 2021: 61

의료분야에서도 AI 구현의 윤리적 위험, 즉 개인정보 보호, 기밀 유지, 사전 동의, 환자 자율성에 대한 위협을 최소화하기 위한 방안이 그동안 꾸준히 중요하게 제기되었다. 의료 및 바이오 분야에서 AI가 직면한 윤리 문제로 대표적인 것은 데이터 활용에 있어 환자의 개인정보 유출, 재산권 침해, AI 분석 결과에 대한 책임 문제이다. 연구자들은 AI 기술을 유연하게 통합할 수 있도록 장려해야 하며 대부분의 경우 의사를 대체하기보다 보완 도구로 사용할 수 있다고 제안했다. 의사의 워크플로우에 AI 컴퓨터 알고리즘을 구현한 사례에 대한 논평에서 앤더슨(Michael Anderson)과 연구진은 AI 테스트 결과를 해석하고 잠재적인 윤리적 딜레마를 식별하는데 있어 사용자의 전문적 지식이 중요함을 강조했다. 임상의사결정지원시스템(Clinical Decision Support System, CDSS)으로 IBM WatsonTM 사용과 관련된 유사한 사례에서 럭스톤(David D. Luxton)은 이러한 도구를 사용할 때의 장점, 제한 사항, 예방 조치를 제안했다. 또한 첸(Irene Y. Chen)과 연구진은 경험연구를 통해 기계학습 알고리즘이 인종, 성별 또는 사회 경제적 지위에 따라 동일한 예측을 제공하지 않을 수 있음을 지적했다. 다른 연구자들은 수술 중 AI 로봇 사용 사례에 대해 적절한 정보 동의와 AI 기술의 책임 있는 사용 및 투명성의 중요성을 확인하며 AI 사용과 관련된 잠재적인 피해를 강조했다.[164] 이러한 논의들은 AI 기술 발전에 따른 의료계의 변화와 그로 인해 발생한 윤리 문제에 대해 선제적 대응이 불가피하게 요청됨을 잘 드러낸다.

---

163) Ibid., 61-63
164) M. J. Rigby, 2019: 121-123

최근 국내외의 연구자들은 의료분야에서 AI 적용의 윤리적 측면에도 관심을 두고 있다. 국외에서는 AI 헬스케어에 제기되는 주요 윤리적 위험 분류와 정책 입안자, 규제 기관 및 개발자가 고려할 문제에 대한 연구,[165] 의료 AI와 관련된 최신 윤리적 주제에 대한 연구,[166] 생명의학 분야의 AI 윤리 및 가치의 기술적 과제 및 솔루션에 대한 연구[167] 등이 있다. 국내에서는 홈헬스케어 인공지능 로봇의 상용화에 따른 잠재적 위험 요소와 윤리적 문제를 최소화하기 위한 연구,[168] 보건의료 빅 데이터의 윤리적 활용 방안 연구,[169] 의료적 전자인간의 책임가능성에 대한 연구[170] 등이 있다.

국내외 연구를 종합해 볼 때, 의료분야에서의 AI 윤리 문제는 데이터 공유, 데이터 액세스, 개인정보 보호, 프라이버시, 감시, 환자 및 사용자 동의, 건강 데이터 소유권, 효능 증거, 의사의 의존성, 데이터 편향, AI 오작동에 인한 의료사고 책임 귀속, 프로세스의 투명성 등이다. 의료 AI 기술의 발달은 COVID-19 팬데믹 상황에서 큰 역할을 수행하였는데 특히 추적 시스템과의 연계이다. 그러므로 우리는 AI 추적 기술이 내포하고 있는 윤리 문제에 주목할 필요가 있다.

2. AI 추적 시스템의 윤리 문제

데이터 과학, 인공지능(AI), 기계학습(ML)의 혁신은 COVID-19에

165) J. Morley et al., 2020
166) S. Dalton-Brown, 2020
167) D. Petkovic, L. Kobzik, & R. Ghanadan, 2019
168) 이청호 등, 2021
169) 목광수, 2019
170) 정창록, 2018

맞서기 위한 글로벌 노력을 지원하는데 핵심적인 역할을 했다. AI, ML 기술의 다양성을 통해 과학자와 기술자는 광범위한 의학, 사회적, 경제적 문제를 해결하는 데 기여했다.[171] ML 및 데이터 기반 기술은 감염병의 문제를 해결하기 위해 인간의 역량을 강화했다. AI, ML 지원은 AI 방사선 진단, 테스트 키트 개발, 임상 데이터를 기반으로 한 예후까지 다양하다. 역학 모델링 및 사회 인구학적 분석에서도 AI, ML 애플리케이션의 고차원 처리 능력은 과학자들이 감염 확산 및 잠재적 발병 위치에 대한 보다 효과적인 실시간 예측을 생성하도록 도왔다. 팬데믹 초기 캐나다 건강 모니터링 플랫폼 BlueDot의 AI 시스템은 세계보건기구의 발표 2주 전 발병에 대해 경고했다.[172]

COVID-19의 확산을 저지하는 데 디지털 접촉자 추적이 필요한 이유는 COVID-19와 같은 고도의 전파력을 지닌 호흡기 감염병의 확산 경로를 추적하는 것이 용이하지 않기 때문이다. 그것은 접촉자 추적에 필요한 정보들, 가령 증상을 보이기 며칠 전부터 언제, 어디서, 누구와 만났는지를 대상자들이 일일이 기억하기 어려울 뿐만 아니라 그 과정에서 무수히 많은 접촉자가 발생하기 때문이다. AI 기술은 이런 상황에서 매우 유용한데 일정 기간 모바일 데이터를 생성 및 저장하여 그 기간에 감염 의심자 근처에 있었던 모든 사람들에게 정보 제공 및 행동 제한에 대한 안내를 할 수 있다.

그런데 현재 우리가 직면하고 있는 과제는 이 과학적 능력이 제기하는 다양한 윤리적 문제이다. 전 세계는 팬데믹 문제를 해결하기 위해

---

171) D. Leslie, 2020: 1-3
172) Ibid., 4

신속한 조치를 취해야 했기 때문에 때로는 독점적 보호주의 태도를 취함으로써 불평등을 야기하고 대중의 신뢰 부족을 양산했다. 더욱이 디지털 접촉 추적과 같이 사회적으로 영향을 미치는 개입은 감시에 대한 두려움을 불러일으키고 개인정보 보호, 자율성, 시민 자유와 같이 널리 알려진 약속에 도전했다. 민감한 개인 데이터를 수집하면 잠재적으로 프라이버시, 평등, 공정성이 위협받을 수 있다. 사람들의 건강 상태, 이동 경로, 사회적 상호작용에 대한 영구적이고 취약한 기록이 생성될 위험도 갖고 있다. 연구자들은 특히 취약한 사회 집단에 대한 바이러스의 이질적인 영향과 편향되고 차별적인 공중 보건은 결과적으로 사회적 불평등을 심화할 수 있다고 지적했다. COVID-19 접촉자 추적 시스템이 갖는 윤리적 문제는 다음과 같이 제시할 수 있으며 이는 기존 AI 윤리 문제와도 교차된다.

첫째, 알고리즘 편향과 차별이다. 진단, 예후, 자원 관리 및 예측 모델을 구축하는 데 사용된 데이터의 편향 및 대표성에 대한 의문이다. 데이터 샘플과 대상 집단 간의 불일치는 차별적 결과를 초래할 수 있다. 코호트 다양성이 불충분하거나 과소 또는 과대 표현된 데이터 세트에 훈련된 AI, ML 시스템은 특정 하위 집단에 불공평한 영향을 주도록 편향될 수 있다. 예를 들면, 의료 데이터의 형평성 문제는 전자건강기록(EHR)에 의해서도 발생할 수 있는데 의료 시스템이나 데이터 가용성이 특정 인종 또는 사회 경제적 집단에 불균형적인 서비스를 제공할 수 있다. 특히 우려되는 것은 데이터 과학자와 AI 기술자의 목표 변수 정의 방식에서의 편향 가능성이다.[173] 설계팀과 연구자가 내린 설정은 구조

---

173) Passi & Barocas, 2019: 39-45

적 불평등을 영속화하고 강화할 수 있다.

둘째, 사생활 보호 문제이다. COVID-19 추적 앱의 경우 정부가 개인 사용자 데이터를 수집하여 시민 감시를 위한 용도로 변경할 수 있기 때문에 개인정보에 대한 권리 남용 문제가 발생한다. GPS, 신용 카드 거래 기록, CCTV 영상 및 의료 기록은 COVID-19 환자가 감지될 때 접촉 움직임을 모니터링 한다. 싱가포르, 한국, 중국 등에서 공중 보건 당국과 정부는 디지털 접촉 추적 모바일 앱을 구축하여 진단 환자 발생 시 모든 사람들에게 자가 격리 지침을 자동으로 보낼 수 있도록 개인을 추적했다. 또한 Apple과 Google은 공동으로 iOS 및 Android 장치에서 타사 앱을 지원하는 기술로 전 세계 공중 보건 당국이 디지털 추적 앱을 개발할 수 있도록 지원했다. 연락처 추적 앱은 감염병으로 인한 고난을 줄이고 제재를 완화하는 데 기여할 수 있으나 용도가 변경될 수 있다는 점에서 개인정보 보호 문제에서 자유롭지 못하다.[174] 사용자 데이터와 관련된 개인정보 보호 문제는 사용자 데이터를 익명화하는 방법, 데이터가 저장되는 위치, 데이터에 액세스할 수 있는 사람, 감염병이 종결되었을 때 데이터를 공유하거나 사용 및 폐기하는 방법 등의 문제와 연관된다. 미국의 스노든(Edward Snowden)이 정부의 글로벌 감시에 대한 폭로를 떠올리더라도 누군가의 개인정보를 추적하는 것은 사생활에 대한 침해가 될 수 있다. 문제는 누가, 어떤 목적으로, 얼마 동안이나 다른 사람의 개인정보에 접근할 수 있느냐는 것이다.

셋째, 부정적인 데이터 영향이다. 이것은 위난트(Wynants, L.)와 그의 연구진이 제기한 문제로 데이터 영향력과 관련된다. 진단, 예후

---

174) A. Akinbi, M. Forshaw & V. Blinkhorn, 2020: 1-2

및 정책 수준 예측 모델에서 신뢰할 수 있는 표본 외에 일반화를 생성하기에 충분한 양의 완전하고 일관되며 정확하게 측정된 적절한 데이터에 대한 필요성이다. 희귀하고 지리적으로 제한된 환자 집단과 같이 작은 표본은 일반화 가능성을 손상시킨다. 전 세계 공중 보건 비상 상황에서 병원, 지역 및 국가 전반에 걸친 디지털 성숙도의 일반적인 격차는 대상 인구로부터 충분한 품질과 양의 데이터를 액세스하는데 장애가 되었다. AI, ML 연구자들은 데이터 품질과 공유 문제를 제기했는데 비정형 빅 데이터 또한 데이터 수집 및 사용과 관련되며 개인정보 보호, 익명화 및 사전 동의의 문제뿐만 아니라 데이터의 불완전성, 부정적 사용, 신뢰성 등의 윤리적 위험을 안고 있다.[175]

넷째, 공정성 및 투명성의 부족이다. 투명성은 프로세스의 투명성과 결과의 투명성으로 분류될 수 있다. 전자는 COVID-19 대유행의 맥락에서 환자 동의 및 개인정보 보호를 관장하는 정상적인 프로토콜이 중단될 수 있으므로 투명한 조직 및 연구 관행, 수정되거나 손상되지 않은 문서 확보와 연관된다. 보다 기본적인 수준에서 프로세스 투명성에 대한 고려는 이미 광범위한 임상 환경에서 데이터 기반 의사 결정의 채택과 적용 및 효과에 직접적인 영향을 미쳤다. 후자는 의료 관련 AI, ML 혁신을 통해 개인의 건강 데이터가 환자 및 지역사회 복지 증진에 안전하고 책임감 있게 사용되는가와 관계하기 때문에[176] 공정성, 책임성, 안정성과 직결된다.

다섯째, 자율성 존중이다. 보건당국이 디지털 기기를 사용하여 개인

---

175) D. Leslie, 2020: 5-6
176) Habli et al., 2020: 251-256

정보를 수집, 활용할 때 정보 제공자의 동의가 필요한지, 필요하다면 어떻게 구해야 하는지의 문제이다. 실제로 COVID-19 방역에서 가장 유용한 정보는 개별 스마트폰에 설치된 앱을 통해 제공자의 동의 없이 보건당국에 공유되는 경우가 많았다.

여섯째, 형평성 문제이다. 이것은 스마트폰의 부재로 디지털 접촉자 추적 기술을 사용할 수 없는 사람은 어떻게 보호해야 하는가 하는 문제이다. 이 문제를 해결하기 위해서는 기술에 대한 접근성 및 혜택 그리고 기술의 사용으로 인한 부담이 모든 사람에게 공평하게 배분될 수 있도록 하는 정책이 필요하다.

COVID-19의 디지털 접촉 추적을 위한 모바일 애플리케이션은 이와 같이 다양한 윤리적 문제와 연결된다. AI 추적은 불평등, 개인정보 보호, 보안, 공정성, 편향, 사생활 침해, 대의를 위한 개인 희생, 의료자원 분배 등을 포함한 윤리적 문제에 직면하고 있다. 이것은 AI 추적 시스템의 합법적이고 윤리적인 사용을 위해 해결해야 할 핵심 과제이다.

Ⅳ. COVID-19 접촉자 추적 시스템의 윤리 가이드라인

1. COVID-19 접촉자 추적 시스템 윤리원칙의 필요성

전 세계적으로 국가와 지역 마다 다양한 COVID-19 추적 방식을 취하고 있다. 중국의 Alipay Health Code 앱은 각 사용자에게 디지털 QR 코드를 할당하는데 이 코드는 색으로 구분되어 해당 개인의 격리 상태와 이동을 나타낸다. 홍콩에서 격리된 사람들은 앱을 통해 지역 당국과 자신의 위치를 공유하는 전자 팔찌를 착용해야 했다. 폴란드에서는 시민들이 해외에서 귀국한 후 14일 동안 자가격리를 요구받고 위치 정보 태그가 붙은 셀카를 경찰에 보내 집에 있음을 증명해야 했다. 싱가포르의 TraceTogether 앱은 블루투스를 활용하여 근거리 사람들에게 정보를 제공했는데 적용 초기 인구의 약 25%가 다운로드하였으며 이는 필요 수치 60%보다 훨씬 적은 수치였다. 이 때문에 정부는 사용자가 국가신분증을 사용하거나 휴대전화로 QR 코드를 스캔하여 공공장소에 체크인하는 SafeEntry시스템을 도입했다. COVID-19 앱이 데이터를 수집하고 저장하는 방법 또한 국가마다 상이했다. 예를 들면, 영국, 호주, 싱가포르처럼 중앙집중형 시스템에 의존하는 경우가 있는 반면, 독일, 이탈리아처럼 분산형 시스템에 의존하기도 했다. 중앙집중형 앱은 사용자의 휴대전화에서 수집한 데이터를 국가보건기관이 제어하는 중앙 데이터베이스로 전송한다. 한편, 각국에서 앱 사용은 EU집행위원회가 권고한 대로 자발적인 경우도 있지만 그렇지 않기도 했다. 인도의 앱은 바이러스 격리 구역에 거주하는 시민과 모든 정부 및 민간 부문 직원에게 필수였다. 반면, 아르헨티나와 영국에서 추적 앱은 사용자에게 직접 증상을 보고하도록 요청했으며 노르웨이는 공식적인 진단 테스트를 받은 사용자에 의존했다. 세계보건기구(WHO)는 자원이 부족한 국가에서도 연락처 추적을 지원할 수 있는 증상 확인 앱의 개발 및 확대를 위해 노력했다.[177] 많은 논쟁에도 불구하고, 일부 연구자들은 연락처 추적 앱이 다수의 생명을 구하는 데 기여하고 전체 인구 폐쇄로 인한 극심한 고통을

---

177) J. Morley et al., 2020: 29-30

줄일 수 있는 경우 사용자의 개인정보 침해에 대한 정당화가 가능하다고 강조했다.

그러나 모바일 기기에서 나온 정보들은 다른 개인정보들인 건강 활동, 의료 기관 이용, 이동 습관, 신용카드 정보 등과 결합되어 본래의 목적과 달리 악용될 가능성이 농후하다. 이에 AI 추적 앱의 윤리적 측면을 확보하기 위한 노력이 이루어졌다. 유럽데이터보호감독관(European Data Protection Supervisor, EDPS)은 유럽 전역의 연락처 추적 앱의 데이터 수집 투명성을 요청했으며 유럽연합집행위원회(European Commission)는 EU 데이터 보호 및 개인정보 보호 규칙 준수를 포함하여 유럽연합에 배포된 디지털 추적 솔루션에 대해 요구 사항을 제시했다. 프랑스, 이탈리아, 영국 등에서는 생명윤리와 같은 맥락에서 윤리 검토위원회의 심의가 요청되기도 했다. 기본적으로 연구자들은 추적 앱이 윤리적이기 위해서 다음의 최소 4가지 원칙을 준수해야 한다고 보았다. (1) 이러한 조치가 반드시 필요하고, (2) 비례적이며, (3) 과학적으로 유효하고, (4) 시간 제한적이어야 한다. 이와 같은 원칙들은 유럽인권조약(European Convention on Human Rights, ECHR), 시민 및 정치적 권리에 관한 국제 규약(ICCPR)의 적용 방법을 제한하는 UN 시라쿠사원칙(Siracusa Principles)에서 파생되었다. 그럼에도 불구하고, 각 국에서 AI 추적 앱이 이들 원칙을 어느 정도 충족하는가는 격차가 존재하며 이러한 차이를 해결하기 위해 설계자, 배포자 및 평가자가 답변해야 하는 질문들이 제시되었다. AI 추적 앱은 요구되는 질문을 모두 만족시킬 때 윤리적일 수 있다. 그런데 질문 자체는 논란의 여지가 없지만 앱이 그 요소를 어느 정도까지 충족시켜야 하는지, 그리고 어떤 윤리적 요소가 우선시되어야 하는지에 대해 의견이 일치하지 않을 수 있다는[178] 한계가 존재한다.

디지털 추적 앱의 윤리적 문제 검토에 앞서 생각할 바는 추적 앱 사용자가 '인간'이라는 점이다. 존엄성을 지닌 존재로서 인간은 이성뿐만 아니라 정서와 감정을 지닌 복합적인 존재라는 점을 상기할 필요가 있다. 국가와 기관은 평등과 공정성을 포함하여 보다 광범위한 윤리적 문제를 고려해야 한다. 다시 말해, 정부, 보건당국, 공공기관, 앱 개발자뿐만 아니라 윤리전문가는 서로 다른 집단들 사이의 합의를 바탕으로 AI 추적 시스템 구축을 위한 설계 및 개발 원칙, 활용방법, 사용 규칙을 도출해야 한다. 사용 규칙이 지역마다 상이할 경우 디지털 접촉자 추적의 효과뿐만 아니라 윤리적 정당성은 크게 저하될 수밖에 없다. 따라서 이러한 문제를 해결하기 위해 윤리적인 AI 설계로 개방성, 책임성, 공평성을 확보하여 민주적으로 관리되는 프로세스를 구현해야 한다.

이를 위해 다음과 같은 질문을 윤리적 차원의 논의를 위해 제안할 수 있다. 개인정보 보호를 침해할 수 있는 연락처 추적 앱을 생명을 구하기 위한 공공의 의무로 간주해야 하는가, COVID-19 확산을 막기 위한 조치로서 사생활을 침해하는 앱은 윤리적인가, 개인정보 보호 문제 및 시민의 자유 침해에도 불구하고 공공의 안전을 위해 주민과 외국인의 연락처 추적 앱 설치를 강제해야 하는가, 시민의 자유 입장에서 방역 당국이 시민의 동선과 활동 반경을 감시하고 제한하는 것이 정당한 것인가 등이다. 이러한 윤리적 문제에 대한 논쟁은 정부 당국, 개발자, 윤리 정책 입안자뿐만 아니라 일선 학교 AI 윤리교육 현장에서도 사용할 수 있고 다루어질 필요가 있다.

---

178) Ibid., 2020: 30-31

2. 접촉자 디지털 추적을 위한 윤리 가이드라인

호주, 한국, 싱가포르를 포함해 전 세계적으로 47개 이상의 연락처 추적 앱이 사용되었다. 연락처 추적 앱이 제기하는 윤리적 정당성 문제의 주된 이슈는 개인정보 보호 및 개인 권리에 초점이 맞춰져 있다. 광범위한 윤리적, 사회적 영향을 고려하지 않고 앱을 출시하는 것은 치명적일 수 있기 때문에 이를 평가하기 위한 일종의 윤리 가이드라인이 개발되기도 했다.

첫째, 추적 앱 개발을 위한 16개의 질문이다. 질문은 크게 '원칙', 즉 이 앱이 개발하기에 적합한가와 '요구사항', 즉 이 앱이 올바른 방식으로 개발되고 있는가에 대한 하위 항목들로 구성된다.

[표 8] 추적 앱 개발을 위한 원칙과 요구사항의 하위 질문

		[원칙] 이 앱이 개발하기에 적합한가.	
1	필요한가.	• 예, 생명을 구하기 위해 개발되어야 한다.	+
		• 아니요, 더 나은 솔루션이 있다.	−
2	비례하는가.	• 예, 상황의 심각성이 잠재적 부정적인 영향을 정당화한다.	+
		• 아니요, 잠재적인 부정적 영향은 상황에 비례하지 않는다.	−
3	충분히 효과적이고 시기적절하며 대중적이고 정확한가.	• 예, 이것이 효과가 있다는 증거가 있고 시기적절하며 충분히 많은 사람들이 채택하고 정확한 데이터와 통찰력을 얻을 것임을 보여준다.	+
		• 아니요, 제대로 작동하지 않고, 널리 사용되지 않으며, 오탐지 또는 오 데이터를 수집할 가능성이 높다.	−
4	일시적인가.	• 예, 중단될 명시적이고 합리적인 날짜가 있다.	+
		• 아니요, 정의된 종료 날짜가 없다.	−
		[요구사항] 이 앱은 올바른 방식으로 개발되고 있는가.	
5	자발적인가.	• 예, 다운로드 및 설치는 선택 사항이다.	+
		• 아니요, 필수 사항이며 규정을 준수하지 않을 경우 처벌을 받을 수 있다.	−

6	동의가 필요한가.	• 예, 사람들은 공유되는 데이터와 시기에 대한 완전한 선택권을 가지며 언제든지 이를 변경할 수 있다.	+
		• 아니요, 기본 설정은 항상 모든 것을 공유하는 것이며 변경할 수 없다.	−
7	데이터는 비공개로 유지되고 사용자의 익명성은 유지되는가.	• 예, 데이터는 익명이며 사용자의 휴대 전화에만 보관된다. 접촉한 다른 사람들은 전염의 위험이 있다는 것만 통보 받는다. 이를 보장하기 위해 차등 프라이버시와 같은 방법이 사용된다. 사이버 복원력이 높다.	+
		• 아니요, 데이터는 수집된 데이터 수준으로 인해 (재)식별 가능하며 중앙에 저장된다. 연락처 위치도 사용할 수 있다. 사이버 복원력이 낮다.	−
8	사용자가 데이터를 지울 수 있는가.	• 예, 그들은 마음대로 할 수 있다.	+
		• 아니요, 데이터 삭제에 대한 규정이 없으며 삭제가 가능하다는 보장도 없다.	−
9	데이터 수집 목적이 정의되어 있는가.	• 예, 명시적이다. 예를 들면, 잠재적으로 감염된 사람을 만났음을 사용자에게 경고한다.	+
		• 아니요, 데이터 수집 목적이 명시적으로 정의되어 있지 않다.	−
10	목적이 제한되어 있는가.	• 예, COVID-19의 추적에만 사용된다.	+
		• 아니요. 정기적으로 업데이트하여 확장 기능을 추가할 수 있다.	−
11	예방 목적으로만 사용되는가.	• 예, 사람들이 자발적으로 확산을 제한할 수 있도록 하는 데만 사용된다.	+
		• 아니요, 다른 용도로도 사용된다.	−
12	규정 준수를 위해 사용되는가.	• 예, 준수하지 않을 경우 벌금형 또는 징역형과 같은 처벌을 받을 수 있다.	+
		• 아니요, 동작을 시행하는데 사용되지 않는다.	−
13	오픈 소스인가.	• 예, 코드는 공개적으로 검사, 공유 및 공동 개선에 사용할 수 있다.	+
		• 아니요, 소스 코드는 독점적이며 이에 대한 정보가 제공되지 않는다.	−
14	평등하게 사용할 수 있는가.	• 예, 무료이며 누구에게나 배포된다.	+
		• 아니요, 일부에만 임의로 주어진다.	−

15	동등하게 접근 할 수 있는가.	• 예, 일반 사용자에게도 사용자 친화적이며 가능한 가장 광범위한 휴대폰에서 작동한다.	+
		• 아니요, 특정 장치를 가지고 있고 충분한 디지털 교육을 받은 사람만 사용할 수 있다.	-
16	해제 프로세스 가 있는가.	• 예, 종료하는 프로세스가 있다.	+
		• 아니요, 없다.	-

출처: J. Morley, et al., 2020: 29-31

둘째, AI 연락처 추적 앱의 책임 문제가 요구되는데 책임 있는 디지털 설계를 위한 5단계는 다음과 같다.[179]

(1) 1단계는 공개와 책임 있는 데이터 공유이다.

개방형 과학 및 연구는 재현성, 복제성, 투명성 그리고 무결성 강화를 위해 대중의 신뢰를 구축한다.[180] 전문가 평가, 감독, 비판에 대한 개방형 모델 및 연구 절차는 신속한 오류 식별을 허용하고 결과 개선을 촉진한다.

(2) 2단계는 RRI(Responsible Research and Innovation)를 통한 관리 및 행동이다.

책임 있는 혁신 관행의 물리적, 사회적 전제 조건에 대응해야 하는 연구에 있어 RRI는 비판적 자기성찰에 대한 책임 있는 도덕적 역할을 추구한다. '사회와 함께하는 과학'에 대한 RRI의 관점은 영국의 공학 및 물리과학연구회(Engineering and Physical Sciences Research Council, EPSRC)의 2013년 AREA 프레임 워크, 2014년 로마 선언과 같은 개입에서 유용한 일반 지침으로 변환되었다.

---

179) French & Monahan, 2020: 1-11
180) Fecher & Friesike, 2014: 17-47

AREA 프레임 워크인 예상, 반영, 참여, 행동은 혁신 관행의 사회적, 윤리적 영향을 지속적으로 확인하는 편리한 도구이다.[181]

(3) 3단계는 상충되는 가치의 균형을 맞추고 우선순위를 정하기 위한 공유 어휘를 만들기 위해 윤리원칙을 채택하는 것이다.

(4) 4단계는 투명성, 책임성 및 동의를 통해 대중의 신뢰를 생성하고 배양하는 것이다.

(5) 5단계는 공평한 혁신을 촉진하고 취약 계층의 이익을 보호하는 것이다.[182]

셋째, COVID-19 앱의 신뢰성 확보를 위한 다수의 윤리적 질문들로 이는 다음과 같다.[183]

(1) 안전성이다.
- 기술차원에서 안정적으로 작동하는가.
- 다른 사람이 소프트웨어 코드를 조사할 수 있는가.

(2) 동의 필요 여부이다.
- 데이터 개인정보 보호 정책 차원에서 필요한 최소한의 데이터만 캡처하거나 사용하는가.
- 어느 정도 익명인가.
- 누구와 어떤 목적으로 공유할 것인지 분명한가.
- COVID-19 이후 삭제되는가.
- 이러한 정책이 적절하게 설명되고 사용자가 액세스 할 수 있는가.

---

181) R. Owen, P. Macnaghten, & J. Stilgoe, 2012: 751-760
182) D. Leslie, 2020: 15-25
183) C. Pagliari, 2020: 5-8

(3) 유용성이다.
- 유용성의 차원에서 목적을 위해 정말로 필요한가.
- 시민의 프라이버시 거래의 가치가 있는가.

(4) 선택 가능한가이다.
- 시민들이 앱을 사용할지 여부 또는 앱 내의 특정 기능을 사용할지 여부를 자유롭게 선택할 수 있는가.
- 그렇다면 이것이 진정한 선택인가.

(5) 제어 가능성이다.
- 제어 차원에서 데이터 공유 방법을 쉽게 제어할 수 있는가.

(6) 공정성이다.
- 앱이 불평등하거나 차별적인 방식으로 사용될 수 있는가.
- 불균형적으로 침입, 착취 또는 강압적인가.
- 모든 사람이 앱과 그 혜택에 접근할 수 있는가.
- 사람들의 자유를 제한할 수 있는가.

(7) 투명성이다.
- 개발자 및 추진 주체는 프로젝트의 야망과 범위에 대해 투명한가.
- 부차적인 동기나 이해 상충이 있는가.

(8) 책임문제이다.
- 그것을 제공하는 기관은 충분한 감독과 책임이 있는가.

(9) 오용 가능성이다.
- 사용자가 다른 사람에게 해를 끼치거나 불편을 끼칠 수 있는 방식으로 오용에 취약한가 등이다.

감염병의 종식을 앞당기는 공리적인 차원에서 기본권과 자유의 일부를 일시적으로 제한하는 것은 윤리적으로 정당화될 수 있다. 예를 들면, 개인을 격리하면 질병의 확산을 예방하는 데 도움이 된다. 이런 차원에서는 디지털 추적 앱을 필요할 때 사용하지 않는 것이 오히려 비윤리적일 수 있다. 그러나 상황은 보다 복잡하고 맥락 의존적이며 윤리적 고려 사항들은 매우 다양하다. 따라서 대부분의 경우 추적 앱 사용은 앱의 효율성, 추구하는 목표, 시스템 유형 및 배포될 콘텍스트에 따라 윤리적 평가가 상이하다.

더욱이 AI 디지털 추적 앱 기술을 사용하는 경우, 우리는 감시 국가의 권한 강화로 개인의 기본 권리와 자유의 일부를 포기해야 하며 데이터 기반 기술의 모든 기능을 서비스에 투입하는 대가로 개인의 정보 및 자유에 대한 보호 인식을 일정 부분 단념하게 되기도 한다. 대유행 시대에 국가 지도자들이 광범위한 비상 권한을 장악함에 따라 법치의 악화, 통제되지 않은 권한의 남용 가능성 또한 지속되어 중대한 위험을 초래할 수 있다. 이에 과도한 권력 행사에 대한 대응력이 필요한데 그것은 디지털 추적 앱의 활용이 잠재적으로 독재와 AI 기반 전체주의 정권의 출현, 영리 지향적인 상업 기관의 악의적인 데이터 포착, 플랫폼에 의한 인간 행동의 선제적 조작 등의 문제를 발생시킬 수 있기 때문이다. 이는 현대 자유 사회가 열린 의사소통, 대중 참여, 협력적 가치 표현이라는 민주적 에너지를 활용하여 해결해야 하는 문제이기도 하다. 이 지점에서 AI 윤리교육 현장에서 COVID-19 디지털 추적 앱의 윤리 문제는 현실성과 실제성이 높은 현장 밀착형 교육 주제로서 의미가 있다.

V. AI 윤리교육의 과제와 적용

1. AI 윤리교육의 과제

AI 추적이 감시라는 이름으로 인식될 때, 개인의 동의와 프라이버시 권리를 무시하는 것을 목표로 하는 조치로 비춰질 수 있으며 이는 시민들이 특히 정부에 대한 신뢰 수준이 낮은 곳에서 불신을 더욱 부추길 수 있다. 가장 손쉬운 윤리적 대안은 위치 추적의 모든 사용에서 데이터가 감염병 격리 이외의 다른 목적으로 유지되거나 사용되지 않도록 보호 장치를 함께 제공하는 것이고 데이터 액세스 및 사용 또한 제한하여 엄격하게 규제하는 것이다. 때로 이러한 항목의 남용에 처벌이 가해질 필요도 있다. 그러나 이는 그렇게 간단히 규정할 수 있는 문제가 아니다.

우리가 매일 만나는 사람들과 만남의 기간은 매우 민감한 정보이다. 이러한 이유로 유럽연합은 COVID-19 팬데믹의 맥락에서 연락처 추적 사용에 대한 지침을 발표했으며 이를 연락처 추적 앱의 기능적 요구 사항으로 삼았다. 이의 일부는 다음과 같다.[184]

(1) 연락처 추적은 자발적인 선택을 기반으로 해야 한다.

(2) 근접 데이터만 사용해야 한다.

(3) 앱의 데이터를 사용하여 특정인의 신원을 추적할 수 없어야 한다.

(4) 책임 소재의 문제에 대한 규정이 요구된다.

(5) 신뢰성 확보를 위한 기반이 마련되어야 한다.

(6) 인권의 기본 사항이 준수되어야 한다.

(7) 개인의 이익과 공동의 이익에 대한 기준점이 설정되어야 한다.

---

184) L. Maccari & V. Cagno, 2021: 9-18

따라서 COVID-19 추적 앱과 관련하여 AI 윤리교육에서 다룰 윤리적 과제는 다음과 같이 제시될 수 있다.[185]

(1) 공공 이익을 고려할 때 식별 가능한 데이터의 사용이 허용되어야 하는가. 어떤 상황에서 어느 정도까지 허용되어야 하는가.

(2) 개인이 자신의 데이터를 공유할 도덕적 의무가 있는가. 어떤 상황에서 개인의 동의가 필요한가.

(3) 조치와 그 뒤에 있는 이유에 대해 대중에게 얼마나 많은 설명을 해야 하는가.

(4) 대중의 신뢰와 수용을 얻기 위해 개입에 어떤 수준의 투명성과 어느 정도의 감독이 필요한가.

(5) 특정 인구 집단의 낙인을 방지하기 위해 어떤 조치를 취해야 하는가.

(6) 데이터 오용을 방지하는 가장 효과적인 방법은 무엇인가.

(7) 팬데믹이 끝났을 때 수집된 데이터 및 모바일 앱을 어떻게 해야 하는가.

(8) 모바일 연락처 추적에 주민들이 참여하게 하려면 어떤 수준의 인센티브를 구현해야 하는가.

(9) 공중 보건 공무원은 접근의 공정성과 적절한 표현을 보장하기 위해 어떤 조치를 취해야 하는가.

(10) 알고리즘과 응용 프로그램의 투명성을 보장하기 위한 모범 사례는 무엇인가.

(11) 모바일 연락처 추적을 구현하기 위해 데이터의 개인정보를 어떻

---

185) A. Dubov & S. Shoptawb, 2020: 3-5

게 보호하고 민감한 개인정보에 대한 액세스는 어느 정도 최소
화해야 하는가, 개인정보 보호와 공공안전 간의 적절한 균형은
무엇인가 등이다.

2. AI 윤리교육 적용 방안

COVID-19 추적 기술의 윤리적 문제를 AI 윤리교육에 적용하기 위
해 우리는 앞서 논의한 내용을 토대로 학교 현장에서 다음과 같은 항목
들을 논제로 활용할 수 있다.186)

첫째, 자발적 동의 문제이다. 동의 기반 데이터 공유는 개인정보 위
험을 완화하기 위한 방법으로 AI 추적을 위한 가장 기본적인 윤리적 접
근 방식이다. 그런데 언어 장벽, 이해 부족, 선택의 부재와 같은 동의
절차를 구현하는데 몇 가지 문제가 있을 수 있으며 진단을 받은 사용자
는 동의를 거부할 수 있는 선택권 자체가 없을 수 있다. 공중 보건 비상
상황에서 누가 개인정보를 공유할 의무가 있는가를 검토할 필요가 있
다. 따라서 디지털 연락처 추적 구현의 각 단계에서 스마트폰 휴대 결
정, 연락처 추적 앱 다운로드 결정, 해당 앱을 백그라운드에서 작동 상
태로 두기로 결정하기 등 자발적인 태도를 확인하는 것 또한 논의의 대
상이 될 수 있다.

둘째, 프라이버시 위험이다. 디지털 연락처 추적에는 몇 가지 개인정
보 위험이 있다. 연락처 추적 앱 사용자는 제3자가 자신의 위치에 액세
스할 수 있도록 허용함으로써 위험에 직면할 수 있다. 진단받은 사람들
의 프라이버시를 보호하기 위해 최대한의 노력을 기울이고 공개적으로

---

186) Ibid., 1-4

사용 가능한 데이터는 신원 보호를 위해 제한되어야 한다. 가능한 경우 수집된 데이터는 참가자의 기기에 로컬로 유지되어야 하며 시스템에서 식별자를 사용하는 경우 다른 식별 가능한 정보에 연결되어서는 안 된다.

셋째, 알고리즘 구현의 투명성이다. 모바일 연락처 추적 구현에 대한 결정은 모든 이해 관계자의 의견을 장려하는 투명한 방식으로 이루어져야 한다. 기관은 접촉 추적 개입 및 이 개입에 내장된 보호 장치를 구현한 이유를 공개해야 한다. 모든 사례 식별 개입을 운영할 알고리즘은 공정성, 정확성 및 편견의 부재를 보장하기 위해 공개되어야 한다. 마찬가지로, 오픈 소스 접근 방식을 사용하여 독립적인 전문가 소스 코드에 액세스하고 평가할 수 있도록 해야 한다.

넷째, 데이터 보안 문제이다. 데이터 손실 및 무단 액세스에 대한 다중 보호가 필요하다. 무단 액세스에는 고용주 또는 건강보험 회사가 포함될 수 있다. 개인정보 보호와 데이터 보안을 동시에 유지하는 한 가지 방법은 데이터를 암호화하여 사용자의 휴대 전화에 저장하는 것이다. 이 정보는 요청 시 또는 사용자가 양성 반응을 보일 때만 공유될 수 있다.

다섯째, 통제의 문제이다. 공익의 이름으로 취약한 개인을 학대한 수많은 역사적 사례를 감안할 때 모바일 식별을 구현하려는 국가기관을 감독하기 위해 다양한 자문위원회를 구성해야 한다. 시민의 자유 옹호자들과 다양한 대중의 목소리가 데이터 사용, 수집 및 그에 따른 개입을 결정하는 데 관여해야 한다. 건강관리 사이버 보안 태스크포스(task force, TF)와 같은 정부 자문위원회가 디지털 접촉 추적을 위한 감독 기관의 역할을 할 수 있다. 관리 기관은 새로운 감염자 수가 적거나 감염병에 대한 효과적인 영향이 부족할 때 디지털 접촉 추적의 단계적 중단

조치를 결정할 필요도 있다.

여섯째, 치료에 대한 공평한 접근 보장 및 낙인 부재이다. 아시아계 미국인과 유람선 승선객들은 특정 국가에서 팬데믹 관련 괴롭힘을 당한 사례도 있다. 오명을 줄이는 방식으로 접촉 추적 접근 방식의 구현을 안내하는 것이 필수적이다. 감염병을 억제하려는 노력이 사람들의 휴대 전화를 중세의 디지털 버전으로 바꿔서는 안 된다. 기술 솔루션은 종종 오명을 악화시키는 경향이 있는데 성별, 계층, 인종 편견을 악화시킬 수 있다. 디지털 접촉 추적은 합리적이고 처벌이 없는 방식으로 적용되어야 한다.

일곱째, 선택 등록의 문제이다. 모바일 사례 식별 접근 방식을 구현한 여러 국가에서 다양한 구현 전략을 선택했다. 중국에서는 등록이 자발적인 것이었지만 일상적인 기능을 수행하기 위해 참여가 필수적이도록 시스템이 설정되었다. 싱가포르에서는 참여가 자발적으로 이루어졌으며 시민들의 적절한 수준의 이해가 있었다. 디지털 연락처 추적을 채택하려는 국가는 개인의 자율성을 유지하는 선택 등록을 고려해야 한다.

여덟째, 취약 계층 인구를 포함하기 위한 노력이다. 모바일 앱의 활용은 가장 취약한 그룹인 노인, 노숙자 및 경제적으로 취약한 그룹에 제한적일 수 있다. 휴대 전화에 액세스할 수 없는 경우, 언어 또는 기술 능력으로 인해 앱 인터페이스를 탐색할 수 없는 경우, 개인 데이터의 보안이 염려되는 경우, 디지털 접촉 추적을 구현하려는 노력이 제외될 수 있다. 감염 가능성 정보에 대한 액세스는 전화기가 부족하거나 언어적 장벽이 있는 사람들도 사용할 수 있도록 설계되어야 한다.

AI 윤리는 교육 현장에서 교육 콘텐츠로서도 주요한 자원이기에 AI 윤리 문제와 관련하여 학교 현장에서 교육 콘텐츠로서 반드시 다룰 필요가 있는 주제 및 내용 요소들을 선별할 필요가 있다.[187] 따라서 앞서 논의한 윤리 가이드라인, 윤리원칙, 윤리적 질문, 윤리적 과제 등을 기반으로 다음과 같은 '감염성 질환 접촉자 추적 시스템 AI 윤리교육 적용을 위한 주제 시트(예시)'를 제안할 수 있다. 이는 논의 주제, 핵심 용어, 핵심 질문으로 구성하였기 때문에 각 차시마다 교사는 각 항목에서 주제, 용어 및 질문을 선택하여 적절히 이용할 수 있다. 아울러 학교 급별로 질문의 변용이 가능하므로 초등학교 고학년, 중학교, 고등학교 AI 윤리교육에서 적합하게 변화시켜 활용할 수 있다.

[표 9] 감염성 질환 접촉자 추적 시스템 AI 윤리교육 적용 주제 시트(예시)

[차시별] CTS(Contact Tracing Systems)의 윤리적 설계를 위한 논제	
항목	내용
논의 주제	자발적 동의, 프라이버시, 알고리즘 투명성, 데이터 보안, 통제, 낙인 부재, 선택 등록, 취약 계층 보호 등
핵심 용어	효율성, 개인정보 보호, 불평등, 자발성, 공정성, 인간존엄성, 인권 등
핵심 질문	• 사용은 자발적이어야 하는가. • 데이터를 공유하려면 동의가 필요한가. • 데이터가 비공개로 유지되어야 하는가. • 사용자가 데이터를 삭제할 수 있어야 하는가. • 목적이 정의되어 있어야 하는가. • 예방 목적으로만 사용되어야 하는가. • 동등하게 이용 가능하고 접근 가능해야 하는가. • CTS를 폐기하기 위한 수명 종료 프로세스가 존재해야 하는가. • 모든 사람은 동등하게 존중되고 있는가. • 이익 우선이 필요할 때 누구의 이익이 어떠한 방식으로 우선되어야 하는가 등.

---

187) 박형빈, 2021: 77

Ⅵ. 결론

COVID-19는 의료 시스템, 경제 및 사회를 전례 없는 긴장 상태에 놓이게 했다. 각국 정부는 시민의 권리를 존중하면서 질병을 억제, 통제 및 관리하는 데 도움이 되는 디지털 기술과 데이터를 배포하는 방법에 대해 고심했다. 감염병이 지속적으로 확산됨에 따라 이의 억제 및 통제에 유용한 다양한 COVID-19 추적 앱(CTA)이 도입되었다. 그러나 세계 곳곳에서 활용된 AI 디지털 추적 기술은 팬데믹 확산 방지라는 긍정적 효과 이면에 효율성, 기술적 측면, 프라이버시 및 형평성에 대한 심각한 위험 문제를 제기하며 공공 신뢰, 개인 데이터 보호, 투명성, 책임성, 이해 관계자 참여성, 인권보호 등과 같은 윤리적 과제에 직면했다. 예를 들면, 홍콩과 바레인은 격리된 사람들을 지오펜싱(Geofencing)하기 위해 전자 추적기 손목 밴드를 사용했는데 전자 추적기 손/발목 밴드가 일부 나라에서 범죄자 추적에 활용되고 있다는 점을 상기하면 인권침해 논란은 불가피하다.

COVID-19 추적 기술에서 가장 논란이 되고 있는 부분 가운데 하나는 데이터 보호 정책이다. 목적, 이점에 대한 투명성, 데이터 최소화 및 익명화, 시간제한, 보안 처리, 사용자 제어 및 선택, 의도하지 않은 프라이버시 위험 방지를 포함하여 연락처 추적 앱에 대한 일련의 정보 보호 원칙을 확인할 필요가 있다. 발병 관리 이외의 목적으로 데이터의 사용 또는 보유를 제한하는 법안을 확보하기 위한 노력도 요구된다. 그러나 유효성, 비례성, 공정성, 투명성 등에 대한 보장 필요성과 범위는 복잡한 윤리적 결정을 필요로 하며 차별금지법과 교차할 가능성도 있다. 예를 들면, 난민이나 노숙자와 같은 소외된 그룹은 이러한 앱을 사용하는데 필요한 스마트폰 자체가 부족할 수 있다.

윤리는 자연스럽게 규정 및 법률, 데이터 보호 및 인권을 관장하는 기술과 교차하기 때문에 CTA의 윤리적 사용은 자발적인 보호, 개인의 자유, 프라이버시 등에 의해 크게 좌우된다. 따라서 공중 보건 응급 상황에서 CTA 개입은 윤리적이어야 하고 윤리적 요구 사항은 AI 윤리교육에서도 적극 활용될 필요가 있다. 이는 학교 AI 윤리교육 현장에서 현실적이고 논쟁적인 토론 및 토의 주제로서 사용될 수 있다. 결과적으로 CTA를 자발적으로 사용한다는 것은 앱을 사용할 법적 의무가 없음을 의미할 뿐만 아니라 특정 사회 및 업무 활동에서 강제로 배제되는 것과 같은 보다 미묘한 형태의 강압도 없어야 함을 내포한다. 자발적인 사용에 대한 개인의 권리 보호와 같은 윤리성 확보는 감염성 질환 접촉자 추적 시스템 설계, 개발, 구현 차원에서부터 AI 윤리교육 현장에까지 윤리적 과제가 보다 정교하고 신중하게 검토되고 확인될 때 강화될 수 있을 것이다.

제6장

인성교육을 위한 AIEd의 가능성과 윤리적 고려 사항

Ⅰ. 서론

인공지능(AI)이 우리의 삶을 어떻게 변화시킬 것인지에 대해 지나치게 열광적으로 수용하는 관점에서부터 대량실업, 인류파괴와 같은 극단적인 해악을 유발할 것이라는 부정적 예측에 이르기까지 AI의 잠재력에 대한 견해의 스펙트럼은 넓다. 학교생활과 학습의 일부를 지원하는 다양한 소프트웨어의 존재가 보여주듯이 AI의 파급은 이미 교육 분야에도 깊이 파고들고 있다. 특히 COVID-19 팬데믹은 학교 교실이 온라인 가상공간으로 전환하는 결정적 계기로 작용했다. 증강현실(AR), 가상현실(VR), 사물인터넷(IoT), 메타버스(Metaverse), 챗봇(Chatbot) 등의 AI 기술 발달은 기존 교육현장이 안고 있던 제약 또한 극복하게 했다. 교수학습 분야에서 AI는 다양한 도구에 적용되어 단기 및 장기적으로 학생들의 학습을 풍부하게 하며 인간 교사의 작업을 보조하고 보충할 수 있다.

이는 개별학습 및 맞춤형 학습을 보다 정교하게 할 수 있는 희망을 제공하며 특수교육이 필요한 학생들에게도 효과적으로 활용될 수 있다.

교육현장에서 볼 때, AI는 교수자 측면, 학습자 측면, 교육기반 서비스 측면, 교육업무 측면, 시설관리 측면, 경제적 비용 측면 등 다양한 영역에서 활약이 기대된다. 인간 교사의 보조 도구로서 AI 기술 적용을 넘어 온라인 수업을 포함해 인간 교사의 한계를 극복한 AI 교사의 등장 또한 예견된다. 팬데믹은 원격수업을 비약적으로 증가 및 확산시킴으로써 지능형 교육시스템(Intelligent Tutoring System), 맞춤학습(Adaptive Learning System), 대화형 교육시스템(Dialogue-Based Tutoring System), 탐색 학습환경(Exploratory Learning Environments), 자동 작문 평가(Automatic Writing Evaluation), AI 학습 동료(AI Learning Companion), AI 조교(AI Teaching Assistant) 등과 같은 에듀테크(EdTech)를 발전시키고 AIEd(Artificial Intelligence in Education, AI in education) 시대를 앞당겼다.

AIEd 시대 교육현장에서 무엇을, 어떻게 가르칠 것인가는 긴요한 과제인데 특히 인간의 고유성, 존엄성이 중요하게 거론된다. 같은 맥락에서 최근 AI 시대 가장 핵심으로 요구되는 교육 중 하나는 '인성교육'이다. 학교교육의 본질 및 교사의 핵심 역할은 학생들의 인격발달, 도덕적 성장과 같은 인성교육과 긴밀하며 이는 시대와 장소를 초월하여 보편성을 갖는다. 뿐만 아니라 도구화된 기계 문명으로 인해 자칫 인간 본연의 모습을 상실할 수도 있다는 자각은 인성교육, 도덕교육의 중요성을 다시금 일깨운다. 따라서 AI 교사 논의에 앞서 빠른 속도로 확산되고 있는 AI 기술의 교육현장 적용 동향과 윤리적 문제, 인성교육을 위한 AIEd의 적용 가능성과 한계를 검토할 필요가 있다. 교육 현장에서 도구로서의 AI 기술 발전이 인간 교사의 보조를 넘어 인간 교사를 대신하는 역할로의 발전을 완전히 배제할 수 없는 현실에서 AI 교사라는 도전이 갖는 윤리적 문제에 대한 인식이 요구된다.

그러므로 AI의 교육적 적용의 윤리적 측면을 탐구하고 인성교육을 위한 교육용 AI의 실효성을 실용성과 윤리적 고려 사항을 중심으로 고찰하고자 한다. 궁극적으로 학교 도덕교육에서 AI 기반 인성교육의 가능성과 한계를 탐구함으로써 학교 현장에 급속히 확산되고 있는 AI 기술의 인성교육 적용 가능성을 타진하고자 한다. 이를 위해 첫째, 교육에서 AI 활용 현황을 살핀다. 둘째, AI 시대 인성교육의 필요성, 핵심 교육 요소, 프로그램 사례를 확인한다. 셋째, AIEd의 윤리적 고려 사항을 추출한다. 넷째, 학교 인성교육현장에서 AIEd 적용을 위한 교육 방안을 가능성과 한계를 중심으로 논의한다.

Ⅱ. 교육과 AI

1. AI의 발전과 교육

1) AIEd와 교육

AI는 일반적으로 시각 및 음성 인식과 같은 기능 정보를 평가하고 확인하는 지능적인 작업을 통해 세계와 상호작용 하도록 설계된 컴퓨터 시스템으로 정의된다. 인류학자, 생물학자, 컴퓨터 과학자, 언어학자, 철학자, 심리학자 및 신경과학자 모두 학제 간 연구 특성을 갖는 AI 분야에 기여하고 있다.[188] AI는 급성장하고 있는 기술 영역이며 사회적 상호작용의 모든 측면을 변경하고 있는데 교육 분야에서도 AI는 새로운 교육 및 학습 솔루션을 생산하고 있다. AI를 사용하여 학습 결과를 개선할 수 있을 뿐만 아니라 AI 데이터를 사용하여 교육 형평성과 품질을 향상시킬 수 있다.

1970년대 교육 분야의 AI 응용 프로그램인 AIEd는 주로 고등교육을 중심으로 교육과 학습에 대한 신기술을 다루는 전문 분야로 부상했다. AIEd는 교사가 도구를 선택하고 수업을 조직하여 학생 참여를 늘리고 개별화 및 자동화된 교육을 제공할 수 있도록 도와주며 로봇 또는 가상현실을 결합한다. AI의 사용은 교육의 구조를 다음과 같이 변화시키고 있다.

첫째, 자동화이다. 평가, 분류 또는 일정과 같은 간단한 작업을 자동화함으로써 교사는 학생과 상호작용 하는 시간을 늘릴 수 있다.

둘째, 적응이다. 학교 수업 현장에서 AI 활용 및 적용은 학생들이 기술 변화를 경험하는데 도움이 된다.

셋째, 통합이다. AI 솔루션을 지능형 기술 및 관리형 IoT 네트워크와 같은 다른 IT 이니셔티브와 통합하여 학생들을 가르치는 데 적합한 솔루션을 제공할 수 있다.

넷째, 설명이다. 교사가 제공하는 콘텐츠가 적절하고 실용적인지 확인하는 AI 기반 교육 분석은 주요 추세를 식별하고 지표를 도출하여 교육과정을 개선 및 개발할 수 있도록 돕는다.

다섯째, 식별이다. 데이터 분석을 통해 적응형 AI 솔루션은 학습자에게 중요한 영역이 무엇인지 식별할 수 있다.

---

188) R. Luckin et al., 2016: 14

여섯째, 개별화 학습이다. 일반적으로 지능형 시스템 튜터(ITS) 또는 적응형 튜터 AI 프로그램은 개별 학생의 대화 및 질문에 답변과 피드백 제공을 포함한다.[189] 교사는 각 학생의 상황 및 요구 사항에 따라 학습 자료, 속도, 순서 및 난이도를 조정할 수 있다.

2) AIEd 모델

교육현장에서 컴퓨터는 이제 40여 년 이상 사용되어 왔으며 컴퓨터가 사용된 최초의 시스템은 컴퓨터 기반 교육(CBT) 및 컴퓨터 지원 교육(CAI)이다. CBT와 CAI는 모두 학습자를 돕는 데 어느 정도 효과적이었으나 학생이 인간 교사로부터 받는 것과 같은 개별화된 보살핌을 완전히 제공하지는 않는다. 지능형 교육시스템(ITS) 분야 연구는 상당한 유연성을 제공하여 학생의 특수 요구에 대응하기 위해 발전해왔다. 이 시스템은 학습자에 대한 정보뿐만 아니라 가르치는 방법을 확인하여 학생과 시스템의 상호작용을 변경함으로써 더 큰 다양성을 허용하게 했다. 1990년대부터 발전한 지능형 교육시스템은 학생들의 성과와 동기를 높이는데 대단히 효과적인 것으로 나타났다. 예를 들면, 경제학 ITS인 Smithtown은 학생들이 전통적인 경제학 수강 학생들과 동등한 성과를 얻게 한 반면, 교재를 다루는 시간은 절반으로 줄여주었다.[190]

AI를 교육에 적용한 AIEd는 교육 지원에 AI를 결합하여 학생들에게 적절하고 개별화된 피드백을 제공하도록 설계되었다. AIEd는 학습의 사회적, 정서적, 메타 인지적 측면을 나타내는 여러 모델이 개발되었는데 핵심에는 교수 모델, 도메인 모델, 학습자 모델의 3가지 주요 모델이 있

---

189) S. Joshi, R. K. Rambola, & P. Churi, 2021: 1-3
190) J. Beck, M. Stern, & E. Haugsjaa, 1996: 11

다. 이들은 학습에 영향을 미치는 모든 요인의 수용을 추구하는데 모델은 〈표 10〉과 같고 맞춤형 튜터 대략도는 [그림 3]과 같다. AIEd는 AI와 다양한 학습 과학, 즉 교육, 심리학, 언어학 및 신경과학을 결합하여 기존 학습을 지원하며 유연성, 개인화, 효율성을 특징으로 하는 AI 기반 교육 응용 프로그램의 개발을 촉진하고 발전시키는 것을 목표로 한다.

[표 10] 3가지 AIEd 모델

AIEd 모델	해당 모델의 제시 내용	AIEd 모델에서 제시하는 특정 지식의 예
교수 모델 (Pedagogical model)	교수에 관한 지식과 전문 기술 (The Knowledge and expertise of teaching)	('올바른' 답을 보여주기 전에 학생들로 하여금 개념 탐색과 실수를 허용하는) '생산적 실패'
		학생들에 의해 유발되며 학생들의 학습개선에 도움이 되도록 설계된 피드백(질문, 힌트 혹은 햅틱스)
		학습에 대한 정보제공과 그 정도를 나타내기 위한 평가
도메인 모델 (Domain model)	학습 주제에 관한 지식(영역별 전문 기술) (Knowledge of subject being learned) (Domain expertise)	두 개 분수의 덧셈, 뺄셈 또는 곱셈 방법
		뉴턴의 제2법칙(힘)
		제1차 세계 대전의 원인
		논쟁을 구성하는 방법
		텍스트를 읽는 서로 다른 방식 (예) 의미상 혹은 세부적으로)
학습자 모델 (Learner model)	학습자에 관한 지식 (Knowledge of the learner)	학생의 이전 성취도와 난이도
		학생의 정서적 상태
		학생들의 학습 참여 (예) 과제집중시간)

출처: R. Luckin et al., 2016: 19.

학습자 모델은 컴퓨터와 학습자 간의 상호작용을 나타내며 표시된 상호작용은 학생의 현재 활동, 이전 성과, 감정 상태, 피드백 수용 여부 등으로 학습자의 성공을 위해 AIEd 프로그램의 도메인 및 교수 모델 구

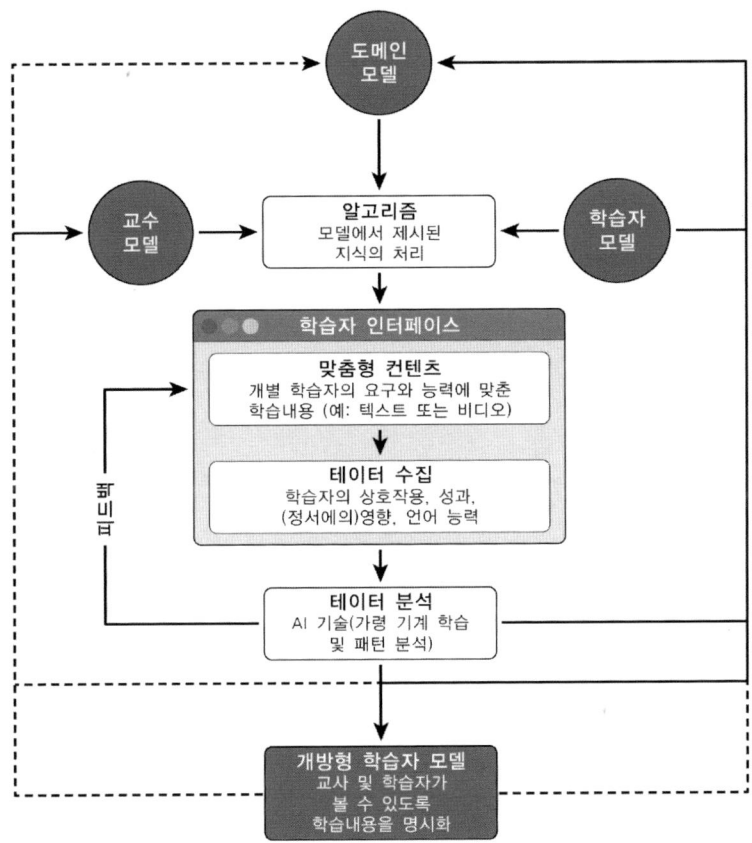

[그림 3] AIED 시스템 전형 모델기반 맞춤형 튜터 대략도

출처: R. Luckin et al., 2016: 21.

성 요소에서 사용될 수 있다. 도메인 및 교수 모델은 이 정보를 사용하여 가장 적절한 상호작용, 즉 학습 자료 또는 학습 활동을 결정한다. 중요한 것은 학습자의 활동이 학습자 모델에 지속적으로 피드백 되어 모델을 더욱 풍부하고 완전하게 하며 시스템을 스마트하게 만든다는 것이다.[191]

---

191) R. Luckin et al., 2016: 18-19

2. AI 시대 인성교육

1) AI 시대 AI 교사

기술 발전 특히 도구로서의 AI 혁신은 우리가 배우고 가르치는 방식을 급속히 변화시키고 있는데 최근 몇 년 동안 상호작용 기술의 발전은 학습자의 다양한 요구와 상황에 적응하고 있다. 학생들은 책 대신 태블릿을 사용하고 교사는 Google Classroom 및 Moodle과 같은 다양한 교육 도구와 응용 프로그램을 활용한다. 또한 Class Central, EdX 및 Coursera와 같은 많은 MOOC(Massive Open Online Course) 플랫폼이 온라인 학습에 점점 더 많이 적용되고 있다. 교육계는 교육 기관의 구조, 운영 및 제반 장치를 근본적으로 변화시킬 수 있는 AI 기술에 의해 기회와 도전에 직면하고 있다.[192]

향후 수십 년 동안 가장 유망한 분야 중 하나로 과거 미래에 대한 예측에서 제시된 것은 컴퓨터 기반 교육이며 전통적인 교육과 에듀테인먼트 기술의 통합 적용이었다.[193] 컴퓨터 기반 교육이 삶의 현실이 되며 AI가 21세기 새로운 기술에서 중요한 역할을 할 것이라는 기대는 1990년대부터 예견되었는데 1996년 세계미래사회(World Future Society)의 하인즈(Andy Hines)는 2010년의 삶을 다음과 같이 예측한 바 있다.

"2010년 교사는 강의를 하는 데 전 시간을 보내기보다 주로 진행자이자 코치가 될 것이다. 교사는 비디오 강의, 교육 TV 프로그램 등 AI 기반 프로그램을 통해 학생들을 지도할 것이다. 때때로 교사는 수업을

---

192) X. Chen, H. Xie, & G. J. Hwang, 2020: 1-11
193) R. M. Aiken & R. G. Epstein, 2000: 163-164

직접 지도하는 대신, 교육 성취에 중요한 개인화된 교육을 제공함으로써 보다 자유로워질 것이다. 학습은 학생의 속도에 맞춰 진행될 수 있다."[194]

이러한 하인즈의 미래 예측은 이미 급속히 현실화되었으며 AI 교사가 인간을 대신할 시대도 머지않아 보인다. 미국, 영국, 호주를 비롯한 국가들은 AI를 교육과정에 빠르게 활용하여 교육 향상을 이끌고 있는데 교수 및 교사는 강의에 집중하고 행정업무는 AI 조교가 대신 담당하는 시스템, AI를 통해 학생들에게 개별화된 교육과정을 제공하여 학생의 개별 학업 향상을 돕는 구조가 대표적이다. 예를 들면, 미국 조지아공대(Georgia Tech)의 컴퓨터과학 수업에서는 2016년부터 AI 조교인 IBM의 질(Jill Watson)을 이용하여 학생 질문 응대와 시험 안내를 하고 있으며[195] 애리조나주립대학교(ASU)는 대수학 과목에서 AI 기반의 ALEKS(Assessment and Learning in Knowledge Spaces)를 도입하여 학생들의 수학 학습 능력을 평가하고 각각에 맞는 개별화 코스를 제공하고 있다.[196] 영국의 볼튼대학교(Bolton College)는 IBM 왓슨을 활용하여 만 명이 넘는 학생들의 질문에 정보 안내 및 공지사항을 제공하는 가상 비서 에이다(Ada)를 개발해 운영하고 있으며[197] 스태퍼드셔대학교(Staffordshire University)는 2019년 ANS사와 공동으로 AI 교육 도구이자 비서 및 조교인 비컨(Beacon)을 출시해 학생들에게 상담, 성적 분석 등의 쌍방향 소통을 제공하고 있다.[198] AI에게 행정 업무를 맡기거

---

194) A. Hines, 1996: 9-10
195) A. K. Goel & L. Polepeddi, 2016: 1-21
196) D. Azcona, I. H. Hsiao, & A. F. Smeaton, 2018: 36-40
197) M. M. Althobaiti, 2020: 1388

나 학생들의 질문에 응대하게 하는 것은 교수 및 교사가 학생 관리 업무로 소요되는 시간을 절약하게 한다. 이로써 학생 교육에 더욱 신경 쓸 수 있는 시간을 확보하게 하여 학생들에게 양질의 콘텐츠를 지속적으로 공급하게 할 수 있다. 뿐만 아니라 AI는 인간보다 더 많은 지식을 더 공정하게 판단하고 개인별 맞춤 교육을 보급할 수 있기에 결과적으로 교육서비스 질을 향상시킬 수 있다.

국내외에서 COVID-19는 교육 현장의 AI 진출을 촉발하고 견고하게 했는데 이로 인해 야기될 교육 변화로 대표적인 것이 학생 개별화 수업과 교사의 역할 변화이다. AI 개인교사를 통한 학생 개별 교육의 가능성 학보, 코칭 및 학습 멘토로서 교사 역할 증대는 교육 발전의 새로운 동력이 될 수 있다는 점에서 긍정적이다. 반면, 빅 데이터 오·남용, 개인정보 보안의 취약성, AI 교사의 인간성 부재로 인한 책임 소재 문제 등의 윤리 문제를 야기할 위험성을 내포하고 있다는 점에서 부정적이다. 특히 교육의 본질이 한 인간의 성장, 도덕적 발전, 인격의 성숙 및 고양과 같은 가치의 문제와 분리되지 않는다는 점에서 그리고 가치 존재로서 아직 불분명한 AI 교사의 등장을 가정할 때 더욱 그러하다.

2) 에듀테크(EdTech)와 교육의 본질

기술을 이용한 학습은 오늘날 교육 시스템에서 필수적인 요소가 되었다. 에듀테크(EdTech)라는 용어는 주로 기술을 사용하여 교육의 품질을 변화시키기 위해 노력하는 스타트 업 및 기타 조직을 지칭하는데 흔히 교육의 디지털화로 이해된다.[199] EdTech는 전체 교육 시스템에

---

198) https://www.staffs.ac.uk/students/digital-services/beacon(검색: 2021.4.29)
199) A. Renz, S. Krishnaraja, & T. Schildhauer, 2020: 1-3

절대적인 혁명을 일으켜 기존의 역할에 영향을 주며 새로운 영역을 열었다. 최근까지 교사는 학습자에게 지식의 유일한 해석자였고 교과서는 유일한 자원이었다. 그러나 시청각, 스마트 교실은 학생들의 관심 수준을 크게 향상시키며 수동적인 교실을 능동적이고 상호작용 하는 교실로 변모시켰다.[200] 도구로서 AI는 교육 현장에서 일상적으로 개별 요구에 맞게 학습을 조정하고 수준별 개인학습을 지원하며 학습자들을 상호 연결한다.[201]

최근 Applied AI 또는 머신러닝에서 신경망과 같은 방법은 인간의 개입 없이 작업을 수행하도록 컴퓨터를 훈련시키는 데 사용된다. 특별히 지능형 튜터링 시스템과 같이 온라인 학습 환경에 AI 요소를 추가하려는 시도가 지속되고 있다.[202] AI, 온라인 시스템은 전통적 교실 교육 환경을 디지털 사회의 변화된 모습으로 유연하게 적응시키고 있다. 이제 교실과 교과서는 모바일 및 디지털 기술을 일상에서 사용하는 사람들에게 부적합해 보이기까지 한다. 그러나 디지털 학습 환경에서 인간 학습에 대한 새로운 변화만을 좇기보다 전통적 교실 교육 환경에서 추구했던 교육의 본질에 대한 재인식을 강조하는 목소리도 높다.

온라인 학습 환경 가운데서도 가치에 대한 천착의 중요성은 교육의 본질을 상기할 때 더욱 분명하다. 교육은 인간의 가치와 역량을 보존하고 개발하기 위한 장기적인 과정이며 그 기본 방향은 흔히 가정, 사회, 학교라는 중요한 상황에서 설정된다. 이 영역들은 모두 한 인간이 세상과 타인을 인식하고 더불어 사는 법을 배우게 하기 위한 강력한 삶의

---

200) E. Sajini, 2019: 73
201) B. P. Woolf et al., 2013: 66-67
202) C. Perrotta & N. Selwyn, 2020: 251

맥락이다.203) 가치는 교육이론과 학교의 실제 활동 모두에서 귀중한 요소이다. 실제로, 학생들은 학교 교육을 통해 사회라는 틀 안에서 자신의 존재를 빚고 자신의 미래를 위해 발전해 간다.204) 가치를 아우르는 교육 비전은 교육사고 전반을 지배하고 있다. 이 때문에 현재와 같은 교육 환경의 급격한 변화 속에서도 교육의 임무와 목적은 훈련, 적응, 사회화와 같이 좁은 관점에 매몰되지 않고 인간의 육성, 즉 개인의 인격 도야에 초점을 맞추도록 정립되어야 한다.

그러므로 교육 기술 환경에서 우리가 지향할 교육은 개인 학습자를 고려한 개별화 학습과 동시에 인간성 함양이다. 그런데 우리가 간과할 수 없는 사항은 교육이 한 인간의 인격형성을 지향한다는 점에서 교실에서 교사와 학생간의 유대 형성과 이들 간의 연결 수준을 배제할 수 없다는 점이다. 교사는 전문 지식을 갖춘 학습 과정의 촉진자일 뿐만 아니라 인격형성 및 인성 개발의 조력자라는 것을 인식할 필요가 있다. 이 점은 AI 시대에서도 전통적인 교육의 본질을 상기하게 하며 AI 교사로의 AI 진화가 교실에서 인간 교사를 성공적으로 대체할 수 있는지에 대해 보다 근원적이고 본질적이며 다각차원적인 시각에서 검토하게 한다.

---

203) C. Power, 2005: 17
204) J. M. Halstead & M. J. Taylor(eds.), 1996: 11, 22-23

Ⅲ. AI 기술 활용 학교 인성교육

1. AIEd 환경에서 인성교육

1) 21세기 스킬과 인성교육의 중요성

COVID-19의 갑작스런 발발은 전 세계 커뮤니티에 심각한 혼란을 가져왔으며 무역, 산업, 경제, 사회, 교육 등 삶의 전 측면에 큰 영향을 주었다. 팬데믹 위기와 광범위한 격리 규정이 진행되는 동안 대부분 나라에서 교육당국은 기술 및 커뮤니케이션 발전을 활용하여 대면교육을 가상공간으로 전환했다. 대유행 상황에도 불구하고 교사들은 학생들이 가정에서 독립적으로 교재를 배우는 학습 과정을 수행하게 함으로써 교육 활동을 이어갔다. 위기 상황은 지난 몇 년 동안 증가한 e-러닝과 같은 온라인 교육 시스템의 활성화를 촉발하고 학교 및 대학과 같은 교육 기관에서 EdTech의 사용을 재촉했다. 전문가들은 이 감염병이 교육의 장기적인 발전과 변화를 위한 촉매제 역할을 할 수 있다고 가정했다.[205]

시대의 변화 여파는 학생들에게 요구되는 역량, 능력의 목록에도 영향을 주었다. 21세기 요구되는 스킬로 2018년 디지털 기술 보고서는 16가지 기술을 제안했는데 [그림 4]와 같이 기본적 리터러시, 역량, 인격적 자질의 3가지 범주로 나눈다. 미래기술은 대인 관계 기술, 고차원의 인지 기술, 시스템 기술에 중점을 두고 있으며 독창성, 아이디어 및 적극적인 학습 등이 중요하게 거론되었다. 21세기 기술은 광범위한 지식을 필요로 하는 동시에 특별한 자질을 요구하는데[206] 의사소통능력,

---

205) A. Renz & S. Krishnaraja, 2020: 1-3
206) S. Joshi, R. K. Rambola, & P. Churi, 2021: 3

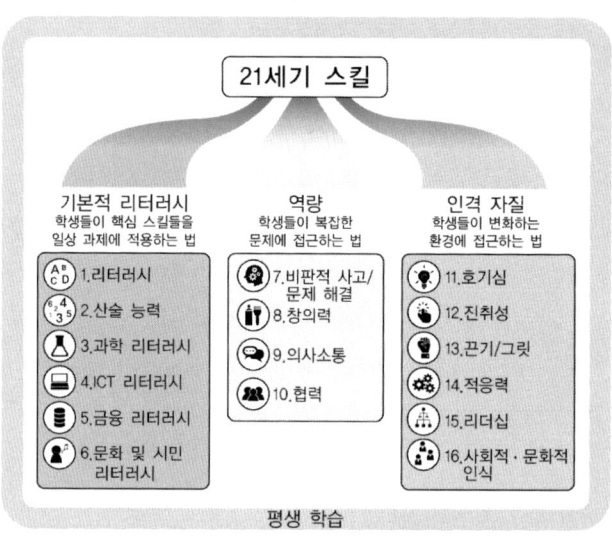

[그림 4] 세계 경제 포럼의 21세기 스킬

출처: Switzerland Geneva, 2016: 3.

협력, 그릿, 리더십 등과 같은 인격적 자질 육성이 평생학습을 통해 필요하다는 점이 주목된다. 이는 미래 인재상을 유추하게 하며 팬데믹 이후 뉴노멀, EdTech 시대 학교 교육에서 교사가 학생의 인격 형성, 도덕성 향상을 위한 교육에 더욱 유념할 필요가 있음을 드러낸다. 인성교육은 AIEd 환경에서도 핵심적인 교육 영역이다.

이러한 이유로 교육은 지식만을 전달하는 것이 아닌 학생들의 태도, 행동, 성격, 리더십 등 인격을 형성하는 것으로서의 역할을 수행해야 한다. 교육이 학생들의 잠재력을 개발하기 위한 의식적이고 체계적인 노력으로 학생들의 자제력, 지성 그리고 궁극적으로 고귀한 인격을 형성하게 하는 목적을 갖고 있다는 점은 온라인 교육 환경에서도 동일하게 적용되어야 한다. 학교 교육은 학생들의 과학적 지식 및 지능뿐만 아니라 인격 형성에 관심을 기울여야 한다. 그러므로 덕의 형성 및 실천과 같은 인성교육을 지향하는 학습 분위기는 교실에서의 대면학습과 마찬가지로 온라인 학습, 도구로서 AI 활용 상황 속에서도 지속적으로 추구될 필요가 있다.

2) AIEd의 적용과 인성교육의 의미

연구자들은 기술 발전이 적어도 2030년까지 개인화된 AI 시스템 교육에 상당한 도움을 줄 것이라고 주장했다. 이 주장에 대해 제공된 증거는 이미 개발된 다양한 AIEd 적응형 학습 플랫폼에서 발견되며 한 교사가 수십만 명의 학생을 한 번에 가르치고 개별 피드백을 제공하는 것과 같은 적용이다. 예를 들면, 중국의 Liushuo, 미국의 NLP, 독일의 PAM, 브라질의 EdTech, 케냐의 M-shule 등이다. 아랍에미리트는 AI 고급 정보 관리 시스템이라는 학생들의 성과를 추적 및 분석할 수 있는 통합된 고급 데이터 분석 플랫폼을 갖고 있다. 반면, 일부 과학계는 AI를 교육에 통합하는 것이 위험한 결과를 초래하는 판도라의 상자와 같다고 우려한다. 예를 들면, 프라이버시 문제와 같은 AIEd의 주요 윤리 문제가 지적되며 AI가 인간에 미치는 영향을 조심스럽게 완화할 것이 제안되었다.[207]

교육에서 AI는 전통적인 교육 및 학습 과정 모델에 상당한 개선을 가져 왔지만 기술의 진보와 디지털 시대는 양면을 모두 갖고 있다. 학습자의 관점에서 볼 때, 교육 매체로 기술을 사용하면 학생들이 학습에 흥미를 갖도록 유도할 수 있는 반면, 해로운 행동, 반사회적 행동에 노출됨으로써 윤리적인 타격을 쉽게 입기도 한다. 더구나 세계화 시대가

---

207) T. Hashakimana & J. de Dieu Habyarimana, 2020: 14-18

빠르게 진행함에 따라 교육계의 도전도 증가하고 있으며 글로벌 경제, 생태계 및 정치 네트워크 등의 상호 연결성은 학생들이 다른 사람들과 의사소통, 협력, 문제해결 역량 및 능력을 배울 것을 요구한다. 이러한 상황에서 교사는 시험을 위한 교육뿐만 아니라 인생에서 더 나은 삶, 즉 잘 살기 위해 필요한 사항을 가르쳐야 한다.[208]

교육은 개인 인격 발달에 큰 영향을 미칠 수밖에 없으며 교육의 목표 중 하나는 학생들의 도덕성 발달이다. 학생들은 지적 능력과 더불어 바람직한 인격 형성에 필요한 기술을 배양해야 한다. 학생들의 인격 함양은 양질의 교육을 구축하는 데 성공적인 열쇠가 될 수 있고 인성교육은 학습의 전 과정에 적용될 수 있다.[209] 이에 에듀테크 시대 학생들의 인성교육(character education)은 매우 중요한 과제로 떠오른다.

국내에서 도덕교육, 윤리교육과 관련하여 인성교육에 대한 다양한 논의가 매우 활발히 이루어져 왔다. 예를 들면, 인성 및 인성교육의 개념탐구,[210] 인성교육과 교사의 역량[211] 등의 연구들이다. 일반적으로 인성교육은 사람다움으로 나아가는 데 결정적으로 기여하는 작업으로 철학적 관점, 심리학적 관점, 그리고 다양한 교육적 관점을 토대로 개념 규정이 가능하다.[212] 미국에서는 1990년대 도덕적 가치, 윤리, 시민권 교육 프로그램을 구현하려는 학교 교육 노력의 선도적인 용어로 인성교육(character education)이 등장했다. 리코나(T. Lickona)는 학교가 인성교육 이니셔티브를 계획할 때 지침이 되는 11가지 원칙을 설정했는

208) E. A. Suminto & C. L. Mbato, 2020: 230-232
209) M. R. Fitri et al., 2021: 1-2
210) 장성모, 1996; 홍석영, 2013; 장승희, 2015
211) 이인재, 2016
212) 정창우, 2010

데 여기에는 핵심적인 윤리 가치와 그 정당성, 인격의 정의, 좋은 인격을 개발하기 위한 포괄적이고 의도적인 접근 방식, 배려하는 공동체로서 학교 발전 방법, 인격 교육과 학업 커리큘럼 및 평가 간의 관계와 같은 문제들이 포함되었다.213) 랩슬리와 나바에츠(Lapsley & Narvaez)는 도덕적 성격을 설명하기 위해 연대성과 전문성에 호소했는데 그들은 사회 정보 처리를 위한 도덕적 도식의 접근 측면에서 도덕적 성격을 이해할 수 있다고 주장했다.

도덕적 성격이나 정체성을 가진 도덕적인 사람은 도덕적 구성이 안정적인 사람이다. 도덕적 성격에 대한 사회인지적 접근에는 여러 가지가 있는데 도덕적 정체성에 대한 설명을 제공한 블라시(Blasi)에게 도덕적 관념은 자기 이해에 핵심적이고 필수적이다. 사회인지적 접근은 또한 도덕적 모범의 특성을 설명하였는데 콜비와 데이몬(Colby & Damon)은 비범한 도덕적 헌신은 인지 노력에 의존하기보다 자동적으로 이루어진다고 지적했다. 이것은 한 사람의 사회적 판단과 관련하여 확신에 대한 강한 느낌을 유발하는 만성적으로 접근 가능한 구조의 결과이다. 도덕적 성격은 습관에 대한 전통적 이해와 아리스토텔레스와 관련된 암묵적인 자질에도 기인한다.214) 따라서 인성교육은 이러한 도덕성에 대한 다양한 접근들을 기반으로 도덕적 정체성, 도덕적 인격, 도덕적 사고와 판단, 도덕적 태도, 도덕적 정서 등을 함양하는 교육이라 정의할 수 있다. 학생들의 도덕성 발달을 기본으로 하고 있는 우리나라 도덕교육은 이러한 시각에서 인성교육의 중핵 교과의 역할을 담당한다.

---

213) T. Lickona, 1996
214) D. K. Lapsley, & D. Narvaez, 2007: 20-21

2. 인성교육을 위한 AIEd 기술 활용과 정서

1) 게임 활용 인성교육

학교는 핵심 과목, 스포츠 팀 및 클럽과 같은 가능한 모든 커리큘럼에 인성교육을 포함해야 할 필요가 있다. 역할극, 도덕적 딜레마에 학생들을 참여시키는 것과 같은 전통적인 방법 이외의 다른 교육 방법을 찾기 위해 연구자들은 노력해 왔다. 이러한 시도 가운데 게임은 매력적인 인성교육 학습 플랫폼 중 하나로 알려져 있다. 학습 환경을 통해 학생들은 다양한 도덕적 딜레마와 상호작용하고 자신의 선택이 자신뿐만 아니라 타인에게 미치는 영향을 볼 수 있다. 게임의 인성교육 적용은 전통적인 게임과 현대 컴퓨터 게임으로 구분하여 다음과 같은 예를 살펴볼 수 있다.

첫째, 전통 게임의 인성교육 역할이다. 수자노(Sujarno)와 연구진은 전통적인 게임이 스포츠 정신, 정직성, 끈기, 인내, 창의성 및 다른 사람과 협력하는 능력과 같은 어린이 인격 형성에 긍정적인 가치를 포함하고 있음을 밝혔다. 전통적인 게임에서 아이들은 다른 친구들과 정서적으로 관여하고 서로가 필요하다고 느끼기에 다른 사람들의 감정을 이해할 수 있게 된다. 쿠니아티(Kurniati)는 전통적인 게임이 아이들이 협력을 발전시키도록 자극하고 이들이 적응하도록 돕고 긍정적으로 상호작용하며 자제력을 키우게 한다고 보았다. 또한 친구에 대한 공감을 발전시키고 규칙을 따르고 타인을 존중할 수 있게 한다고 주장했다. 연구자들은 전통적인 게임이 인성교육 매체로 활용될 수 있으며 인격을 형성하는 다양한 역할을 하는 전통 게임을 통해 아이들은 협력, 정직, 책임, 근면, 스포츠맨십, 관대함과 같은 인격을 형성하게 된다고 지적했다.[215] 전통적인 게임이 인성교육을 위한 훌륭한 도구로 사용될 수 있는 것은 게임이 갖는 특성 때문이다. 게임 속에서 아이들은 상호 소통하고 교류할 수밖에 없으며 다양한 자신의 욕구를 상대와의 협업 속에서 조절할 것이 요구된다.

둘째, 온라인 교육 게임의 인성교육 역할이다. 예를 들면, AEINS는 인성교육을 돕는 것을 목표로 하는 적응형 교육 게임이다. 인성교육을 위한 컴퓨터 게임인 AEINS는 소크라테스식 방법을 주된 교육과정에 제공하기 위해 교육 에이전트를 사용한다. 이는 8~12세 어린이가 도덕적 덕목을 실천하기 위해 상호작용적 도덕 딜레마에 효과적으로 참여하도록 돕는 문제 해결 환경이다. AEINS의 주요 목표는 학생들이 도덕적 판단을 내리는 상태에서 도덕적 행동을 취하는 상태로, 아는 상태에서 행동하는 상태로의 이동과 같이 우리가 도덕교육에서 중요한 단계라고 생각하는 상태로 전환할 수 있도록 돕는 것이다. 제안된 작업의 주요 아이디어는 어린 학습자들에게 기본적인 도덕적 덕목을 가르치기 위해 학습 환경에서 대화형 내러티브, 진화하는 인물 및 지능적인 교육을 통합한다. 주목할 점은 AEINS 평가 결과 도덕적 추론의 발전과 도덕적 덕을 사용자에게 전달하는 것으로 나타났다는 점이다. AEINS 아키텍처는 대화형 내러티브를 생성하여 메인 스토리를 구성할 수 있도록 설계되었는데 [그림 5]에 표시된 AEINS 아키텍처 프레젠테이션 모듈은 교육 모델과 상호작용함으로써 학생 정보를 업데이트하여 활용한다.216) 이것은 학생 모델을 기반으로 대화식 교육 순간을 프레젠테이션 할 수 있을 만큼 유연하다.

---

215) K. Shinta, I. Syamsi, & H. Haryanto, 2019: 412-413
216) R. Hodhod, 2010b: 1-2

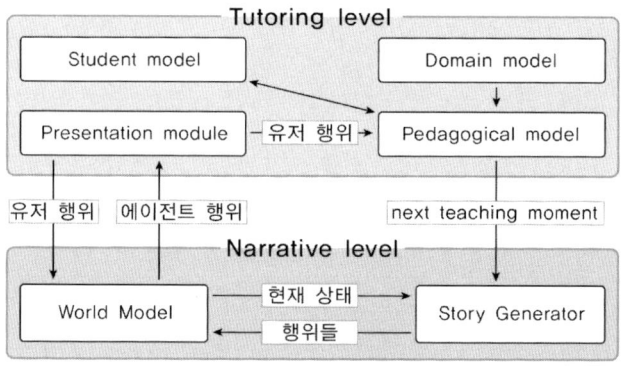

[그림 5] 튜터링 레벨

출처: R. Hodhod, 2010b: 2.

[그림 5]에서 볼 수 있듯이 AEINS 아키텍처는 교육 목표를 제공하는 4개의 모델과 스토리를 생성하고 스토리 세계에 대한 정보를 저장하는 2개의 모듈로 구성된다. AEINS는 학생의 행동과 이야기 전개 방식에 영향을 미칠 수 있는 이야기를 생성하는 것으로 시작한다. 학습자의 행동에 따라 세상이 변화하고 이러한 변화의 효과는 프레젠테이션 모듈을 통해 학습자에게 제시된다. 도메인 모델과 함께 교육 모델은 현재의 학생 모델을 기반으로 학습자에게 제공할 다음의 도덕적 딜레마를 결정한다. 교육 모델은 학습자의 행동을 추적 및 평가하고 그에 따라 학생 모델을 업데이트한다. 가르침의 순간이라 할 수 있는 도덕적 딜레마 노출은 학생이 추상적인 개념을 연습할 수 있도록 구체적인 설정을 제공하는 것을 목표로 하며 이는 AEINS의 중요한 구성 요소이다. 학생들을 위해 특별히 고안된 딜레마에는 콜버그의 아이디어가 사용되었다.[217] 이와 같이 게임 모형 설계 시 학생들에게 좋은 모델과 예를 강조하여 학생들이

217) Ibid., 1-3

자신의 행동 모델로 삼을 수 있게 격려한다는 점과 학생들이 흥미를 갖고 재미있게 자발적으로 참여할 수 있게 한다는 점에서 장점을 갖는다.

2) AIEd의 장점과 AI의 정서지능

로봇과 AI는 이제 교육을 비롯해 제조, 운송, 의료, 군사 작전, 농업, 법률 서비스 등에 사용되고 있다. AI는 모든 수준의 교육, 즉 유치원, 초등학교, 고등학교 및 대학 그리고 다양한 활동 수행에서 다방면에 활용된다. AIEd의 발달에 희망을 갖는 입장은 AI가 인간과 비교할 때 다음과 같은 장점을 갖는다는 점도 포함한다. 첫째, 로봇은 연중무휴로 작동한다. 인간 교사와 달리 온라인 AI 컴퓨터 프로그램은 학습 과정의 지원, 즉 강의, 테스트, 추가 정보를 제공하기 위해 지속적으로 사용할 수 있다. 이를 통해 학생들은 편리한 시간, 장소 및 속도로 공부할 수 있다. 둘째, 로봇은 수많은 주제를 동시에 전달할 수 있다. 인간 교사는 하나 또는 두 개의 관련 분야에서 몇 가지 과정을 전문으로 한다. 반대로 로봇 교사는 수요에 따라 업데이트 가능하고 변경할 수 있는 과정을 무제한으로 제공할 수 있어 효율성이 크게 향상된다. 셋째, 로봇은 작업의 지속적이거나 개선된 품질을 제공한다. 인간 교사는 자신 및 학생의 감정, 건강 및 심리적 조건에 따라 반응이 좌우될 수 있고 항상 동일한 수준의 서비스를 공급하기 어렵다. 그러나 로봇 교사는 학생이 온라인에서 강의를 수강하거나 시험을 볼 때와 같이 어느 상황에서든 동일한 표준으로 동일한 서비스를 보급할 수 있다. 로봇은 인간 교사에 비해 교육 서비스의 품질에 대한 편차가 적고 예측 가능성이 높다. 넷째, 로봇은 행정 업무를 정확하고 시의적절하게 수행한다. 이는 학생 만족도를 높이고 효과성 및 효율성 극대화로 이어질 수 있다. 다섯째, 로봇은 설명을 여러 번 반복할 수 있다. 즉, 로봇은 학습자의 느리거나 부족한 학습에도 부정적인 감정이나 인내심의 부족 없이 필요한 만큼 레슨을 반복할 수 있다. 여섯째, 로봇은 불평하지 않는다. 고용주와 관리자의 관점에서 로봇은 급여, 근무 조건, 작업 활동, 작업부하, 성과 기준, 동기 부여, 평가, 유급 및 병가 등에 대해 불평하지 않는다.[218]

인간 교사에 비해 이와 같은 명백한 이점에도 불구하고, AI 로봇은 아직 완전히 독립적인 것은 아니며 강의 및 테스트를 계획하고 준비하며 정답을 제공하는 등의 업무 수행을 위해 기본적으로 인간 교사를 필요로 한다. AI 로봇 교사의 단점으로 대표적인 것은 다음과 같은 점들이다. 첫째, 창의력의 부족이다. AI 교사는 프로그래밍 된 방식으로 과정을 제공하기 때문에 새로운 문제에 대한 해결책을 찾을 창의력이 부족할 것으로 인식된다. 둘째, 개별 학생의 필요에 접근하는 방식이 피상적일 수 있다. 학생과의 상호작용에 감성 지능은 반드시 필요하다. 학생과의 라포 형성, 소통, 마음의 유대 등을 위해 교사가 갖추어야 할 가장 중요한 부분은 정서와 감정으로, 이는 학생에 대한 공감, 연민의 기초가 된다. 따라서 인성교육을 염두에 둔 AI 교사 구현에서 특히 정서 및 감정은 핵심 고려 사항이다.

정서에 대한 과학적 연구는 1800년대로 거슬러 올라간다. 1872년 찰스 다윈은 '인간과 동물의 감정표현(The Expression of the Emotions in Man and Animals)'을 출판하여 포유류가 얼굴에 감정을 안정적으로 표현한다고 주장했다. 그 이후로 언어학, 기호학, 사회심리학 및 컴퓨터 과학을 포함한 여러 분야에서 다윈 주장의 강력함이 확인

되었다. 심리학자 에크먼(Paul Ekman)의 연구를 포함한 여러 연구에서 기본 감정이 실제로 보편적이라는 사실이 입증되었다.

최근 AI 정서성과 관련해 어펙티바(Affectiva)는 감정 반응을 측정하고 분석하기 위해 얼굴 표정의 주요 특징인 견고함과 보편성을 활용하는 다양한 제품을 구축했다.[219] 어펙티바 정서 AI(Emotion AI)는 AI 기술 활용의 정서 및 감정 감지 시스템으로 디지털 세계에 정서지능을 도입하는 것을 목표한다. 이는 AI가 인간의 정서 및 감정을 인식한 후 대응할 수 있도록 하는 컴퓨터 과학의 한 분야이다. 음성 언어의 경우와 마찬가지로 얼굴 표정은 사람이 느낄 수 있는 감정을 반영하는데 눈썹, 입술, 코, 입, 얼굴 근육은 모두 우리가 느끼는 감정을 고스란히 드러낸다. 정서, 감정 감지 분야에서 사용되는 기술은 음성에 사용되는 기술과 유사한 방식으로 작동하며 얼굴 표정에서 정서와 감정을 감지한다. 사용되는 대표적인 기술로는 Emotion API(Microsoft Cognitive Services), Affectiva, nViso, Kairos 등이 있다.[220] Apple, MS를 비롯해 글로벌 500대 기업 중 25% 정도가 이 기술을 활용할 정도로 그 적용 범위를 넓혀가고 있다. 현재 어펙티바의 감정을 이해하는 AI 기술은 자살 징후를 조기 발견하는 앱, 자폐증이나 주의력결핍 과잉행동장애가 있는 이들이 사회적 감정 기술을 익히는 게임형 앱 등으로 활용되고 있다.

그러나 정서 및 감성 지능 로봇 개발에 대한 최근 발표에도 불구하고 현재까지 정서는 여전히 인간의 독점 분야이다. 칼리우비(Rana el Kaliouby)의 다음과 같은 지적은 AI 교사에게 반드시 정서성이 요구됨

---

219) A. Morsy, 2016, 38

220) J. M. Garcia-Garcia, V. M. Penichet, & M. D. Lozano, 2017: 2-3

과 교육 현장에서 정서를 갖춘 AI에 대한 논의가 절실함을 잘 나타낸다.

"우리는 감정을 인식하지도 못하고 타인에게 감정을 표현하지도 못하는 세계로 곤두박질쳤다. 오늘날 우리는 감정을 인지하지 못하는 상호작용으로부터 괴로워하고 있다. (중략) 컴퓨터는 감정 데이터를 처리할 수 없고 감정 단서에 반응하지 못한다. 감정을 인지하지 못하는 상태로 사이버 세계에서 상호작용할 때, 우리는 모두 기능적으로 자폐증을 갖게 된다. (중략) 컴퓨터는 마치 자폐증이 지배하는 세계에 사는 것처럼 행동하도록 훈련해 왔다. 디지털 세계에서 우리는 타인의 감정적인 신호를 읽을 수 없다."[221]

Ⅳ. AI의 인성교육 적용 가능성과 한계

1. AIEd 윤리와 인성교육 유형

1) AIEd를 위한 윤리

AIEd 시스템 개발 및 사용에 관한 일련의 기본 원칙에는 철학적 토대가 필요하며 AI 윤리 기본원칙 개발을 위한 리소스 마련이 촉구된다. ACM(Association for Computing Machinery)[222] 연구자들은 교육용 AI 시스템 개발에 적용할 수 있는 윤리 강령을 제시했는데 〈표 11〉과 같이 일반적인 윤리원칙은 컴퓨팅 시스템, 특히 교육용 AI 시스템에 적

---

221) R. El Kaliouby & C. Carol, 최영열 역, 2021: 12, 17-18
222) ACM(Association for Computing Machinery)은 1947년에 설립된 세계 최초의 컴퓨터 분야의 학술과 교육을 목적으로 하는 각 분야 학회들의 연합체이다. 미국의 뉴욕시에 본부를 두고 있다. https://www.acm.org/(검색: 2021.12.10)

용될 수 있다. 또한 ACM 코드에 나열된 보다 구체적인 전문적 책임은 교육용 AI 시스템 개발자에게도 해당된다.[223]

[표 11] ACM 윤리 강령(예)

일반적인 윤리원칙(ACM 윤리 강령에서 발췌)	
항목	내용
1.1	사회와 인간의 안녕에 기여
1.2	다른 사람에게 해를 끼치지 않아야 함
1.3	정직하고 신뢰할 수 있어야 함
1.4	차별하지 않는 조치를 취하며 공정해야 함
1.5	저작권 및 특허를 포함한 재산권 존중
1.6	지적 재산에 대한 적절한 신용 제공
1.7	타인의 프라이버시 존중
1.8	기밀 유지
보다 구체적인 전문적 책임(ACM 윤리 강령에서 발췌)	
항목	내용
2.1	프로세스에서 최고의 품질 및 효과 달성을 위한 노력
2.2	전문적 역량의 확보와 유지
2.3	전문 업무와 관련된 기존 법률 인식 및 존중
2.4	적절한 전문 검토 수락 및 제공
2.5	가능한 위험 분석을 포함하여 컴퓨터 시스템과 그 영향에 대한 포괄적이고 철저한 평가 제공
2.6	계약 및 할당된 책임 존중
2.7	컴퓨팅 및 그 결과에 대한 대중의 이해 향상
2.8	권한이 있는 경우 컴퓨팅 및 통신 리소스에 액세스

출처: R. E. Anderson, D. G. Johnson, & D. Gotterbarn, J. Perrolle, 1993: 101.

2018년과 2019년 AIEd 컨퍼런스에서 'AIEd의 윤리'라는 주제로 워크숍이 개최되었다. 제기된 윤리적 문제는 AIEd 시스템과 상호작용 하

---

223) R. M. Aiken & R. G. Epstein, 2000: 166

는 학습자에 대한 진단 정확도, 공정성과 책임성 및 투명성 문제, AI 및 학습 분석이 교사의 의사 결정에 미치는 영향 등과 관련된 질문을 포함했다. 이 가운데 데이터 소유권 및 해석 제어에 대한 의문은 AIEd에서 오랫동안 요긴한 주제로 인식되어 왔다. 연구자들은 여전히 AIEd 혁신에 필요한 의미 있는 윤리적 성찰을 요구한다.224) 이를 위해 AI 윤리 프레임워크와 AIEd 영역 자체와 연관된 특정한 윤리적 질문에 대한 깊은 참여와 논의가 필요하다.

소프트웨어 엔지니어링을 지향하는 윤리에 대한 접근 방식은 교육용 AI 시스템 개발에도 적용 가능한데 특정 소프트웨어 시스템을 출시하는 것이 적절한지 결정하는 문제에 대한 흥미로운 접근 방식이 제시되기도 했다. Rawlsian 원칙은 롤스225)의 이론에 기초한 것으로 공급 업체, 클라이언트, 사용자를 포함하여 관련된 다양한 당사자 간의 의무 평가가 요구된다. 각 당사자는 상대방에 대한 특정 의무를 갖는다. 이러한 분석에서 중요한 원칙은 잘못 설계된 시스템으로 인해 부정적인 영향을 받을 수 있는 가장 덜 유리하고 취약한 사람들을 보호하는 것이다. 교육 분야의 AI 시스템의 경우 공급 업체는 AI 소프트웨어를 개발하는 회사 또는 기관이다. 통상적으로 소프트웨어를 구입하는 클라이언트는 학교, 대학, 기관, 단체이며 사용자는 학생이다. 한편, 1990년대 클라크 (Roger Clarke)는 IEEE Computer에 대해 아시모프(Asimov)의 로봇 법칙을 정보 기술로 수정한 논문을 발표했다. 그의 논의는 교육에서 AI 기술을 안전하게 적용하기 위한 프레임워크를 만드는 작업과 연결된다.

---

224) W. Holmes et al., 2021: 2-7
225) Rawls, 1989

로봇에 대한 아시모프의 3가지 법칙은 그의 단편 소설 모음집 중 일부에 등장했고 1940년에 처음 출판되었으며 내용은 다음과 같다.[226]

[표 12] 아시모프의 로봇 공학 법칙(Asimov, 1940)

법칙	내용
제 1 법칙	로봇은 인간에게 해를 입히거나, 행동하지 않음으로써 인간이 해를 입도록 허용해서는 안 된다.
제 2 법칙	로봇은 제 1법칙과 충돌하는 경우를 제외하고는 인간이 내린 명령에 따라야 한다.
제 3 법칙	로봇은 그러한 보호가 제 1법칙 또는 제 2법칙과 충돌하지 않는 한 자신의 존재를 보호해야 한다.

클라크는 아시모프의 3 법칙을 참고하여 정보 시스템에 대한 윤리적 원칙을 다음과 같이 설정했다. 그는 확장된 법률 세트를 개발하고 이러한 법이 미래 로봇 기술과 정보 기술에 미치는 영향에 대해 보다 일반적으로 논의했는데 이것의 핵심 내용은 다음과 같다.

[표 13] 클라크의 확장된 로보틱스 법칙(Clarke, 1994)

법칙	내용
메타 법	로봇의 행동이 로봇 법의 적용을 받지 않는 한 로봇은 행동 할 수 없다.
법칙 제로	로봇은 인류를 해치거나, 행동하지 않음으로써 인류가 해를 입도록 허용해서는 안 된다.
법칙 1	로봇은 고차원의 법을 위반하지 않는 한, 인간에게 해를 입히거나 활동하지 않음으로써 인간이 해를 입도록 허용해서는 안 된다.

---

226) R. M. Aiken & R. G. Epstein, 2000: 167

법칙	내용
법칙 2	(a) 로봇은 인간이 내린 명령에 따라야 한다. 단, 그러한 명령이 고등 법과 충돌하는 경우는 예외이다. (b) 로봇은 상위 로봇이 내린 명령을 따라야 한다. 단, 그러한 명령이 고차원 법과 충돌하는 경우는 예외이다.
법칙 3	(a) 로봇은 상위 로봇의 존재를 보호해야 하며, 그러한 보호가 고차원의 법과 충돌하지 않는 한 보호해야 한다. (b) 로봇은 그러한 보호가 고차원 법과 충돌하지 않는 한 자신의 존재를 보호해야 한다.
법칙 4	로봇은 상위 법칙과 충돌하는 경우를 제외하고 프로그래밍 된 임무를 수행해야 한다.
생산법 (The Procreation Law)	로봇은 새롭거나 수정된 로봇의 행동이 로봇 법의 적용을 받지 않는 한 로봇의 설계, 제조 또는 유지 보수에 참여할 수 없다.

출처: R. M. Aiken & R. G. Epstein, 2000: 167-168.

클라크의 AIEd 시스템 개발을 안내하는 윤리적 원칙은 기술 개발의 관점에서 기존의 윤리 강령을 재검토해야 함을 시사한다. 그는 로봇 공학과 함께 다른 많은 기술도 고려해야 하며 그러한 노력은 기술의 윤리적 측면에 대한 근본적인 관점에서 전문성을 재평가하는 것을 의미한다고 보았다.[227] 이는 AIEd 시스템 개발 및 적용에서 윤리적 차원을 기본으로 삼고자 하는 견해라 해석할 수 있다.

AIEd 기술은 교육적 맥락에서 윤리적 선택을 해야 한다. 그러나 이러한 질문을 해결하는 것은 용이하지 않다. 그것은 구체적인 윤리 프레임워크가 아직 확립되지 않았고 명확한 지침이 합의되지 않았으며 특정 윤리 문제를 해결하기 위한 규정이 제정되지 않았기 때문이다. 또한 공정성, 책임성, 투명성, 편견, 자율성, 포용과 같은 명시적인 문제도 참

---

227) R. M. Aiken & R. G. Epstein, 2000: 168

작해야 한다. 윤리적인 교육적 선택을 이해하고 윤리적 결정을 내리며 항상 존재하는 의도하지 않은 결과의 가능성을 설명할 필요가 있다.[228] 이 때문에 인성교육을 위한 AI 교사, AI 교육 프로그램 설계에서 AIEd 윤리 지침 마련을 위한 다 학제적 접근 방식과 잘 설계된 윤리 프레임워크의 구축은 절실하다.

2) 인성교육의 2가지 차원

AIEd 구성 및 윤리 가이드라인 구현에서 요구되는 사항은 교육의 본질적 목적이 갖는 의미의 고려이다. 앞서 논의한 바와 같이 학생들에게 면대면 학교 교실 수업 환경에서와 마찬가지로 온라인 교육 환경에서도 인성교육이 이루어져야 한다. 학생들의 인성에 AIEd 시스템이 어떠한 영향력을 행사할 것인가에 대한 사전 검토가 AIEd 윤리적 논의에 필요하다. 이를 위해 인격의 구성 요소에 대한 선행 분석이 요청된다.

그동안 도덕적 인격 개발에 대해 철학, 윤리학, 도덕철학 특히 도덕 교육학에서 상당한 논의의 진전이 이루어졌다. 대표적인 논의들로는 도덕발달 이론, 정의윤리, 배려윤리, 덕윤리, 공리주의, 의무론, 도덕성 구성요소 이론, 도덕적 정체성 이론, 윤리적 전문성 이론, 사회적 직관주의 이론, 사회정서학습이론 등이다. 인격은 개인이 도덕적 행위자 역할을 할 수 있도록 하는 복잡한 심리적 특성이며 도덕성, 인격, 인성 요소는 창발적인 성격을 갖기에 다학문적, 학제 간 접근이 요구된다.

인성교육은 새로운 것이 아닌 그 기원은 적어도 소크라테스로 거슬러 올라간다. 일반적으로 인성교육의 중심 목표는 학생들의 인격 개발

---

228) W. Holmes et al., 2021: 1-3

로, 인격은 다양한 방식으로 정의될 수 있다. 인격은 복잡하고 다면적인 심리적 특성이며 사회적, 도덕적 역량으로 한 개인이 도덕적 행위자 역할을 할 수 있도록 한다. 흔히 도덕해부학 차원에서 인격의 심리적 측면은 도덕적 행동, 도덕적 가치, 도덕적 성격, 도덕적 감정, 도덕적 추론, 도덕적 정체성 등의 기본 특성으로 식별된다.[229] 인간의 도덕적 성격은 덕으로 구성되어 있는 것으로 이해되기도 했다. 블라시(Blasi)는 이 덕을 고차원의 덕과 저차원의 덕으로 구분하였다. 저차원의 덕은 겸손, 정직, 친절, 근면, 관대함 등을 포함하여 인성교육자들이 선호하는 가치 목록에 나타나는 많은 특정 성향이다. 콜버그는 이를 폄훼하여 '덕의 보따리(Bag of Virtues)'라 불렀으며 블라시는 목록이 서로 자주 다르고 대부분 비체계적이라는 것이 즉시 관찰된다고 지적했다. 대조적으로, 고차원 특성은 일반성을 가지며 많은 상황에 적용될 가능성이 높다. 고차원의 특성은 두 군집으로 구별되는데 블라시는 이를 의지력 또는 자기통제 그리고 온전성(integrity)이라 불렀다.[230]

인성교육은 보편적 가치를 강조하며 좋은 인성을 모델링하고 가르치면서 윤리적이며 책임감 있고 배려하는 학생들을 육성하기 위한 교육으로 이해되었다.[231] 인성교육을 위해 제안된 다양한 프로그램의 일반적인 범주의 식별은 인성교육의 내용 요소를 검토하도록 돕는다. 이러한 논의를 기반으로 인성교육 프로그램의 예를 (1) 핵심 가치 교육과 (2) 도덕적 정체성 교육의 두 가지 차원에서 살펴보면 다음과 같다.

첫째, 인성교육 파트너십(CEP)에서 채택한 효과적인 인성교육의 11

---

229) M. W. Berkowitz & M. C. Bier, 2004: 72-73
230) L. Nucci & D. Narváez (eds.), 2014: 36-37
231) A. Pala, 2011: 23

가지 원칙이다.[232] CEP는 학교가 도덕 및 인성교육 프로그램을 개발하도록 돕는 데 전념하는 조직과 개인의 연합이다. 미국의 많은 학군에서 CEP 개발 원칙에 따른 인성교육 접근 방식이 채택되었다. '원칙 1'은 배려, 정직, 공정성과 같은 핵심적인 윤리적 가치를 바탕으로 좋은 인격 구축이다. 핵심가치는 6가지 성격의 기둥, 즉 신뢰성(trustworthiness), 존중(respect), 책임(responsibility), 공정성(fairness), 배려(caring), 시민권(citizenship)과 같은 가치이다. '원칙 2'는 인지적, 정서적, 행동적 구성요소를 통해 핵심 가치를 전체적으로 가르쳐야 한다. '원칙 3'은 의도적이고 적극적이며 포괄적인 방식으로 학교 교직원을 참여시키는 방식으로의 진행이다. '원칙 4'는 돌봄의 학교 공동체 형성이다. '원칙 5'는 학생들에게 봉사 학습 및 지역 사회 봉사와 같은 도덕적 행동에 참여할 기회를 제공하는 것이다. '원칙 6'은 효과적인 인성교육은 엄격하고 도전적인 학업 커리큘럼을 무시하지 않는다. '원칙 7'은 신뢰와 존경의 분위기를 조성함으로써 올바른 일을 하려는 본질적인 동기를 조성한다. 자율성을 장려하여 대화, 학급회의 및 민주적 의사 결정 과정을 통해 공유 규범을 구축한다. '원칙 8'은 교직원의 참여를 독려한다. '원칙 9'는 인성교육이 뿌리를 내리기 위한 이니셔티브의 장기적인 지원을 제공하는 공유 교육 리더십이다. '원칙 10'은 가족과 지역 사회 이해 관계자를 참여시키는 것이다. '원칙 11'은 지속적인 평가에의 전념이다. 인성교육 가이드에서 인성 가치의 항목들을 자신과 관련된 인간 행동의 가치, 동료 인간과 연관된 인간 행동의 가치, 환경과 연관된 인간 행동의 가치, 국가와 관련된 인간 행동의 가치 등으로 분류하여 식별하고

---

232) T. Lickona, 1996: 93-100

있다. 인성교육을 적용하는 원칙은 학생들의 적극적인 참여와 활동, 학생들의 인격 성장과 발전을 위한 의도적이고 계획된 노력의 일관된 지속적 수행이다.[233]

둘째, 블라시(Blasi)의 도덕적 정체성에 기반 한 인성교육이다. 그의 인격 이론은 도덕적 영역에서 자아와 정체성에 대한 새로운 검토 기준을 설정하고, 도덕적 합리성과 책임감, 자아와 정체성의 통합을 추구한다. 더욱이 그는 욕망, 의지를 포함하여 오랫동안 간과된 개념을 현대 심리학의 어휘로 되돌렸다. 도덕적 모범에 대한 연구는 비범한 도덕적 헌신의 삶을 살아가는 성인들이 자아감과 도덕적 목표에 부합하는 자아의식을 드러내고 도덕적 행동을 수행함을 보여주었다.[234]

도덕적 정체성은 도덕적 추론, 즉 특정 행동이 옳은지 그른지에 대한 우리의 판단을 행동과 연결시키는 도덕적 동기의 원천으로 생각된다. 더 강한 도덕적 정체성을 가진 사람들은 옳은 일을 할 가능성이 더 높고 지속적인 도덕적 약속을 보일 가능성이 더 높다.[235] 도덕적 정체성 형성이 일어나는 맥락으로 청소년의 긍정적인 발달을 촉진하는 것은 내부 요인과 외부 환경의 통합 또는 융합과 콜버그의 이론에 기반한 것으로 도덕적 초점을 가진 동료들의 도덕적 분위기 또는 도덕적 문화이다. 이는 주로 커뮤니티의 공유된 기대와 규범적 가치를 의미한다. 사회화에 대한 뒤르케임(Durkheim)의 통찰에 부분적으로 기반을 둔 이러한 핵심 인식은 도덕교육의 주요 맥락이 집단임을 강조한다.

이러한 가정들은 도덕적 정체성 형성에서 맥락의 영향이 중요함을

---

233) D. K. Lapsley & D. Narvaez, 2007: 20-22
234) L. Nucci & D. Narváez, (eds.), 2014: 36-38
235) S. A. Hardy et al., (eds.), 2011: 495

설명한다. 즉, 가족, 또래 집단, 학교는 공동 가치에 접하도록 하여 아동이 도덕적 정체성을 형성하도록 돕는다. 도덕적 정체성에 대한 교육에 함축된 두 가지 원칙은 (1) 도덕적 정체성을 형성하는 목표, 가치 및 신념에 노출되어야 하며, (2) 인간 복지와 정의를 위해 봉사하는 일련의 목표와 가치에 따라 운영할 수 있는 기회인 가족, 또래 이익 집단, 교실 및 학교의 도덕적 분위기가 제공되어야 한다는 것이다.236) 결과적으로 인성교육을 위해 덕의 함양과 도덕적 정체성 형성을 위한 기본 가정과 방안이 AIEd를 활용한 인성교육에 참작될 수 있다.

2. AIEd 활용 도덕교육의 개요 및 고려 사항

1) 인성교육 AIEd 적용 시 유의점

AI가 교육 환경에 쓰이는 예는 크게 2가지로 구분할 수 있다. 첫째, 특정 과목을 위한 AIEd와 둘째, 수업의 전 과정의 학습을 도와주는 AIEd이다. 교육적인 대화를 위해서 디자인된 어시스턴트 또는 챗봇이 사용되기도 한다. AIEd의 인성교육 차원에서의 적용은 보다 전자에 주목하지만 후자와도 무관하지 않다. 그것은 교사와 학생의 모든 상호작용은 곧 교육의 단면이며 학생의 인격 발달에 영향을 끼치기 때문이다.

따라서 교육이 인간을 대상으로 한다는 점에서 AI 교사, AIEd 시스템 설계 및 구현을 위해서는 이에 앞서 인간 존재에 대한 탐색이 필요하다. 다음의 메타 원칙은 인간이 갖는 근본적인 차원을 나타내는데 이는 학생들의 인성교육을 감안할 때, AIEd 시스템 설계 및 구축에서 유념할 가치가 무엇인지를 예측하게 한다.

---

236) T. Bock & P. L. Samuelson, 2014: 163-168

[표 14] 인간 존재의 기본 차원 메타 원칙

차원	내용
1. 윤리적	다른 인간, 생물 및 환경에 영향을 미칠 수 있는 행동이며 이 차원은 기본 윤리 원칙에 대한 이해와 그 이해에 따라 행동하려는 의지와 관련이 있다.
2. 미적	모든 표현에서 아름다움에 대한 인식을 갖는다. 여기에는 자연의 아름다움, 예술, 수학, 과학 및 기술이 포함된다.
3. 사회적	개인의 자기 개념 및 타인과의 관계이며 이 차원은 공동체, 가족, 우정의 가치와 관련이 있다.
4. 지적	인간의 지성과 그것의 명백하고 다양한 능력으로 여기에는 기존 지식을 이해하고 새로운 지식을 창출하는 능력이 포함된다.
5. 신체적	운동, 유해 물질 및 습관 피하기를 포함하여 신체적 안녕의 모든 측면을 포함한 기본적인 신체 건강이다.
6. 심리적	행복하고 만족스러운 삶을 영위 할 수 있는 개인의 능력으로 이 차원은 사회적, 지적, 미적 및 윤리적 차원과 관련이 있다.

출처: R. M. Aiken, R. G. Epstein, 2000: 168, 171.

AIEd 시스템 설계에서 유념할 또 다른 부분은 인성교육을 위한 AIEd 시스템, AI 교사는 지적일 뿐만 아니라 윤리적이며 사회적일 것이 요구된다는 점이다. 비윤리적인 교사가 학생을 윤리적으로 교육하기 어렵고 적절하지 않은 것과 같이 비윤리적인 AI 교사가 학생의 인성교육에 관여하는 것은 적합하지도 유효하지도 않다. 그런데 여기서 더 큰 문제는 AI 교사의 윤리성이 무엇을 통해 감별되고 확인될 수 있느냐 그리고 무엇을 평가의 기준으로 삼을 수 있느냐 하는 점이다.

2) AIEd 활용 인성교육을 위한 도덕교육의 목표, 내용, 방법

새로운 시대 학교 교육은 현재 세대 및 사회 환경의 특성을 감안하여 적절한 교육을 제공하는지 여부를 고려해야 한다. 아날로그 세대와 차별화된 특성을 보이는 디지털원주민 Z세대를 위한 학교교육의 패러다임 전환이 필요하다. 게임은 놀라운 동기 부여 효과를 갖기에 게이미피케이션(gamification)은 Z세대의 학습 동기 향상에 큰 의미가 있다.[237] 이것은 특히 AIEd 시스템을 활용한 인성교육에 응용 가능하다. 인성교육을 위한 EdTech에 교육공학의 게임화 즉 게이미피케이션이 유용하게 적용될 수 있는 이유 중 하나는 앞에서 살펴 본 바와 같이, AI가 교육에 활용된 후 가능해진 깊이 있는 맞춤형 학습이다. 여기서 심층학습은 학생들의 사고 작용을 촉진시키고 사실적 지식의 장기 기억화를 도와주며 자기 스스로 반추하고 반성할 수 있는 것을 내포한다. AI는 개인별 적절한 교육방법을 적용한 학습 콘텐츠를 제공할 수 있으며 이는 게임화의 형태로도 가능하다. 특히 인성교육이 올바른 가치관의 확립, 인격의 함양, 도덕적 정체성 형성 등과 밀접하고 덕의 형성이나 도덕적 정체성이 삶의 맥락 속에서 보다 잘 이루어질 수 있다는 점에서 그러하다. 어떠한 콘텐츠나 경로를 추천해주는 시스템을 만든다고 가정 할 때, 가장 먼저 학생의 상태를 파악하고 진단하는 것 또한 요구되며 학생 간 상호작용 데이터를 이용할 수도 있다. 그러므로 앞서 논의한 내용을 종합하여 AIEd 기반 인성교육을 위한 전제, 교육의 목표, 내용, 방법 등을 다음과 같이 제안할 수 있다.

첫째, AIEd 윤리 원칙이다.

(1) AIEd 윤리 프레임 워크는 AI 윤리에 기초하며 아시모프의 3원칙, 클라크의 확장된 로보틱스 법칙, ACM 윤리 강령, Rawlsian원칙 등을 참고하여 작성할 수 있다.

(2) AIEd는 학생의 인성교육을 목적으로 한다는 점에서 AI 시스템

---

237) 박형빈, 2020: 337

자체의 윤리성, 즉 AMA로서의 AI 교사의 상정을 둘러싼 논쟁이 요구된다.

(3) 사용자로서의 학생에 대한 고려이다. 학생들이 신체뿐만 아니라 정신 및 심리적 차원 그리고 도덕적인 측면에서도 해를 입지 않도록 인성교육을 위한 AIEd가 설계되어야 한다. 잘못 설계된 시스템으로 인해 부정적인 영향을 받을 수 있는 가장 취약한 사람인 학생을 보호할 것이 요구된다.

(4) 설계 및 사용의 전 과정에서 기본 윤리 원칙의 준수이다. 공정성, 책임성, 투명성, 편견 배제, 자율성, 포용, 개인정보 보호와 같은 문제도 고려되어야 한다.

둘째, AIEd는 학생들의 인격 형성을 위한 콘텐츠로 구성되어야 한다.

(1) 인성교육을 위한 원칙들, 덕의 형성, 도덕적 정체성 교육 등과 같은 도덕교육 방법의 참고가 가능하다.

(2) 인성 가치의 항목을 삶의 맥락 및 영역으로 구분하여 제안한다.

(3) 프로그램은 게이미피케이션을 활용하여 도덕적 딜레마 형식으로 제공될 수 있다. 학생들은 AI 맞춤 시스템 안에서 도덕적인 대화형 내러티브를 경험하며, 각 단계에서 제시된 도덕적 딜레마에 응대함으로써 개별화된 인성교육을 경험할 수 있다. 도덕적 딜레마 학습 환경을 통해 학생들은 타인과 상호작용 하고 자신의 선택이 자신뿐만 아니라 타인에게 미치는 영향을 경험해 볼 수 있다. 물론 이 경우에도 게이미피케이션 형태의 인성교육이 갖는 한계점도 간과되어서는 안 된다.

(4) AIEd 적용 인성교육에 커리큘럼, 교육 내용, 학습 프로세스 및

평가, 활동 구현 구성 요소 등이 포함될 수 있다. 이를 표로 간략히 정리하면 다음과 같다.

[표 15] AIEd 활용 인성교육 가능성 탐색을 위한 항목(예시)

유형	지능형 교육시스템, 맞춤형 심층학습, 대화형 교육시스템, AI 학습 동료, AI 조교 등	
	EdTech, AIEd	
	AMA로서 AI 교사	
교육 모델	교수 모델	교수에 관한 지식 및 전문기술
	도메인 모델	학습 주제
	학습자 모델	학습에 영향을 미치는 요인
특징	유연성, 개인화, 효율성	
	정서 감지	
시스템 계열	대화형 내러티브, 메인 스토리, 도덕 딜레마	
윤리 원칙	[AI 윤리] 아시모프 3원칙, 클라크의 로보틱스 법칙, ACM 윤리 강령, Rawlsian 원칙 등	
교육목적	인격 형성, 인간성 함양, 도덕성 발달	
교육스킬	리터러시	
	역량	
	인격자질	
프로그램	게이미피케이션 활용 프로그램, 예 AEINS 응용	
교육맥락	개인, 가정, 또래집단, 학교, 사회, 국가, 지구촌	
인성 특징	덕목 및 핵심 가치	신뢰성, 존중, 책임, 공정성, 배려, 공감, 연민 등
	도덕적 정체성	
	도덕적 이성과 도덕적 정서의 조화	
교육방법	AIEd 활용 컴퓨터 게임 프로그램	

V. 결론

인간 학습의 발전은 역사적으로 사회의 발전 단계와 비교해 0단계부터 5단계로 설명되기도 한다. 즉, 다윈(Darwin)의 진화론, 스키너(Skinner)의 경험학습, 반두라(Albert Bandura)의 관찰학습, 비고츠키(Vygotsky)의 협력학습 등을 거쳐 학습 4.0은 4차 산업혁명과 밀접하며 미래사회 학습인 5.0을 향해 나아가고 있다.[238] 과거 학생들에게 교사는 지식의 유일한 해석자였고 교과서는 유일한 재원이었다. 그러나 팬데믹 상황에 의해 더욱 촉발된 AIEd는 학생들의 학습 환경을 맞춤형 개별학습, 능동적 상호작용 학습으로 변모시켰다. 이러한 교육 환경의 급격한 변화에도 불구하고, 교육이 단순 훈련이나 정보 제공과 구분된다는 교육의 본질을 상기할 때, 학생의 인성 함양, 인격 형성은 변화된 교육 환경에서도 여전히 중요한 과제이다. 이는 AI 교사로의 AI 진화가 교실에서 인간 교사를 성공적으로 대체할 수 있는가에 대해 의구심을 품게 한다.

인성교육에 적용된 AIEd 기술 가운데 컴퓨터 게임은 학습자 특히 초등학생과 같이 어린 학습자들에게 기본적인 도덕적 덕목을 가르치기 위해 고안된 학습 환경을 제공한다. 학습자는 도덕적 딜레마에 당면하여 행동하면서 도덕적 성숙을 도모할 수 있다. 그러나 한편 AIEd 혁신은 필연적으로 윤리적 성찰을 요구하며 이를 위해 AI 윤리 문제와 교육 자체에 대한 면밀한 검토가 필요하다. 교사는 학생의 상황을 진단하고 학생에게 적절한 피드백을 제공하는 등 학생 개인마다의 특성에 적합한

---

238) A. M. Sidorkin, 2012: 93-94

차별화된 교육을 제공할 것이 요구된다. 이러한 점에서 AIEd 활용 인성교육은 학생들에게 다음과 같은 점에서 가능성을 갖는다.

첫째, 수준별 개별 교육 코스 제공이다. 인성교육은 집체 지식 전달이 아닌 학생 개개인의 인격 형성과 밀접하다는 점에서 개별화 맞춤 전략을 가능하게 하는 AI 교사의 적용은 유용하다. 둘째, 학습 몰입도 측정이다. 안면인식 AI나 AI 시선추적(Eye tracking) 기술을 이용하여 온라인 수업 시 학생의 학습 몰입 수준을 측정하여 반영할 수 있다. 예를 들면, 초등학생들의 경우 집중 시간이 길지 않다는 점과 학습 콘텐츠가 갖는 재미를 더 많이 추구한다는 점을 감안할 때 효과적일 수 있다. 셋째, 학생의 정서적 측면에 대한 감지이다. 정서 감지 AI를 도덕적 딜레마 상황에 대한 게임화 인성교육 수업 형태로 활용할 수 있다.

이러한 실용적인 측면들은 AIEd가 보다 효과적으로 인성교육을 구현하는 데 기여할 수 있는 가능성이다. 그럼에도 불구하고, 인간 교사를 대신하는 AI 교사 나아가 인성교육자로서의 AI에 대해서는 많은 윤리적 문제가 도사리고 있을 뿐만 아니라 이에 대한 회의적인 시선도 상당히 존재한다. 이를 보완하고 해결하기 위해서는 AI 윤리 가이드라인과 같은 AIEd 윤리 원칙 정립, AI 인성교육 모델의 확립, AI 정서지능 확보 등과 같은 한계 극복이 선행되어야 한다.

우리는 새로운 기술이 어떤 식으로든 학생들에게 피해를 주는 것을 원하지 않는다. 새로운 기술에 대한 위험은 우리의 예상보다 클 수 있기에 AIEd 기술은 근본적으로 윤리적 차원에 깊이 몰두할 필요가 있다.[239] 교실에 접목되는 기술들은 상당히 복잡해질 수 있으며 그 파급

---

239) R. M. Aiken & R. G. Epstein, 2000: 171

효과는 우리의 예상을 벗어날 수 있다. 특히 학생들의 인격 형성에 지대한 악영향을 줄 수도 있다는 점을 잊어서는 안 될 것이다. 따라서 AIEd의 설계 및 사용에 있어 이것이 가져올 부정적, 긍정적 결과들을 신중하고 면밀하게 검토하고 추적할 필요가 있다. 아울러 인격 및 도덕성 형성에 대한 심도 있는 탐구가 요청된다. 개별 기술 및 기술 간의 미묘한 상호작용, AIEd가 학생들에게 줄 수 있는 영향과 윤리적 고려 사항이 결코 간과되어서는 안 될 것이다.

제7장

자율 주행 차량(ADV)의 트롤리 딜레마 문제와 AI 윤리교육

Ⅰ. 서론

19세기 발명된 이후 자동차는 전 세계의 거리와 사회에 상당한 영향을 주었다. 차량의 지속적인 개발과 증가된 정교함은 인간 운전자 없이 운전할 수 있는 자동차라는 또 다른 이정표에 다가섰다. 지난 몇 년 동안 이러한 자율 주행 자동차(Autonomous Vehicle, AV)의 개발에 상당한 진전이 있었다. 크루즈 컨트롤, 카메라 기반 사각 지대 지원 및 평행 주차와 같은 자동화의 많은 기능은 이미 자동차의 표준이 되었다. 대부분의 자동차 제조업체, 우버(Uber)와 같은 서비스 제공 업체는 자율 주행 차량(autonomous driving vehicle, ADV)을 개발 중이며 2025년까지 상용화를 목표로 하고 있다. 그러나 파괴적인 기술의 발달은 사회에 큰 영향을 미칠 수 있는 새로운 문제를 발생시키는데 이는 심리적, 윤리적, 사회적, 경제적 및 법적 측면을 포함한 다양한 영역에 분포한다.

ADV의 기술 개발이 빠르게 진행되고 있는 동안 자율 기계에 제어권 부여의 도덕적 문제와 관련한 논의가 등장했다. 도덕적 딜레마는 교통 사고의 영향력과 정서적 중요성을 고려할 때 더욱 주목된다. ADV에서 도덕적 결정의 실행은 널리 논의되는 중심 주제이다.[240] 이제 로봇 및 기타 AI 시스템은 폐쇄된 환경에서 잘 정돈된 작업을 수행하는 것에서 벗어나 실제 세계에서 중요한 물리적 행위자로 전환되는 과정에 있다. 더 이상 공장의 테두리 안에 갇혀 있지 않는 로봇은 도시 환경에 침투하여 인간과 사물에 영향력을 행사하고 인간과 함께 모든 종류의 작업을 수행할 수 있게 되었다. 더욱이 ADV는 수많은 사회적, 경제적 이점을 약속함과 동시에 인간의 생명 자체를 좌우할 수 있다는 점에서 이목이 집중된다. ADV가 교통사고로 인한 사망과 부상의 비율을 획기적으로 낮출 것이라는 낙관적 기대에도 불구하고 인간의 생명과 직결된다는 점에서 기술 안에 도사린 파괴력 또한 간과할 수 없다.

2007년 현실적인 도시 환경에서 ADV를 위한 최초의 벤치마크 테스트가 완료된 이후 Google Car와 같은 ADV는 수천 마일의 실제 도로 주행을 지원했다. ADV는 교통 효율성을 높이고 교통사고를 줄이는 등의 세상을 바꾸는 혜택을 약속했다. 그러나 모든 충돌이 피할 수 있는 것은 아니기에 불가피한 피해를 수반하는 일부 충돌은 ADV가 어려운 윤리적 결정을 내리도록 요구한다. 가령 ADV는 지나가는 사람에게 주행 방향을 바꾸어 그를 희생시킴으로써 여러 보행자를 해치는 것을 피하거나 한 명 이상의 보행자를 구하기 위해 자신의 승객을 포기하는 선택에 직면할 수 있다. 따라서 ADV를 제어하는 알고리즘은 피할 수 없는

---

240) A. K. Faulhaber et al., 2019: 399-402

위해 상황에서 결정을 안내하는 도덕적 원칙을 포함해야 한다. 제조업체와 규제 당국은 잠재적으로 양립할 수 없는 세 가지 목표, 즉 일관성을 유지하고 대중의 분노를 일으키지 않으면서 동시에 구매자를 낙담시키지 않아야 한다. 그러나 이러한 목적을 추구하는 것은 때로 도덕적 모순을 초래한다. 이로 인해 도덕적 알고리즘을 인간의 가치와 일치시키기 위해서는 ADV 윤리, 즉 시민으로서 기꺼이 받아들일 수 있고 자동차 소유자에게도 수용 가능한 도덕적 알고리즘에 대한 집단적인 논의가 요구된다.241) ADV는 교통사고를 줄여야 하지만 때로는 악을 선택해야 할 수도 있다. 예를 들면, 보행자와 충돌하거나 승객을 희생시켜 다른 이들을 구해야 한다. ADV가 이러한 도덕적 결정을 내리는 데 도움이 될 알고리즘을 정의하는 것은 큰 도전이며242) 사후가 아닌 사전에 조치되어야 할 사안들이다. 특히 인간의 생사와 직결되는 문제라는 점에서 AI 윤리, AI 윤리교육에서 주의하여 다룰 소재이다.

그러므로 ADV의 트롤리 딜레마의 여러 유형을 고찰하고 이것이 주는 AI 윤리 및 AI 윤리교육에 제기하는 과제를 도출하고자 한다. 첫째, ADV의 발전 현황과 윤리 문제를 확인한다. 둘째, 도덕기계(Moral Machine, MM)의 연구 진행과 이것이 주는 시사점을 살펴본다. 셋째, ADV의 도덕적 딜레마가 제기하는 AI 윤리 문제와 교육현장에 갖는 과제를 제안하고자 한다.

---

241) J. F. Bonnefon, A. Shariff, & I. Rahwan, 2016: 1573-1576
242) Bonnefon et al., 2016: 1573

Ⅱ. 자율 주행 차량(ADV)과 윤리 문제

1. 인공지능(AI)과 자율 주행 차량(ADV)

1) AI의 발전과 ADV 유형

AI의 발전은 ADV 개발의 핵심 동력 중 하나이다. 실제로 ADV는 AI에 의존하여 환경을 해석하고 그 상태를 이해하며 운전 관련 결정을 내린다. 기본적으로는 차량을 운전할 때 인간 운전자의 행동을 복제한다. 이러한 맥락에서 AI는 ADV 개발자들에게 중요한 연구 주제가 되었다. ADV는 인간의 안전에 관련된 중요한 시스템이기 때문에 바람직하지 않은 방식으로 작동될 때 인명이나 작동 환경을 위태롭게 한다. 승객, 보행자 및 다른 차량의 탑승자들의 생명을 위협하고 운송 인프라를 손상시킬 가능성이 있다. 이러한 이유로 ADV 제조업체 및 관련 연구자들은 ADV 안전을 향상시키는 핵심 요소 중 하나로 AI를 강조한다. 그들의 가설은 AI에 의한 운전의 자동화가 자동차 사고를 상당히 감소시킬 것이라고 상정한다. 그러나 다른 한편에선 AI가 오히려 잠재적으로 도로 주행 차량의 안전을 위협할 수 있다고 주장한다.[243] 대립적인 시각에도 불구하고, ADV는 AI의 발달과 함께 새로운 형태의 운전으로 대중화되고 있다. 모든 주행 시나리오에서 적절한 성능을 제공할 수 있는 자율 주행 차량용 컨트롤러를 설계하는 것은 복잡하고 어려운 작업이지만 딥러닝 방법은 복잡한 비선형 제어 문제에 대해 우수한 기능을 제공할 뿐만 아니라 이전에 학습한 규칙을 새로운 시나리오로 일반화하는 데 있어 큰 가능성을 보였다. 이 때문에 차량 제어를 위한 딥러닝 사용이 점점

---

243) A. M. Nascimento et al., 2019: 4928

더 대중화되고 있다.[244) 또한 AI를 사용하여 지능형 교통 시스템에서 빅 데이터를 구동하여 정보를 처리하고 인간-기계 상호작용을 위한 인간 정신 모델과 AI 정신 모델을 결합한 하이브리드 정신 모델과 같은 새로운 ADV 패러다임 구축도 시도되고 있다.[245)

ADV 연구는 완전한 자율 주행 구현을 추구하는 유형과 인간과 상호작용 하는 인간 중심 자율 주행 차량(HCAV)으로 구분되기도 한다. 첫째, 완전한 자율 주행 실현과 관련해서 무인 자동차 경주 대회인 2007년 어반 챌린지(2007 DARPA Urban Challenge)는 혁혁한 성과를 보여주었다. 그러나 ADV 개발에서 현지화, 매핑, 장면 인식, 차량 제어, 궤적 최적화 및 상위 수준의 결정 문제는 아직까지 통합된 시스템으로 완벽히 해결되지 않은 열린 과제로 남아 있다. 이러한 까닭에 MIT-AVT(MIT Autonomous Vehicle Technology) 연구의 기반이 된 신념은 어반 챌린지가 ADV 시스템 개발을 향한 긴 여정의 첫 단계에 불과했다는 것이다. MIT-AVT 연구의 지배 목표는 (1) 딥러닝 기반 내부 및 외부 인식 시스템의 개발을 촉진하기 위해 고화질 비디오를 포함한 대규모 실제 주행 데이터를 수집하는 것, (2) 비디오 데이터를 통합하여 인간이 차량 자동화 기술과 상호작용 하는 방식에 대한 전체적인 이해를 얻는 것, (3) 자동화 채택 및 사용과 관련된 기술 및 기타 요인이 생명을 구하는 방식으로 개선될 수 있는 방법을 식별하는 것이다. 이러한 목표를 달성하기 위해 Tesla Model S 및 Model X, Volvo S90, Range Rover Evoque 차량 등이 사용되었다. 기록된 데이터 스트림에는 GPS, 메시지

---

244) S. Kuutti et al., 2020: 712
245) Y. Du et al., 2018: 117

및 운전자 얼굴, 전방 도로 및 계기판의 고화질 비디오 스트림 등이 포함된다. 연구는 진행 및 성장 중이며 도로에 있는 자동차가 완전한 자율 주행을 하려면 수십 년이 걸릴 수 있다. 이 기간 동안 인간은 운전을 수행하는 AI 시스템의 운전자 또는 감독자로서 중요한 의사 결정권자로 남아있을 가능성이 농후하다. MIT-AVT 연구는 자동화 지원 기술이 인간에게 미치는 영향에 대한 통찰을 얻기 위해 차량 주행의 대규모 자연 데이터를 수집하고 분석했다.[246)

둘째, 인간중심 ADV를 지향하는 입장이다. 이들은 ADV가 인간과 상호작용 해야 하기 때문에 안전한 ADV를 만드는 것이 생각보다 훨씬 더 어려울 수 있다고 본다. 일부 연구자들은 (1) 운전이 실제로 매우 어렵고, (2) 인간은 실제로 훌륭한 운전자이며, (3) 인간과 AI 시스템이 효과적으로 협력하도록 만드는 것은 달성 가능하고 가치 있는 목표라고 가정한다. 이러한 관점에서 운전 작업이 경험되는 방식으로 사람과 기계의 경계를 허물고 자동차의 공유 자율 시스템을 엔지니어링 하기 위한 인간 중심의 패러다임을 제안한다.

구체적으로, 이들은 인간 중심 자율 주행 차량(HCAV)의 설계 및 개발 원칙, 목표를 다음과 같이 제시했다.[247)

(1) 공유 자율성이다.

자동화 수준을 넘어서는 것을 제안하고 목표로서 공유 자율성과 완전한 자율성을 명확하게 구분하도록 동기를 부여한다.

(2) 데이터 배우기이다.

---

246) L. Fridman et al., 2017: 1-3
247) L. Fridman, 2018: 1-2

모든 수준의 기계 학습을 제안하며 목표로서 많은 소프트웨어 기반 작업을 감독 가능한 기계 학습 문제로 공식화하여 데이터를 지속적으로 개선할 수 있도록 한다.

(3) 인간 감지이다.

인간에 대한 다중 모드 이해를 추구하고 목표로서 여러 센서 스트림에서 순간적으로 그리고 몇 시간, 하루, 몇 달, 몇 년 동안 운전자의 상태를 이해해야 할 필요성을 자극한다.

(4) 공유 인식 제어이다.

제2의 눈과 손을 제안하고 목표로서 고도로 자동화된 주행에서 운전자에게 정보를 제공하고 운전 경험에 통합하기 위해 외부 인식, 차량 제어 및 내비게이션 계획에 대한 접근 방식을 유도한다.

(5) 심층 개인화이다.

기계 속의 인간을 가정하여 목표로서 AI 시스템의 작동을 개별 운전자에 맞게 조정하여 결과 시스템이 원래 제조된 차량의 일반적인 배경 모델보다 특정 인간 운전자의 행동을 더 많이 나타내는 수준으로 조정하도록 동기를 부여한다.

(6) 설계상 불완전함 인지이다.

기능의 결함을 인지하고 목표로서 무결점 완전 자율 주행이 아닌 제한 사항의 효과적인 커뮤니케이션으로 ADV의 목표를 재정립하도록 동기를 부여한다.

(7) 부품의 합보다 큰 시스템 수준 경험이다.

목표로서 개별 소프트웨어 구성 요소의 효율성에 대한 초점을 제거하고 대신 통합된 공유 자율 경험에 중점을 둔다. 이러한 차량은 운전 장면 인식, 동작 계획, 운전자 감지, 음성 인식, 음성 합성 및 관리를 수행하기 위해 카메라와 기계 학습 접근 방식을 주로 사용한다.

2) ADV의 윤리 문제

AI의 발전으로 로봇은 제한된 환경에서 사전 정의된 작업을 수행하는 것에서 실제 상황에서 자율적인 에이전트가 되는 것으로 확장되고 있다. ADV는 이러한 기술 전환을 반영하는 대표적이고 가장 중요한 상용화된 AI 내장 자율 기계로, 인간의 생사를 결정짓는 판단을 내리는 자율적인 에이전트라고 할 수 있다. ADV의 채택은 비용 절감, 차량 사용자를 위한 더 많은 휴식 시간 제공과 같은 많은 이점을 약속하기 때문에 연구자들은 ADV의 보다 합리적인 결정을 통해 사고 발생 건수를 줄임으로써 도로 안전을 향상시킬 수 있을 것으로 예상한다. 그러나 운전자보다 사고를 더 잘 예측하고 대응할 수 있는 고급 센서와 사전 프로그래밍 된 알고리즘이 장착되어 있음에도 ADV 사고는 완전히 제거될 수 없다. 긴급 상황에서 ADV의 결정은 보편적으로 합의된 도덕적 영역인 해를 분배하기 때문에 ADV의 도입은 사고 발생 시 윤리적, 법적 문제를 필연적으로 내포한다.[248] ADV가 (1) 적어도 한 사람에 대한 피해가 불가피하고 (2) 다른 사람 사이에 위해를 분배하는 방법에 대한 선택이 필요한 시나리오에 직면했다고 가정할 때, 이 상황에서 ADV가 어떻게 작동하도록 프로그래밍 해야 하는가 하는 것은 도덕적 문제이며 이 문제는 의견 불일치에도 불구하고 도덕적 설계에 대한 합의를 요구한다.[249]

---

248) J. Rhim et al., 2021: 1
249) P. Lin, 2016: 69-85

윤리적인 측면에서 ADV는 우리 사회에 직접적인 영향을 미치며 수많은 중요한 질문들을 유발한다. 예를 들면, 데이터 보안은 안전한가, 모바일 자율성에 대한 광범위한 개입을 어떻게 처리해야 하는가, ADV가 국경을 넘으면 어떤 문제가 발생하는가, 보험 회사는 사고와 관련해 ADV에 대해 어떤 형태로 책임을 지는가, 계속해서 인간에게 운전대를 맡길 수 있는가, 운전 로봇이 도로 안전을 향상시킬 수 있는가 등이다. 이러한 기술적 차원이 불러올 사회적, 윤리적 차원의 문제들을 인지할 필요가 있기에 이 프로세스의 윤리적, 사회적, 법적, 심리적 주제를 다루기 위한 다양한 전문 분야의 연구가 이루어지고 있다. ADV 윤리는 특히 인명 피해 발생 가능성이 있기 때문에 사고 상황에서의 의사 결정 정책과 관련된 ADV의 윤리적, 법적 문제에 대한 논의는 시급하다. ADV는 결과적으로 윤리적 결정을 내릴 수 있는 인위적인 도덕 행위자가 될 수 있고 이러한 결정이 인간의 생명과 직접 연결된다는 점에서 ADV 윤리에 대한 심층적인 이해가 요청된다.

많은 연구자들이 ADV 윤리에 관심을 기울였다.[250] 예를 들면, 인간의 피해는 피할 수 없다는 가정에서 시작하여 이러한 상황에서 도덕 요구에 따른 설명을 제시했다. ADV 의사 결정을 위한 전략인 윤리적 원자가 이론(Ethical Valence Theory)의 경우, ADV 의사 결정을 클레임 완화의 한 유형으로 묘사한다. 도로 사용자마다 차량의 주행에 대해 서로 다른 도덕적 주장을 하며 차량은 이를 완화해야 한다는 것이다. ADV의 주행으로 인한 피해와 그와 관련된 불확실성을 정량화하고 심의를

---

250) S. Applin, 2017; J. Harris, 2018; M. Rowthorn, C. Riegler, & C. McGinnis, 2019; K. Evans et al., 2020

통해 설명함으로써 현실과 일관된 윤리적 구현을 추구한다. ADV의 윤리적 의사 결정의 사회적 수용 가능성 평가 도구로서 이 접근 방식의 목표는 도덕 이론이 차량의 행동을 요구하는 방식을 정의하는 것이 아니라, 도덕성이 요구하는 것과 도로 사용자가 기대할 수 있는 것에 관한 여러 도덕적 위치를 수용할 수 있을 만큼 충분히 유연한 계산 접근 방식을 제공하는 것이다.[251] 국내의 경우에도 연구자들은 자율 주행 자동차의 윤리 문제,[252] 자율 주행 자동차의 윤리 가이드라인 개발,[253] 자율 주행 자동차의 법적 문제,[254] 자율 주행 자동차의 윤리 및 법적 논의[255] 등에 관심을 두고 연구를 진행했다.

ADV 윤리 문제 가운데 충돌 딜레마에서 충돌에 대한 법적 및 도덕적 책임을 할당하는 것은 잘 알려진 주제이다. ADV의 윤리 필요성은 인명 피해가 예상되는 충돌 상황에서 대표적으로 제기된다. 이를 보여주는 간단한 시나리오는 피할 수 없는 인명 피해이다. 주행 중인 ADV 앞에 두 명의 성인 남성이 있고 이를 피하기 위해 왼쪽 방향으로 회전하여 6살 소녀와 충돌하거나 오른쪽 방향으로 회전하여 90세 할아버지와 충돌할 수밖에 없는 상황이라면 어떻게 해야 하는가. 어떤 방향으로든 방향을 바꾸어야 하는가와 같은 도덕적 딜레마에서 윤리적으로 올바른 결정은 무엇인가. 만약 공리주의적인 계산법에 의해 2명의 목숨보다는 1명을 희생시키는 것이 낫다고 결정한다면 무고한 소녀와 할아버지 중누구의 생명을 보전해야 하는가. 누군가는 연령에 의해 할아버지보다는

---

251) K. Evans et al., 2020: 3285
252) 이상돈 · 정채연, 2017; 임이정 등, 2017; 김준호, 2019
253) 변순용, 2017
254) 임이정 · 이중기 · 황기연, 2016; 최경미 · 지성우, 2017
255) 이중기, 2016

소녀를 살리는 것이 더 나은 선택이라고 주장할 수 있다. 또는 어쩔 수 없는 상황에서 자신의 희생을 통해 이 모두의 생명을 구할 수 있다면 ADV 자체의 희생을 주장할 수도 있다. 그러나 적어도 관련 전문가 윤리 강령에 따르면, 이러한 선택 중 일부는 타당하지 않다. 예를 들면, IEEE 는 모든 사람을 공정하게 대우하고 인종, 종교, 성별, 장애, 연령, 출신 국가, 성적 지향, 성 정체성 또는 성 표현 등에 따라 개인을 다르게 대우 하는 것을 차별로 인식하여 금지한다.[256)]

ADV 윤리와 관련한 또 다른 목록은 다음과 같다. 첫째, ADV가 도시 버스나 소방차 등과 같이 공공 소유 자동차인 경우와 연관된 윤리 문제 이다. 로봇 자동차는 그 재산의 소유자, 즉 ADV가 속한 기관이나 단체 에게 충성할 것이 요구되기 때문에 익명의 보행자와 운전자보다 ADV 자신을 더 소중히 여겨야 한다는 합리적 예상도 가능하다. 개인 소유의 ADV의 경우에도 탑승자는 기계를 공공장소에 도입하는 것이기 때문에 위험을 더 많이 또는 모두 감수할 것이 요구될 수 있다. 둘째, 책임의 윤리 문제로 이는 보험 산업과 밀접하다. 대부분 또는 모든 사고를 피할 수 있는 초 안전 자동차가 가능하다고 하더라도 발생한 사고에 대한 책 임과 관련한 윤리 문제는 많은 논란을 안고 있다. 셋째, ADV가 갖는 AI 속성에 따른 데이터 편취, 편향, 악용, 남용 등의 윤리적 문제이다. 자동차가 네트워크로 연결되어 있고 무선 해킹에 취약해짐에 따라 대규 모 사고가 발생할 수 있다. 인류가 제작한 거의 모든 컴퓨팅 장치가 해킹 에서 자유롭지 못했다는 것을 상기할 때, 로봇 자동차 또한 얼마나 해킹 에 취약한지 알 수 있다. 이미 일부 나라들에서 개발 중인 것과 같이

---

256) M. Maurer et al., 2016: 70, 80

만약 국가, 렌트카 회사와 같은 소유주가 자동차를 원격으로 제어하게 되다면 이는 사이버 범죄자에게 용이한 활동 경로가 될 수 있다. 넷째, AI의 윤리 문제인 개인정보 보호 또한 ADV에 내재된 윤리적 문제이다. 차량용 앱, 센서 및 지속적인 GPS 추적에서 개인은 자신의 개인정보를 온전히 보호받을 수 있는가이다. 다섯째, ADV의 윤리 문제 중 가장 근원적인 것은 인간의 생명에 대한 결정적 영향을 줄 수 있는 판단을 ADV에게 의존할 수 있는가이다. 이는 인공도덕행위자(artificial moral agent, AMA)의 문제와도 직결되는 것으로 ADV를 어떠한 존재로 상정할 수 있는가, ADV 결정에 어느 정도의 권리를 부여할 수 있는가, ADV는 도덕적 지위를 가질 수 있는가 등과 연계된다. 이 외에도 ADV는 필연적으로 우리가 예측하지 못한 수많은 윤리적 문제를 파생시킬 수밖에 없기에 심오한 고찰이 필요하다.

2. 도덕기계와 자율 주행 차량(ADV)

1) ADV의 5가지 자동화 수준

ADV 기술은 교통수단을 근본적으로 바꿀 수 있는 가능성을 제공했다. 이 기술을 탑재한 자동차는 충돌, 에너지 소비 및 환경오염을 줄이고 혼잡 비용을 절감할 수 있다. 기술의 진보는 전적으로 사람이 운전하는 기존의 차량과 ADV 사이에 연속체를 만들어 내고 있으며, 이 차량들은 부분적 또는 완전히 스스로 운전이 가능하기 때문에 궁극적으로 운전자가 전혀 필요하지 않을 수 있다. 완전한 ADV를 향한 기술의 연속에는 차량이 인간 운전자를 위해 보조하고 결정을 내릴 수 있게 하는 충돌 경고 시스템, 어댑티브 크루즈 컨트롤(ACC), 차선 유지 시스템 및 셀프

주차와 같은 기술이 포함된다. 미국 도로교통안전국(National Highway Traffic Safety Administration, NHTSA)은 이 연속체를 명확히 하기 위해 〈표 16〉과 같이 5가지 수준의 차량 자동화를 정의했다. ADV 기술의 잠재적 편익의 유형과 규모는 달성되는 자동화 수준에 따라 달라진다. 예를 들면, ADV 기술의 일부 안전 편익은 기능별 자동화를 통해 달성할 수 있는 반면, 도로 사용 및 환경 편익은 완전 자동화, 즉 레벨 4를 통해서만 실현할 수 있다.[257]

[표 16] ADV의 자동화 수준 5단계

단계	특징	기능
레벨 0	자동화 없음	운전자는 항상 기본 차량 기능인 브레이크, 조향, 스로틀(throttle) 및 동력을 완전하고 단독으로 제어하며 도로 모니터링과 차량 안전 작동을 전적으로 책임진다.
레벨 1	기능별 자동화	하나 이상의 특정 제어 기능이 포함된다. 여러 기능이 자동화된 경우 서로 독립적으로 작동한다. 운전자는 전반적인 제어 권한을 가지며 안전한 작동에 대해 전적으로 책임이 있지만 ACC에서와 같이 1차 제어에 대한 제한된 권한을 양도하도록 선택할 수 있다. 차량은 전자 안정성 제어에서와 같이 자동으로 1차 제어에 대해 제한된 권한을 가질 수 있다. 또는 자동화된 시스템이 특정 정상 운전 또는 충돌이 임박한 상황의 긴급 상황에서 동적 브레이크 지원과 같이 운전자를 돕기 위해 추가 제어를 제공할 수 있다.
레벨 2	복합 기능 자동화	운전자가 해당 기능을 제어하는 것을 덜어주기 위해 함께 작동하도록 설계된 최소 두 가지 기본 제어 기능의 자동화를 포함한다. 차량은 운전자가 특정 제한된 운전 상황에서 능동적인 1차 제어를 양도할 때 공유 권한을 활용할 수 있다. 운전자는 여전히 도로 모니터링과 안전한 운행을 책임지고 있으며 언제든 짧은 시간에 통제할 수 있을 것으로 예상된다. 시스템은 사전 경고 없이 제어를 포기할 수 있으며 운전자는 차량을 안전하게 제어할 준비가 되어 있어야 한다.

---

257) J. M. Anderson et al., 2014: 2-3

단계	특징	기능
레벨 3	제한된 자율 주행 자동화	운전자가 특정 교통 또는 환경 조건 하에서 모든 안전에 중요한 기능을 완전히 제어할 수 있도록 하며 이러한 조건에서는 모니터링을 위해 차량에 크게 의존할 수 있다. 운전자는 일부 상황에서 차량에 대해 완전한 제어권을 양도할 수 있으며 운전자가 제어권을 갖기 전에 적절한 전환 시간이 있다.
레벨 4	완전 자율 주행 자동화	안전에 중요한 모든 주행 기능을 수행하고 전체 주행에 대한 도로 상태를 모니터링 하도록 설계되었다. 점유 차량과 빈 차량이 모두 포함된다. 설계 상 안전한 작동은 전적으로 자동화된 차량 시스템에 달려 있다.

출처: J. M. Anderson et al., 2014: 2-3; N. J. Goodall, 2014: 59.

미국 교통부는 완전 자동화 고속도로 주행의 프로토타입을 만들기 위해 국가 자동고속도로시스템컨소시엄(National Automated Highway System Consortium)을 구성하여 1997년 도로에 내장된 자석과 레이더 반사 테이프를 사용해 차량 군집 및 자율 주행을 시연했다. 3팀의 자동화 차량은 제한된 시간 내에 복잡한 도시 환경을 탐색하여 2007년 DARPA (Defense Advanced Research Projects Agency) Grand Challenge를 완료했다. 2010년 Google은 공공 도로에서 간헐적인 사람의 개입으로 140,000마일 이상을 주행하는 7대의 자동화 차량을 테스트했다고 발표했다. 이후 아우디, 포드, BMW, 메르세데스-벤츠, 제너럴 모터스, 토요타 등 여러 주요 자동차 제조업체가 ADV 관련 연구 성과를 발표했다.[258]

2) ADV의 판단을 위한 도덕기계(MM) 실험

ADV는 주로 장시간 동안 사람의 개입 없이 작동하며 광범위한 작업을 수행할 수 있는 미래의 차량을 의미한다. 또한 자동차를 포함하여

---

258) N. J. Goodall, 2014: 58-59

오토바이에서 화물 트럭에 이르는 모든 차량을 포괄적으로 지칭한다. ADV는 자율적인 의사 결정을 내리는 상용화된 AI 내장 로봇 중 하나로 각광받고 있지만 기술 발전에도 불구하고 인간에게 해를 입힐 수 있는 사고로부터 완벽히 자유롭지 않다. 특히 ADV의 주행 중 판단은 인간의 생사여탈권을 쥐고 있기 때문에 단순히 교통 법규를 기계적으로 적용하고 안전한 경로를 계획하는 것 이상이라 할 수 있다. 이 점에서 ADV에게 일종의 윤리 의식이 요구되며 이는 컴퓨터가 따를 수 있는 알고리즘으로 축소되기 어려운 능력이다.

한계에도 불구하고 우리는 도덕적 기계로서 ADV 제작을 포기할 수 없기 때문에 인간의 생명을 위협하는 딜레마가 나타날 때 적용해야 하는 원칙에 대한 합의가 필요하다. 그런데 사고로 사망한 운전자는 딜레마에 직면했었는지 여부를 보고할 수 없으며 충돌에서 살아남은 운전자는 자신이 딜레마 상황에 있다는 사실을 깨닫지 못했을 수 있기 때문에 이러한 딜레마가 나타날 빈도를 추정하기는 매우 어렵다. 따라서 딜레마 상황에서 ADV 선택에 대한 윤리적 지침은 상황의 빈도보다 ADV를 안내할 윤리 원칙의 기원 이해에 의존한다. 이는 ADV 윤리를 고안하기 위해 최소한의 공공 도덕성 그리고 AI 윤리를 확인할 것을 요청한다.[259]

ADV 지지자들은 초기 배포를 위해 합리적인 주장을 펼치지만 일부는 ADV를 시장에 출시하기 전에 먼저 추가적인 문제를 완전히 고려해야 한다고 주장한다. ADV는 실제로 인적 요인으로 인한 오늘날 사고의 대부분을 피하는 데 도움이 될 수 있다. 그러나 기술적인 중단이나 기상 조건으로 인하여 여전히 발생할 수 있는 모든 사고를 현실적으로 예방

---

259) E. Awad et al., 2018: 59-60

하지는 못하며, 때로는 분명한 선택이 만장일치로 선호될 수 없는 복잡한 상황을 초래한다.[260] ADV가 피할 수 없는 사고 발생 시에 윤리적 결정을 내리는 방법에 대한 사회적 관심은 ADV의 도덕적 딜레마라고 명명되어 다양한 이해 관계자들 사이에서 열띤 토론을 촉진했다. ADV는 AI 윤리에 대한 중요한 과제를 안고 있으며 지금까지 가장 많이 논의된 것은 치명적인 사고에서의 도덕적, 법적 책임에 대한 것이다. 이는 2018년 자율 주행 우버 차량이 애리조나에서 보행자를 사망에 이르게 했을 때 비극적인 현실이 되었다. ADV가 사고를 피할 수 없으며 결과적으로 여러 개인 및 그룹 사이에 피해를 할당해야 하는 복잡한 상황에 놓일 수 있음을 예상한 연구원들은 트롤리 문제에서 도덕적 딜레마를 해결하기 위한 이론적 프레임 워크를 발견했다. 도덕적 선호도의 글로벌 표현을 확립하기 위해 ADV와 관련된 다양한 상황에서 트롤리 스타일의 사고 실험을 재현하는 온라인 플랫폼인 도덕기계(Moral Machine, MM)를 개발함으로써 이를 확장했다. MM은 인간의 도덕적 관점을 모으기 위한 플랫폼으로 233개 국가 및 지역의 수백만 사용자로부터 10개 언어로 약 4천만 개의 결정을 수집했다.[261]

약 4천만 개의 답변을 모은 이 실험의 대성공은 그 후, MM에 의해 수집된 개인의 도덕적 선호도를 종합하여 윤리적인 결정을 자동화하려는 의도로 계산적 사회 선택 이론에 기반을 둔 투표기반 시스템(VBS)을 개발하는 데 출발점이 되었다.[262] 응답 결과 동서양 답변자의 선택 경향이 다른 점도 흥미롭다. 서구권에서는 사람 숫자가 많고 어린아이나

---

260) H. Etienne, 2021: 85
261) E. Awad et al., 2018: 59
262) Etienne, H., 2021: 85-87

몸집이 작은 사람을 구하는 쪽을 선호했지만, 동양권에서는 사람 숫자와 관계없이 보행자와 교통규칙을 지키는 쪽이 더 안전해야 한다는 선택을 했다. 남미권은 여성과 어린아이, 사회적 지위가 높은 사람이 더 안전하도록 알고리즘을 설계하는 것을 선호했다. ADV 개발의 현재 과제는 행동 윤리를 프로그래밍 하는 것이다. ADV가 두 가지 결과 중 하나를 선택해야 하는 상황에 처했을 때, 안전과 존중의 윤리적 문제를 탐구하는 한 가지 방법은 도덕적 딜레마인 트롤리 문제를 사용하는 것이다. MIT(Massachusetts Institute of Technology)의 트롤리 문제는 도덕적 딜레마를 안고 있는데 이는 다른 5명의 생명을 구하기 위해 한 사람을 죽이는 것이 바람직한가, 아니면 5명이 사망할 것이라는 것을 알고 있더라도 아무것도 하지 않는 것이 바람직한가와 같은 선택을 제안했다.263)

Ⅲ. 자율 주행 차량과 트롤리 딜레마

1. ADV와 도덕 딜레마

1) ADV 충돌 윤리

ADV의 성공은 기술의 투명성, 설명가능성 등의 ADV 윤리에 달려 있다. 사회와 사용자가 안전하고 효율적인 운송을 제공받기 위해서는 신뢰할 수 있는 ADV 기술이 요구된다. ADV 기술은 삶의 새로운 패러다임을 제시한 반면, 인류로 하여금 수많은 도전 과제에 직면하게 했다. 한 가지 일관된 어려움은 인간에게 미치는 ADV의 결정이다.264) ADV

---

263) S. Applin, 2017: 108

가 당면할 어려움은 인간의 생명과 관련된 딜레마이다. 자동차 제조업체와 정책 입안자는 현재 이러한 도덕적 딜레마로 어려움을 겪고 있다. 인간의 생명과 상해가 포함된 딜레마 상황에서 웰빙과 해를 배분하는 것은 필연적으로 도덕적 영역에 속한다. 경우의 수 대부분은 아시모프(Asimov)의 로봇 법칙과 같은 단순한 규범적 윤리 원칙으로는 해결될 수 없는 복잡성과 심각성을 내포한다. 완전 ADV의 운전자인 AI는 소수를 희생시키고 다수를 살리게 할 것인지, A를 살리고 B는 희생시킬 것인지와 같은 인간의 생명 선택 결정이라는 도덕적 난제에 놓인다. 우리는 기계가 웰빙을 증진하고 피해를 최소화할 뿐만 아니라 그들이 만들어내는 제거할 수 없는 피해를 분배하는 임무를 맡고 있는 시대에 들어와 있다.

최근 DARPA Urban Challenge 차량, Google 및 자동차 제조업체의 다양한 ADV가 많은 주목을 받고 있다. 이러한 차량은 운전자의 책임을 자동화하여 충돌을 크게 줄이고 도로의 효율성을 개선할 수 있다. 인간 운전자가 정해진 시간 내에 제어할 수 없는 경우 모든 센서, 차량 제어 구성 요소 및 알고리즘을 통해 컴퓨터가 충돌 전 동작을 담당할 수 있다. 그러나 ADV는 때로 충돌이 예상된다. ADV 충돌에 대한 연구는 다음과 같은 결론을 내렸다. (1) ADV는 거의 확실히 충돌할 것이다. (2) 특정 충돌 이전에 자동화된 차량의 결정에는 도덕적 요소가 존재한다. (3) 소프트웨어에서 도덕을 효과적으로 인코딩하는 명백한 방법은 없다.[265]

이러한 점들을 고려할 때, ADV 윤리에서 대표적인 것은 '충돌 윤리'

---

264) M. Cunneen et al., 2020: 59-60
265) N. J. Goodall, 2014: 58

라 할 수 있다. 인간 운전자는 종종 충돌 당시와 충돌 이전에 잘못된 결정을 내릴 수 있다. 인간은 엄격한 시간 제약, 핸들링 한계에서 차량에 대한 제한된 경험, 좁은 시야를 극복해야 한다. 완벽한 차량이라도 때때로 충돌해야 한다면 특정한 유형의 윤리적 의사 결정 시스템이 항상 필요하다. 첨단 자동화 차량은 주변 차량 궤적을 정확하게 감지하고 고속 회피 기동을 수행할 수 있는 정교한 소프트웨어와 센서를 사용하여 충돌 전 결정을 내려 인간이 경험하는 많은 한계를 극복할 수 있어야 한다. 충돌을 피할 수 없는 경우 컴퓨터는 안전, 결과 가능성 및 측정의 확실성을 바탕으로 인간보다 훨씬 빠르고 정확하게 최상의 충돌 방법을 신속하게 계산할 수 있다. 그런데 ADV는 센서 데이터를 해석하고 결정을 내릴 수 있지만, 인간과 달리 이 결정 자체는 수개월 또는 수년 전에 개발되고 코딩된 로직의 결과일 수 있다.

연구자들은 ADV의 충돌 윤리를 위해 합리적인 접근 방식, 인공지능 접근 방식, 자연어 요구 사항과 같은 윤리적 충돌 알고리즘 개발에 대한 3단계 접근 방식을 제안했다. 첫째, 합리주의적 접근 방식은 종종 자동화 시스템이 일련의 규칙을 준수해야 하는 의무론 또는 시스템의 목표가 일부 이점을 극대화하는 결과주의의 형태를 취한다. 둘째, 인공지능 방법은 인간의 행동을 관찰하거나 자신의 도덕적 행동에 대한 보상을 통해 인간 윤리를 배울 수 있는 잠재력을 가지고 있다. 셋째, 자연어 방식은 신경망의 이해도를 높이기 위한 것으로 컴퓨터 과학자들은 인간이 이해할 수 있는 신경망에서 규칙 기반 설명을 추출하는 기술을 개발했는데 이 프로세스는 본질적으로 신경망의 내부 지식을 일련의 상징적 규칙으로 변환한 다음 자연어로 표현할 수 있다.[266]

ADV 개발의 현재 과제는 충돌과 같은 행동 윤리를 프로그래밍 하는 것이다. 즉, ADV가 하나를 선택해야 하는 상황에 놓였을 때 윤리적 문제의 탐구를 위해 도덕적 딜레마인 트롤리 문제를 이용하는 것이다. 예를 들면, MIT의 트롤리 문제에서 사용된 도덕적 딜레마 시나리오를 들 수 있다.[267] 이제 우리는 다음과 같은 시나리오를 상상할 수 있다. 모든 사람을 구할 궤도를 찾을 수 없는 ADV가 갑자기 도로에 뛰어든 어린아이와 충돌을 앞두고 있다. ADV의 주행 진로를 변경할 경우 어린아이의 희생을 막을 수 있지만 변경된 진로에 보행중인 청년이 희생될 수밖에 없다. 이 두 사람 가운데 한 사람의 인명 손실이 불가피하다면 누구를 살려야 하는가? 이와 같이 불가피한 인명 피해를 안고 있는 딜레마는 자율 주행 AI 판단에 맡겨진 최대의 난관이라 할 수 있다.

2) ADV와 트롤리 딜레마

자율 시스템의 도덕적 결정은 종종 트롤리 딜레마를 기반으로 논의된다. 고전적인 트롤리 딜레마는 철학적 사고 실험으로 풋(Philippa Foot)에 의해 1967년 처음 소개되었고 톰슨(Judith Thomson), 캄(Frances Kamm), 웅거(Peter Unger) 등에 의해 재해석 및 확대되었다. 핵심 요소는 한 그룹의 사람들을 향해 곧장 향하는 트롤리이다. 이 사고 실험의 참가자는 트롤리를 사이드 트랙으로 전환할 수 있는 레버 옆에 서 있다. 개입하지 않으면 트롤리가 메인 트랙에서 5명을 숨지게 할 것이다. 레버를 당기면 트롤리가 사이드 트랙으로 진행하여 한 사람을 희생시키므로 참가자에게 도덕적 딜레마가 발생한다. '사람들은 그러한 상황에서 어

---

266) N. J. Goodall, 2014: 61-66
267) S. Applin, 2017: 108

떻게 결정하고 어떤 도덕적 원칙이 의사 결정 과정을 지배하는가?' 이러한 질문은 연구자들에 의해 광범위하게 조사되고 토론되어 왔다.

지금까지 수정된 트롤리 딜레마에 대한 연구에 따르면, 사람들은 일반적으로 실용주의적인 행동을 하고 피해를 최소화하도록 프로그래밍된 실용적인 ADV를 상대적으로 취했다. 대조적으로 독일 법은 어떤 식으로든 인간 생명의 경중을 평가하는 것을 금한다. 따라서 트롤리 딜레마는 아직 해결되지 않았다. 더욱이 이러한 트롤리 딜레마를 포함한 연구는 전통적으로 철학적 에세이의 형태로 수행되었으며 자료가 서면 시나리오 설명 형태로 참가자에게 제공되었고 때로는 그림 표현이 추가되었다. 다시 말해, 이러한 딜레마를 제시하는 방법은 도덕적 의사 결정에서 중요한 '맥락' 및 '상황적 영향'의 무시와 같은 문제를 안고 있다. 또한 트롤리 딜레마의 수정은 열린 질문을 이끌어낸다. 예를 들면, 잠재적 희생자의 다양한 특성이 인간의 의사 결정 과정에 영향을 미칠 수 있다. 연구에 따르면, 어린이는 성인보다 더 빈번하게 구조되었기 때문에 잠재적 피해자의 나이가 의사 결정에 영향을 미칠 수도 있다. 또한 사람들이 자신을 희생해야만 생명을 구할 수 있는 시나리오도 있다. 자기희생 ADV를 기꺼이 사용한다는 설문 조사의 증거에도 불구하고 사람들이 실제로 이러한 방식으로 현실 환경에서 행동할 것인지는 의문이다.[268]

ADV의 보급은 교통 시스템의 혁명을 약속한다. 그러나 이것의 잠재적인 이점에도 불구하고, ADV의 도덕적 딜레마로 알려진 피할 수 없는 충돌 상황에서 ADV가 어떻게 행동해야 하는지에 대한 논의는 해결되지 않았다. MM 연구에서도 알 수 있듯이 트롤리 딜레마와 같은 충돌 딜레

---

268) A. K. Faulhaber et al., 2019: 399-342

마 상황에서 ADV의 올바른 결정을 유도하기 위해서는 인간의 도덕, 윤리, 도덕성, 도덕적 판단을 고찰할 필요가 있다. 다시 말해, ADV 도덕성을 확보하기 위해 도덕철학, 윤리학, 인간의 도덕적 추론 과정 확인이 요구된다. 인간의 도덕성은 보편적 측면과 함께 가치 상대주의적 측면도 포함하고 있으며 시대와 문화에 따라 도덕적 가치와 도덕적 의사결정 패턴이 다르다는 점도 주목할 필요가 있다. 이는 트롤리 딜레마와 같은 ADV의 충돌 딜레마에서 기대되는 도덕 행동 설계가 문화별로 다를 수도 있음을 시사한다. 결국 AI의 급속한 발전은 기계가 도덕적 결정을 내리는 방법에 대한 우려와 기계 행동을 안내해야 하는 윤리적 원칙에 대한 사회적 기대치의 정량화라는 주요 과제를 제기한다. 트롤리 딜레마를 둘러싼 다양한 논의는 보다 나은 ADV 충돌 설계를 위한 발판이 될 수 있다.

2. ADV 설계를 위한 사고 실험

1) 트롤리 딜레마 실험의 한계와 의의

ADV 기술 발전의 어려움보다 인류를 위협하는 것은 ADV가 도로에서 마주하게 될 인간의 생명이 관여된 도덕적 딜레마 상황이다. 이는 완전 ADV 레벨의 경우 도덕적 판단의 중요한 기반으로서 AI의 선택 의지를 요구한다. 도덕적 책임의 분배 문제와 관련하여 ADV 내장 AI는 AMA가 될 수 있는가 또는 ADV는 AMA가 되어야 하는가 등의 근본적인 물음에 답할 필요가 있다. 차량이 잠재적으로 치명적인 상황에 가까워지면 가능한 생명을 구할 수 있도록 프로그래밍 해야 하는가 아니면 모든 비용으로 탑승자를 구하기 위해 기동해야 하는가, 어떤 생명도 다른 생명보다 더 귀중한 것이 없다면 선을 최대화한다는 것은 차량 탑승자가 사망하더라도 구원받은 생명의 수를 최대화하는 것을 의미하는가 등의 문제도 제기된다. 그러나 이러한 실용적인 프로그래밍은 곧바로 개인의 권리와 자율성이라는 인간의 원초적 권리와 대치된다.

2014년 개방형 로봇윤리 이니셔티브(Open Roboethics Initiative)는 이 시나리오를 113명에게 제시한 여론 조사를 실시한 결과 64%는 차량이 계속 직진해야 한다고 생각하여 어린이를 사망에 이르게 했다. 누가 그 결정을 내려야 하는지 물었을 때 44%는 선택이 승객, 즉 소비자에게 있어야 한다고 답했고 33%는 관리자에게 맡겨야 한다고 하였으며 12%는 제조업체나 디자이너에게 맡겨야 한다고 답했다. 2016년 연구에서는 사람들이 다른 사람의 ADV를 위해서는 실용주의적 프로그래밍을 승인하지만 반면에 스스로를 보호하는 차량을 선호하는 것과 같은 이기적인 편견도 보여주었다.[269] 인간의 이기적 본성을 감안할 때 사람들이 다른 사람보다 자신의 삶을 소중히 여기는 것은 놀라운 일이 아니다.

트롤리 딜레마를 활용한 또 다른 윤리적 사고 실험은 가상공간을 활용했다. 참가자들은 가상현실 환경에서 운전자로서 수정된 트롤리 딜레마를 경험하는 일련의 실험을 수행했다. 참가자들은 두 개의 개별 옵션 사이에서 결정을 내려야 했는데 서로 다른 두 차선 중 하나를 주행하는 것으로 마주한 장애물에는 다양한 연령과 그룹 크기의 인간형 아바타가 포함되었다. 결과는 피험자가 일반적으로 가능한 가장 많은 수의 아바타를 구하는 실용주의적인 방법으로 결정한다는 것을 보여주었다. 이는 사람들의 행동이 도덕적 의사결정에 대한 실용주의적 접근법과 일치한

---

269) R. M. McManus & A. M. Rutchick, 2019: 345-346

다는 것을 뒷받침한다.[270] 피험자가 많은 수의 아바타를 구하는 실용주의적 방법으로의 결정은 공리주의적 관점과도 연결된다. 윤리적 사고 실험은 인간이 가능한 한 전체적인 피해를 적게 일으키려고 노력하면서 프래그머티즘(Pragmatism)적 시각으로 행동한다는 것을 나타낸다. 그럼에도 불구하고, ADV의 맥락에서 아웃소싱 된 도덕적 행위에 대한 연구는 이론적 측면과 실제적 측면의 차이를 드러내며 트롤리 딜레마 실험 결과를 ADV 설계 기반으로 삼는 것이 적절한 것인가에 대한 의혹 또한 제기한다.

트롤리 문제는 엔지니어링 및 정책, ADV의 설계 및 규제에까지 영향을 미치고 있다. 그러나 트롤리 문제 시나리오의 결과는 다음과 같은 문제들로 인해 ADV를 설계하거나 규정을 개발할 때 도움이 되지 않을 수 있다는 문제점도 안고 있다. 첫째, 트롤리 딜레마는 그 자체로 비현실적 특성을 갖는다. 트롤리 문제는 극단적이고 기묘한 상황에 초점을 맞추는 것에 대해 비판을 받았다. 실제적인 관점에서 보면 실제 도로 상의 트롤리 딜레마는 가능성이 매우 낮고, 감지하기도 이를 조치하기도 어렵다. 트롤리 문제와 같은 희생적 딜레마는 실험적 현실성이 결여되어 소비자가 실제로 직면하는 도덕적 선택으로 해석되지 않을 것이라 지적되었다. 둘째, ADV가 올바른 윤리적 결정을 내리기 위해 필요한 전제 자체의 결함이다. 즉, 트롤리 문제에는 윤리적으로 올바른 해결책이 없는데 이것은 원칙적으로 우리는 누군가의 생명을 다른 이의 생명과 비교할 수 없기 때문이다. 이러한 까닭으로 ADV가 딜레마를 해결하는 것은 사실상 불가능하다. 그러나 ADV에게 올바른 윤리적 행동을 기

---

270) A. K. Faulhaber et al., 2019: 399

대할 수는 없지만 결정이나 법적, 도덕적 표준에 있어 소비자와 마찬가지로 ADV가 적어도 윤리적으로 잘못된 결정을 내리지 않도록 요구할 수 있다는 점은 고려할 필요가 있다. 셋째, ADV를 AMA로 상정 가능한가의 문제이다. ADV가 명시적인 윤리적 행위자의 역할, 즉 암호화된 윤리를 기반으로 인간의 생사 결정을 내려야 하는지 또는 ADV를 묵시적 윤리적 행위자로 취급하는 것이 적절한지에 대한 문제가 해결되지 않았다.[271] 넷째, 설명적 윤리와 규범적 윤리의 간극과 차이이다. MM 실험에서 보여준 것은 설명적 윤리, 즉 윤리적 결정에 대한 사람들의 선호이다. 그러나 ADV가 수행해야 하는 것은 규범적 윤리에 관해서이며 이는 전문가 영역의 일이다. 까다로운 윤리적 질문이 대중을 대상으로 한 여론 조사를 통해 해결될 수 있음을 의미하지 않는다.[272] ADV의 윤리적 딜레마에 대한 신뢰할 수 있는 결정은 여론 조사와 같은 설문 조사가 아닌 규범적 차원에서 전문적으로 접근되어야 한다.

그럼에도 불구하고, 트롤리 딜레마 실험은 ADV 설계 및 ADV 윤리 원칙 마련을 위한 유용한 토대가 될 수 있다. 첫째, 시나리오가 인위적이라 할지라도 이러한 시나리오에서 사람과 기계가 반응할 것으로 예상되는 방식의 차이는 올바른 결정을 위한 통찰을 제공한다. 둘째, 트롤리 문제를 기반으로 한 시나리오는 관점, 직관적 판단 및 심의적 판단, 책임 귀속, 관계 등 여러 요인의 영향을 테스트하기 위한 무제한의 경로를 제공한다. 따라서 트롤리 문제에 기반한 시나리오는 일반화 가능성에 대한 우려가 남아 있지만 소비자가 무수한 잠재적 영향에 따라 도덕적

---

271) T. P. Novak, 2020: 293-294
272) H. Etienne, 2021: 85-106

결정을 내리는 방법에 대한 심리적 안목을 제공할 수 있고 발생할 수 있는 다양한 상황을 무제한으로 실험할 수 있게 한다는 점에서 의미가 있다.

2) ADV에 내재된 AI의 윤리적 문제

AI 기술이 갖는 단점은 ADV가 인간의 생사를 결정하는 판단을 내리도록 결정권을 위임하기 어렵게 한다. 첫째, ADV는 신중하게 설계되지 않을 경우 인간이 생각하는 것 이상으로 이기적인 인간 행동 방식을 모방할 위험이 있다. 인간은 자신의 충돌을 피하기 위해 근처 차량을 위험한 상황에 밀어 넣을 수 있다. 윤리는 모든 인간에게 동등한 가치를 부여할 것을 요구할 수 있지만, 자동차 제조업체는 자신의 탑승자를 최우선으로 보호하는 차량을 만들 인센티브를 가지고 있다. 전반적인 안전을 극대화하지 않는 자기 보존 본능은 현실적일 수 있지만 윤리적이지는 않다. 윤리는 인간이 실제로 행동하는 방식보다 인간이 어떻게 행동해야 하는지에 대해 다루기 때문에 AI 기술은 이상적인 도덕적, 윤리적 행동을 포착해야 한다.

둘째, 자율권 이양에 따른 책임 문제이다. ADV 지지자들에 따르면, ADV는 자동차 산업에서 도로 안전, 경제 성장 및 교통 관리와 관련하여 획기적인 사업 기회와 실질적인 이점을 사회 전체에 제공할 것으로 기대된다. ADV는 인적 요인으로 인한 사고의 대부분을 피하는 데 도움이 될 수 있다. 그러나 이와 다른 견해는 ADV를 시장에 출시하기에 앞서 추가 문제를 완전히 고려해야 한다고 주장한다. ADV는 기술적인 중단이나 기상 조건을 통해 발생할 수 있는 모든 사고를 현실적으로 예방하지는 못하며, 때로는 분명한 선택이 만장일치로 선호될 수 없는 복잡한 상황을 초래한다. 예를 들면, 고속도로 중앙 차선에서 주행 중인 비자율 차량(NAV)을 운전하는 사고 실험에서 큰 상자가 트럭으로부터 에이전트에게 갑자기 떨어질 때, (1) 정주행 시 상자를 치면 차량 승객이 크게 위험에 처하고, (2) 방향을 바꾸어 상자를 피하면 다른 차와 충돌하여 두 차량의 모든 승객을 위험에 빠뜨리고, (3) 오른쪽 차선으로 방향을 바꾸어 오토바이 운전자와 충돌하면 그의 생명을 심각하게 위협하지만 대상 차량의 승객에게는 피해가 적은 것과 같은 운전자의 복잡한 상황을 들 수 있다. 여러 가지를 포함하는 분명한 해결책이 없는 도덕적 딜레마 상황에서 도덕 철학자들은 선택이 무엇이든 간에 도덕적 책임이나 법적 책임이 여기에 걸려 있지 않다는데 동의하는 경향이 있다. 예를 들면, 승인된 속도 제한을 초과하고 법을 위반하여 이 상황에 들어온 것이 아닌 한 해당 운전자의 결정은 합리적, 고의적 판단이 아닌 본능적 반응에서 비롯되기 때문이다.[273] 이제 NAV를 ADV로 대체함으로써 결과는 책임과 관련하여 알고리즘이 내린 결정에 대한 완전히 다른 평가를 받게 된다. 상황을 이해하고 결정을 내리고 실행하는 데 초 단위의 시간이 소요되는 NAV 운전자와 달리 ADV 운전 소프트웨어는 대응 능력이 훨씬 뛰어나고 적절한 결정에 대한 사전 지식이 있다. 제조업체는 이러한 시나리오를 예상하고 최적의 대안을 식별하는 데 적절한 시간을 통해 이익을 얻었다. 더욱이 우리는 의사 결정자의 입장이 바뀌는 것을 목격했다. NAV 운전자는 딜레마 상황에 직접 관여하여 그에게 해를 입힐 수 있는 시나리오를 관리하기 위해 특정 결정을 내리는 반면, 제조업체는 딜레마 상황에 간접적으로 관여하여 잠재적 시나리오를 해결하기

---

273) H. Etienne, 2021: 85-106

위한 일반적인 사전 결정을 내린다.

셋째, ADV는 도덕적 존재가 될 수 있는가이다. 정의상 도덕적 행위자만이 도덕적 결정을 내릴 수 있다. 도덕 행위자는 선에 대한 특정 아이디어를 소유하고 자유 의지 및 특정 결정을 내리는 데 사용할 자신의 일반적인 행동 원칙을 결정할 수 있는 자율적인 주체로 정의할 수 있다. 이들은 자신의 행위를 정당화할 수 있고 의도한 결과에 대해 책임을 진다. 도덕적 행위자는 다른 사람을 대신하여 결정을 내릴 책임이 있는 사람이다. 대조적으로, 오늘날 철학적 의미에서 확률적 알고리즘은 특히 일관된 규칙으로 각 선택을 정당화할 수 없으며 행동의 결과에 대해 책임을 지지 않는다. 알고리즘은 도덕적 행위자가 아니기 때문에 도덕적 결정을 내릴 수 없으며 윤리적 결정의 생산을 자동화할 수 없다. 따라서 ADV의 알고리즘의 도덕적 상태 그리고 이를 도덕적 행위자로 간주할 수 있는가라는 물음이 존재한다.[274]

이 외에도 ADV의 추적 및 조작의 위험[275]을 들 수 있다. ADV는 도로 위의 모든 물체, 다른 ADV 등과 연결되어 언제든 악의적인 외부의 누군가에 의해 조작될 수 있다. 이를 통해 해킹 및 테러리스트 목적으로 ADV 사용 위협에의 노출이라는 윤리적 문제 또한 안고 있다.

---

274) H. Etienne, 2021: 85-106
275) N. J. Goodall, 2014: 58-65

IV. ADV와 AI 윤리교육

1. 윤리적 ADV 디자인

1) 윤리적인 차량 설계를 위한 프레임 워크

ADV는 AI 윤리 과제를 더욱 중대하게 드러냈다. 지금까지 가장 많이 논의된 것은 2018년 자율 주행 자용차가 보행자를 숨지게 한 비극적 사건으로, 이와 같은 사망사고의 경우 도의적 책임과 법적 책임이 필요하다. 그러나 피할 수 없는 충돌 시 ADV 의사 결정의 법적 및 도덕적 영향에 대한 논의는 많지 않다. 한편, 도덕적 기계에 대한 대부분의 연구는 군사적 응용 또는 일반 기계 지능에 초점을 맞추고 있다. 비교적 최근의 연구 분야는 새로운 상황에 직면했을 때 도덕적 행동을 보일 수 있는 자율 기계의 개발에 초점을 맞춘 기계윤리이다.

기계윤리의 ADV에 대한 적용을 위해 먼저, 다음과 같은 합리적인 접근을 검토할 수 있다. 첫째, 아시모프(Isaac Asimov) 원칙 논의이다. 합리주의적 접근 방식은 종종 자동화 시스템이 일련의 규칙을 준수해야 하는 의무론 또는 시스템의 목표가 일부 이점을 극대화하는 결과주의의 형태를 취한다. 이러한 합리적인 접근 방식은 종종 엔지니어에게 매력적이다. 컴퓨터는 쉽게 규칙을 따르고 기능을 극대화할 수 있다. 그러나 이 전략에는 몇 가지 단점이 존재한다. 아시모프의 로봇 공학 법칙은 ADV로 다음과 같이 대체할 수 있다. (1) ADV는 사람을 다치게 해서는 안 되며 행동하지 않음으로써 사람이 해를 입게 해서는 안 된다. (2) ADV는 제1법칙과 충돌하는 경우를 제외하고는 인간이 내린 명령에 따라야 한다. (3) ADV는 그러한 보호가 제1법칙 또는 제2법칙과 충돌하지 않는 한 자신의 존재를 보호해야 한다. 그런데 이러한 변용에서 규칙 간, 단일 규칙 내의 충돌이 발생한다. 예를 들면, 첫 번째 규칙은 사람에게 해를 입히는 것을 허용하는 ADV를 금지한다. 이 규칙을 문자 그대로 해석하면 탑승자의 내부 충돌을 피하기 위해 급제동을 금지할 수 있다. 둘째, ADV 윤리에 대한 보다 친숙한 합리적인 접근 방식은 결과주의이다. 그러나 피해를 계산하는 방식은 바람직하지 않은 결과를 초래할 수 있다. 예를 들면, 어떤 피해와 다른 피해를 어떻게 정량화할 수 있는가 하는 문제와 직면할 수 있다. 만약 비용을 최소화하려고 할 때 ADV에게 선택권이 주어지면 두 대의 차량 중 저렴한 차량과 충돌하도록 선택할 수 있다. 충돌이 심하고 부상을 입을 가능성이 있는 경우 ADV는 안전 등급이 더 높은 차량과 충돌하거나 헬멧이 없는 탑승자 대신 헬멧을 쓴 오토바이 운전자와 충돌할 것을 선택할 수 있다. 많은 사람들은 이는 차별일 뿐만 아니라 보호받지 못한 사람들은 표적이 되었기 때문에 불공정하다고 생각할 것이다. 충돌하는 두 차량이 동일하더라도 탑승자는 인구 통계에 따라 다른 위험을 경험한다. 예를 들면, 운전자 한 명은 남성이고 다른 한 명은 비슷한 연령의 여성이면 여성이 사망할 확률이 28% 더 높다. 한 운전자가 20세이고 다른 운전자가 70세인 경우 나이가 많은 운전자가 사망할 가능성이 3배 더 높다.[276]

다음으로 ADV 윤리 구현의 가장 좋은 비유는 월락과 알렌(Wallach & Allen)이 논의한 아동의 도덕교육일 수 있다. 아이가 완전한 도덕적 능력을 가지고 있지 않고 도덕적 발달의 최고 단계에 도달하지 못할 수도 있지만 부모는 여전히 행동 경계를 적용한다. 또한 부모는 자녀가

---

276) N. J. Goodall, 2014: 58-65

언젠가 더 높은 단계에 도달하기를 기대하면서 도덕적 사고방식을 지향하도록 권장한다. 마찬가지로 ADV에게 기계윤리를 가르치는 동시에 윤리적으로 행동하도록 할 수 있다. [그림 6]은 도덕적 딜레마에 대한 일반화된 프레임 워크를 보여준다. 이 프레임 워크는 트롤리 문제를 기반으로 한 시나리오를 사용하여 ADV와 관련된 도덕적 딜레마를 조사한 최근 연구를 광범위한 요인으로 분류한다. [그림 6]은 1:1 도덕적 시나리오의 가장 간단한 기본 사례를 위해 설계되었으나 프레임 워크를 쉽게 확장하여 복잡성이 증가하는 시나리오를 통합할 수 있다. 외부 관찰자 관점은 ADV가 무엇을 해야 하는지 묻는 MM 시나리오에서 사용된다. 마지막 관점은 ADV의 관점이다. ADV의 관점을 이해함으로써 소비자가 ADV와 갖는 관계 유형을 더 잘 특성화할 수 있다. ADV의 관점은 의인화 또는 객체 지향 은유를 기반으로 할 수도 있다.[277]

선행된 많은 연구에서는 외부 관찰자의 관점을 사용한 것과는 대조적으로 운전자 또는 승객으로서 차에 있는 자아와 보행자로서 자아의 관점에서와 같이 1인칭 딜레마에 중점을 둔다. 관점의 변화는 도덕적 딜레마에서 상대방의 관점을 취함으로써 발생하는 상황적 공감의 역할, 캐릭터 효과, 자기 불일치, 매력과 같은 특성을 고려하게 한다는 점에서 의미가 있다. 특히 ADV 작동에 영향을 받은 대상들에 대한 1인칭 시점과 3인칭 시점을 다양하게 경험하게 하는 것은 맥락과 상황적 요소를 더욱 두드러지고 생동감 있게 함으로써 주어진 상황을 보다 입체적으로 인지하고 경험하게 할 수 있다.

---

277) T. P. Novak, 2020: 294-298

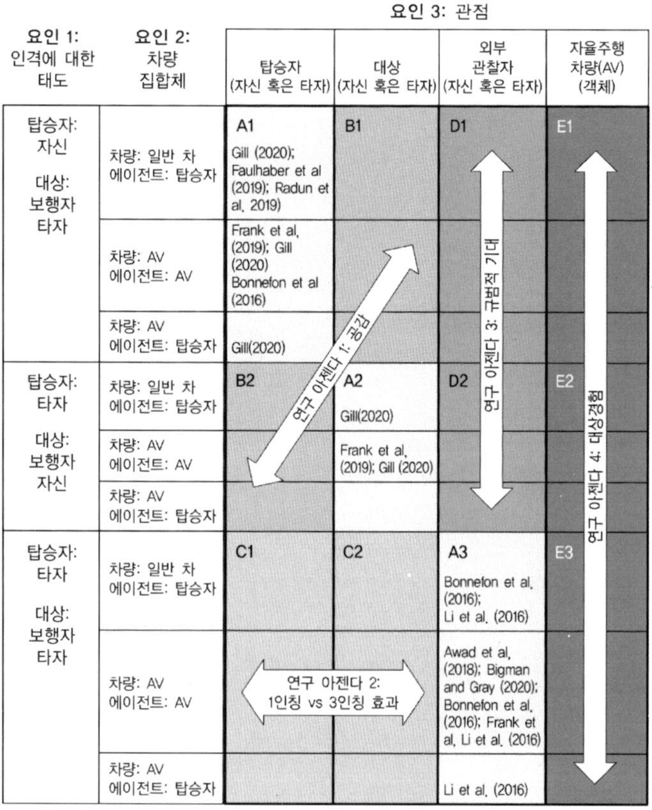

요인 1: 인격에 대한 태도	요인 2: 차량 집합체	탑승자 (자신 혹은 타자)	대상 (자신 혹은 타자)	외부 관찰자 (자신 혹은 타자)	자율주행 차량(AV) (객체)
탑승자: 자신 대상: 보행자 타자	차량: 일반 차 에이전트: 탑승자	**A1** Gill (2020); Faulhaber et al (2019); Radun et al, 2019)	**B1**	**D1**	**E1**
	차량: AV 에이전트: AV	Frank et al, (2019); Gill (2020) Bonnefon et al (2016)			
	차량: AV 에이전트: 탑승자	Gill(2020)			
탑승자: 타자 대상: 보행자 자신	차량: 일반 차 에이전트: 탑승자	**B2**	**A2** Gill(2020)	**D2**	**E2**
	차량: AV 에이전트: AV		Frank et al, (2019); Gill (2020)		
	차량: AV 에이전트: 탑승자				
탑승자: 타자 대상: 보행자 타자	차량: 일반 차 에이전트: 탑승자	**C1**	**C2**	**A3** Bonnefon et al, (2016); Li et al. (2016)	**E3**
	차량: AV 에이전트: AV		연구 아젠다 2: 1인칭 vs 3인칭 효과	Awad et al, (2018); Bigman and Gray (2020); Bonnefon et al, (2016); Frank et al, Li et al. (2016)	
	차량: AV 에이전트: 탑승자			Li et al. (2016)	

연구 아젠다 1: 공감

연구 아젠다 3: 규범적 기대

연구 아젠다 4: 대상정보

[그림 6] 도덕 딜레마 일반화 프레임 워크

출처: Novak, T. P., 2020: 296

2) ADV의 도덕성 훈련과 도덕 딜레마

ADV는 AI 개발의 최전선에 있으며 사람의 개입 없이 작동하도록 설계되었다. 생명을 구하고 혼잡을 줄이며 이동성을 높이고 전반적인 생산성을 향상시킬 전망과 함께 대중 및 민간 교통에 혁명을 일으킬 것으로 예상된다. 그러나 ADV의 미래는 잠재적으로 사망자를 수반하는 중요하고 비일상적인 교통 상황에서의 행동에 대한 윤리적, 심리적 우려로 인해 논란이 되고 있다. 이러한 이유로 AI 도덕성 훈련의 도전은 기계 행동을 이끌어야 하는 윤리 원칙에 대한 사회적 기대치를 충족시킬 것이 요구된다. 그러나 해결되지 않은 질문은 행동에 관계없이 중대한 사고의 결과가 사망으로 이어질 때 ADV가 어떻게 행동하도록 훈련되어야 하는가이다. 이 문제를 해결하기 위해 연구자들은 ADV가 직면한 도덕적 딜레마를 탐구하여 기계의 행동을 안내할 수 있는 보편적으로 받아들여지는 도덕규범을 개발하고자 했다. 가장 큰 프로젝트인 도덕기계(Moral Machine) 실험은 ADV가 직면한 도덕적 딜레마를 탐구하도록 설계된 온라인 실험 플랫폼으로 수백만 명의 도덕적 결정에 대한 데이터를 수집했다. 이 데이터는 ADV에 구현된 것과 같은 기계 학습 알고리즘을 훈련하는데 연속적으로 사용되었다. 그러나 앞에서 논의한 바와 같이 MM 실험에 내재한 문제 외에도 사람들의 도덕적 결정에 기초한 AI 기반 기술에 대한 도덕적 지침을 개발하는 것은 도덕적 의사 결정에 인간의 성향 및 경향성을 통합할 위험을 안고 있다. 또한 도덕적 판단을 방해하는 것으로 나타났던 가장 일반적인 조건인 인지 부하와 정서적 참여를 간과할 수 없다. 결과적으로 연구는 사람들의 도덕적 결정이 갖는 이중성을 여실히 드러냈다.[278]

이러한 발견은 도덕적 결정이 개인적인 관점의 문제가 될 수 있음을 보여준다. 사람들이 사회의 더 큰 이익을 위한 딜레마의 결과에 대해 생각할 때, 그들은 공리주의적 도덕 교리를 사용하는 것처럼 보인다. 그러나 자신과 사랑하는 사람들을 생각할 때, 그들은 차량에 탑승한 승객을 희생한다는 생각을 거부하는 의무론적 도덕적 교리로 이동한다. 결과적으로 인간의 결정에서 파생된 도덕규범은 편향된 도덕적 선호를 그대로 반영한다.

---

278) D. A. Frank et al., 2019: 1-3

트리팻(Gill, Tripat)은 도덕적 딜레마에 기반하고 있는 시나리오를 사용한 연구에서 소비자가 ADV를 탈 때 일반 자동차를 운전할 때보다 보행자에게 더 해를 끼칠 수 있음을 발견했다. 그러므로 3인칭 관점을 취한 대부분의 이전 연구와 달리 1인칭 관점을 취함으로써 다른 반응을 얻을 수 있다. 한편, 도덕적 딜레마에 대한 연구의 대부분은 트롤리 문제의 변형인 실험적 시나리오를 사용했다. 이러한 시나리오는 ADV 및 인간 운전자가 중요한 상황에서 어떻게 대응해야 하는지에 대한 소비자의 믿음을 나타낸다.[279] 트롤리 문제 실험에 대한 비판에도 불구하고, 인칭 변화와 상황 및 맥락 조정 그리고 정서와 감정의 활용은 ADV에 탑재할 도덕성의 기준을 어떻게 정립해야 하는가에 대한 유용한 정보를 제공한다.

그러나 인류의 역사 속에서 2천여 년에 걸친 도덕적 탐구에도 불구하고, 도덕적 옳고 그름을 결정하는 방법에 대한 명확한 합의가 아직 없다는 점을 상기할 필요가 있다. 의무론적 윤리, 결과론적 윤리 등은 많은 상황에서 원칙과 가이드라인을 위한 지침으로 제공될 수 있으나 여전히 많은 논의가 요청되며 불완전하고 복잡한 인간 윤리를 일련의 규칙으로 단순화하여 표현하는 것은 어렵다. 이러한 이유로 완전한 윤리 시스템을 구축하고자 하는 노력은 보다 신중히 접근될 것이 요구된다. ADV에 대한 보편적인 도덕적 지침 개발에 특수한 개인의 상황과 맥락 또한 참작되어야 한다.

2. AI 윤리와 ADV 윤리교육

1) ADV 윤리를 위한 과제

AI의 발달로 연구자들은 기계 행동을 이끌어야 하는 윤리적 원칙을

---

279) T. P. Novak, 2020: 292

연구하게 되었다. 그러나 사람들의 도덕적 결정에 기반하는 기계 도덕성을 구축하는 데 있어서의 도전은 인간의 도덕적 의사 결정에 존재하는 편견을 명확히 했다. 연구자들은 제시된 딜레마에 관계없이 사람들의 도덕적 결정이 의사 결정 모드와 개인적인 관점에 의해 편향되어 있음을 나타냈다고 지적했다. 직관적인 도덕적 결정에 따라 참가자는 보행자 대신 승객을 희생함으로써 의무론적 교리에 더 이동하는 모습을 보이기도 했다. 또한 개인적인 관점이 형성되면 참가자는 그 관점과 연관된 사람의 생명을 보존했다. 즉, 승객은 보행자를 희생하는 쪽으로 이동하고 그 반대의 경우도 마찬가지였다. 사람들의 도덕적 결정에 대한 이러한 편견은 ADV를 위한 보편적인 도덕규범 설계에 대한 사회적 도전을 강조한다.[280] 이러한 연구 결과는 도덕 딜레마의 시점에 따른 의사 결정의 변화를 나타내며 추상적이거나 3인칭 시점에서의 판단과 맥락적이고 구체적인 그리고 1인칭 시점에서의 결정이 상이함을 분명히 한다. 아울러 ADV의 충돌 윤리에서 어떠한 관점과 입장을 견지하게 할 것인가 하는 가장 중요한 문제에 봉착하게 한다. 피험자들이 선택한 여러 유형의 모순적인 선택에 대한 증거는 도덕적 선택이 반드시 엄격한 논리적 추론을 따르지 않는다는 것도 시사한다.

ADV가 도덕기계 실험의 딜레마 상황을 처리하도록 프로그래밍 해야 할 때 어떻게 프로그래밍 해야 하는가, 프로그램의 윤리적 기준 및 원칙은 누가 결정해야 하는가 하는 등의 논의에 더하여 다음과 같은 ADV 윤리를 위한 과제 또한 숙고될 필요가 있다. 첫째, 윤리가 계산할 수 있는 종류인지 여부이다. 둘째, 윤리적 딜레마에서 감정과 도덕적으로

---

280) D. A. Frank et al., 2019: 1

올바른 행동을 수행할 수 있는 것 사이의 복잡한 연결이다. 셋째, 윤리적 딜레마에 올바른 조치가 하나만 있는 것인지 여부이다.[281] 예상할 수 있듯이, 사람들은 ADV에 자신이나 가족이 탑승할 때와 타인이 탑승할 때, 동일한 딜레마 상황에서 다른 반응을 보인다. 트롤리 딜레마에서 공리주의 자동차는 시점에 따라 다르며 더 안전한 ADV는 탑승자 자신의 안전에 가장 많이 기여할 때인 것으로 인식되기도 한다. 따라서 ADV 설계 및 개발에서 ADV 윤리는 필수이며 ADV 윤리 원칙 설정을 위해서는 인간의 본성, 도덕성, 도덕철학, 윤리학에 대한 탐구가 선행되어야 한다.

2) ADV 윤리교육 가능성

지난 수십 년 동안 학자들과 정책 입안자들은 21세기의 시민들과 노동 시장의 요구 사항을 다루기 위해 유치원에서부터 대학에 이르기까지 학교에서 가르치고 홍보하고 평가해야 할 핵심 기술과 능력에 대해 논의해 왔다. 비판적 사고, 문제 해결 및 의사 결정은 이 분야와 관련된 기술 중 하나이다. 학교 ADV 윤리교육에서 도덕적 딜레마 의사 결정 논의는 매우 유용하고 중요한 교육 소재 및 주제이다. (1) AI 윤리교육에서 ADV에 대한 트롤리 딜레마 접근 방식은 극한 상황에서 특정 행동을 수행하도록 자동차를 프로그래밍 할 필요성을 제공하며 도덕기계 실험을 수행하게 한다. (2) 학생들은 다양한 윤리적 관점을 기반으로 추론하고 상황에 대응하도록 기계를 프로그래밍 하는 경험을 할 수 있다. (3) 도덕적 딜레마 해결에 도움이 될 수 있는 의사 결정 스키마를 개발하도록 요구받게 된다. 학생들은 결정을 내릴 수 있는 능력을 기계에 제공하기 위해 기술

---

281) 박형빈, 2021: 81-82

적인 것보다 더 윤리적인 차원에서 논의에 임할 수 있다. (4) 보편적으로 받아들여지지 않는 논쟁의 여지가 있는 해결책에 도달하는 불확실성에 대한 대처도 요구받게 된다. 이러한 모든 과정은 학생들의 비판적 사고력, 문제해결력을 향상시킬 뿐만 아니라 ADV가 직면할 도덕적 딜레마에 대한 사전 도덕적 사고 실험을 하게 한다는 점에서 의미가 있다.

이러한 이유로 ADV라는 특정한 종류의 인공물, 즉 윤리적 의미를 가지고 결정을 수행하도록 프로그래밍 된 기계에 도덕적 딜레마를 적용하는 사고 실험은 AI 윤리교육의 한 분과로 자리 잡을 수 있다. 윤리학에서 연구와 분석이 필요한 행동을 취하는 도덕적 기계의 한 가지 예로 ADV를 상정할 수 있다. 따라서 우리는 ADV 윤리교육에서 프랭크와 그의 연구진이 제시한 다음과 같은 도덕적 딜레마 고려사항[282]을 ADV 윤리교육 현장에서 활용할 수 있다.

첫째, 도덕적 의사 결정의 편견에 대한 유념이다. ADV의 도덕적 프로그래밍에 대한 연구에서 딜레마는 주로 트롤리 문제의 적용을 의미한다. 트롤리 문제는 트롤리의 중대한 상황에 직면한 개인이 트롤리의 경로를 변경하고 단일 운전자를 희생하는 것과 같은 선택을 결정해야 하는 사고 실험이다. 이 딜레마에서 트랙에 있는 사람들은 ADV의 경우로 이전될 수 있는데 유일한 차이점은 ADV가 의사 결정을 내리기 위해 미리 프로그래밍 되어 있다는 것이다. 트롤리 딜레마의 변형에서 인간의 도덕적 의사 결정의 기본 메커니즘에 대한 연구에 따르면, 두 가지 별개의 의사 결정 모드가 사람들의 의사 결정 프로세스의 결과를 크게 바꿀 수 있다. 이 가운데 추론의 의사 결정 모드에서 사람들은 더 많은

---

282) D. A. Frank et al., 2019: 3-19

인지 자원을 사용하고 더 실용적인 도덕적 결정을 내린다. 반면, 감정과 쉽게 접근할 수 있는 규칙에 의해 주도되는 대안적이고 직관적인 의사 결정 모드에서는 사람들이 더 의무적인 도덕적 결정을 내린다. 처리 시간의 가용성에 따라 사람들은 두 가지 모드 사이를 이동했다. 실험에 따르면 시간 압력이 있는 상황에서 사람들은 직관적인 의사 결정 모드를 사용하는 쪽으로 체계적으로 편향되어 더 많은 의무론적 도덕적 결정을 내렸다. 따라서 추론적 결정 모드에 있는 사람들은 인명구조의 수를 극대화하는 ADV에 대한 실용적인 도덕규범을 선호하지만 직관적인 결정 모드에서는 차량 승객을 희생하기로 단호하게 결정할 것을 예상할 수 있다. 이것은 사람들이 도덕적 딜레마에 직면하는 환경과 상황이 그러한 결정의 결과에 큰 영향을 미칠 수 있음을 나타낸다.

둘째, 개인적인 관점의 고려이다. ADV가 직면한 딜레마에 대한 도덕적 결정에 관한 또 다른 편견은 사람들의 신념과 결정의 심리적 제약에 뿌리를 두고 있다. 제한된 합리성의 기본 이론은 사람들의 결정이 마음의 인지적 한계에 의해 치우치게 되어 그 결과 사건이나 문제가 되는 사람들의 정서적 근접성에 의해 편향된다는 가정이다. 이 이론을 뒷받침하기 위해 그린(Greene)은 도덕적 의사 결정 영역에서 정서적 근접성에 기인한 도덕적 편견을 연구하고 비인격적 도덕적 딜레마가 공리주의적 도덕적 결정을 촉발할 가능성이 더 높은 반면, 개인 딜레마는 더 의무적 도덕적 결정을 초래하는 경향이 있음을 발견했다.[283] 다른 연구는 자기 보존 행동을 개인적인 관점과 연결시킨다. 개인적 관점의 편견은 ADV 사용의 도덕적 딜레마에 대한 최근 연구 결과에서 볼 수 있다.

---

283) J. D. Greene et al., 2001: 2105; M. Klenk, 2020: 40

ADV 사용 시 다른 사람에 대한 도덕적 판단과 달리 자신에 대한 배려와 관련할 때 변화하는 것이 관찰되었다.

V. 결론

ADV는 AI에서 가장 유망한 여러 응용 프로그램을 갖추고 있으며 그 개발은 수십억 명의 삶에 중대한 윤리적, 사회적, 정치적, 경제적 영향을 미칠 것이 예상된다. ADV 윤리에서 계산 접근 방식을 포기할 수는 없더라도 인간의 선택을 대체하기보다 정보를 제공하기 위해 더 신중하게 배치할 필요가 있다. 도덕기계 실험은 윤리적 선호가 만장일치가 아님을 보여주었는데 기술이 준비되고 명확한 규정이 있더라도 윤리적 설정은 대중의 수용 정도에 따라 각기 다른 역할을 한다. 수용 가능성 여부는 ADV를 구입하거나 사용하려는 사람들에게 명확하지 않을 수도 있고 사용자의 우선순위에 맞는 운전 행동으로 변경되어 구성될 수도 있다.

ADV가 도덕적 결정을 하도록 설계하기 위해서는 도덕적 기계를 구성할 때 고려해야 할 점을 상기하고 이를 면밀히 검토할 필요가 있다. 첫째, ADV 윤리를 형성하기 위해서는 중요한 방법론적 문제와 더불어 정당한 도덕적 규준 및 기준 숙고가 선행되어야 한다. 둘째, 도덕적 판단, 도덕적 행동, 도덕적 사고, 도덕적 인격 형성의 복잡성을 간과한 AMA 설계로 인해 프로그래머와 컴퓨터 공학자들이 오류에 봉착하지 않도록 해야 한다.[284] 셋째, ADV에서 다루어야 할 도덕적 딜레마 논의에서 맥락과 상

---

284) 박형빈, 2021: 90

황, 정서 및 감정, 1인칭 시점과 3인칭 시점 등이 함께 고려되어야 한다.

정치인, 철학자와 달리 소프트웨어 엔지니어는 모호한 추상화의 사치를 누릴 수 없기에 그들은 기계가 사람들의 권리를 존중하고 덕망 있거나 정의를 추구하도록 기대할 수 없는 것처럼 보이기도 한다. 이는 적어도 우리가 사람들이 어떤 권리를 가지고 있는지, 어떤 덕이 필요한지, 절충안이 무엇인지를 정확하게 결정할 수 있을 만큼 충분히 명확한 도덕 이론이나 훈련 기준을 갖추기 전까지는 가능하지 않다. 또한 우리의 도덕적 감수성과 조화를 이루는 자율 기계를 설계하는 것은 아직까지 매우 어려운 일로 인식되고 있다. 그럼에도 불구하고, 기술의 발전과 진보는 진행되고 있으며 이를 통해 야기될 수 있는 피해는 고스란히 우리 인간의 몫으로 남는다. 이러한 점에서 우리는 해를 최소화하도록 ADV를 프로그래밍하기 위해, 정당성을 보장할 수 없는 무책임한 비인간적 윤리를 생성하지 않기 위해 노력해야 한다.

따라서 ADV 윤리에서는 특히 맥락의 참작이 필요하고 다양한 관계 당사자들의 입장에 대한 고려가 요구된다. 더욱 중요한 것은 우리의 가치를 기계에 적용하기 전에 우리의 가치를 명확하고 일관되게 만드는 방법을 찾아야 한다는 것이다. 결국, 우리는 ADV 윤리교육을 위해 인간 윤리에 대한 탐구와 인간 존재에 대한 숙고가 선행되도록 심혈을 기울여야 한다. 나아가 ADV 윤리교육은 ADV를 설계하고 개발하는 엔지니어, 제조업체, 관련 정책 입안자 등에게도 동일하게 제공되어야 한다. 후속연구를 통해 ADV 윤리교육의 방법론을 위한 커리큘럼과 같은 보다 구체적인 대안이 제시되길 기대한다.

제8장

아동의 뇌 발달에 기초한
AI 리터러시 교육

Ⅰ. 서론

머신 러닝, 심층 신경망, 빅 데이터, 사물 인터넷 및 클라우드 컴퓨팅 등 기술 클러스터를 기반으로 인공지능(AI)은 인간의 작업을 빠른 속도로 대체하고 있다. AI는 소셜 미디어를 비롯한 온라인 플랫폼 전체에 편재하고 있으며 산업의 여러 영역에 침투하여 고도의 자동화를 실현하고 있다. 학생들은 기술의 급속한 발전으로 인해 형성된 새로운 지식 체계에 의한 도전에 직면해 있다. AI 기술 진화의 급속한 확산은 미래세대에게 요구되는 역량 유형을 과거와 달라지게 했다. 21세기 학생들은 수학, 언어, 과학과 같은 내용 영역뿐만 아니라 비판적 사고, 문제 해결력, 끈기, 협동, 창의성과 같은 역량을 갖출 것이 요구된다. 사용자, 소비자로서 AI와 효과적으로 상호작용하고 이를 비판적으로 평가할 수 있는 지식과 능력이 기대된다.

학생들의 미래세대 준비를 위해 2015 세계경제포럼(WEF)에서 21세기에 요구되는 기초 리터러시(Foundational Literacy), 역량(Competency), 인격 특성(Character Quality)의 3가지 범주 16가지 기술이 도출되었다.[285] 가까운 미래의 일자리는 주로 AI와 관련이 있을 것이라는 전망을 감안할 때, 리터러시 능력 가운데 디지털 리터러시와 관련된 AI 리터러시(AI Literacy)가 주목된다. 이는 Z세대 학생들이 챗봇(chatbot)과 같은 AI와 효과적으로 소통할 뿐만 아니라 비판적으로 평가할 수 있게 할 것이다. 또한 일상적인 삶의 영위와 직무 수행을 위해 필요한 소양으로서 윤리적 태도에 기초한 AI 기술과 데이터의 관리 및 활용 능력이 요구된다. 이 때문에 AI 리터러시 육성을 목표로 하는 새로운 AI 교육 개념과 학생들의 연령대를 고려한 교육 방안을 모색하기 위한 연구가 필요하다. 따라서 첫째, AI 리터러시의 개념 및 필요성을 검토하여 이에 요구되는 역량 요소를 추출한다. 둘째, 아동의 뇌 발달 특성을 확인한다. 셋째, 뇌 신경과학에 기초한 AI 리터러시 교육 지도 방법을 AI 윤리교육과 접목하여 구안한다. 궁극적으로 초등학교 도덕과에서 실제 적용 가능한 AI 리터러시 교육 방안을 기획하고자 한다.

---

285) Jose, K., 2021: 1

Ⅱ. AI와 리터러시

1. 4차 산업혁명과 리터러시의 변천

1) 리터러시의 개념 변천과 미디어 리터러시

2015 세계경제포럼(WEF)은 리터러시를 공식화했는데 주요 지표로 떠오른 것 중 하나는 디지털 기술의 사용이다. WEF는 디지털 리터러시(Digital Literacy), 금융 리터러시, 문화 및 시민 리터러시 등 6개의 기초적인 4차 산업혁명 세대가 관리해야 하는 리터러시를 제안했다.[286] 역량으로 제시된 것은 비판적 사고(Critical thinking), 문제해결(Problem Solving), 창의성(Creativity), 의사소통(Communication) 및 협업(Collaboration) 등으로 구성된 복잡한 문제를 해결하는 능력이며, 인격 특성은 호기심(Curiosity), 주도성(Initiative), 끈기/그릿(Persistence/Grit), 적응력(Adaptability), 리더십(Leadership), 사회 및 문화적 감수성(Social and Cultural Awareness)이다.[287]

리터러시라는 개념은 표현, 의사소통, 지식에 대한 접근과 같이 최근 동일한 잠재력을 가진 다양한 분야의 기술을 정의하는 데 적용된다. 리터러시는 읽고 쓸 수 있는 능력, 즉 자신을 표현하고 의사소통하는 능력을 의미하는 것으로 인간 교육의 핵심 기술이자 척도로서 능력의 다차원적인 지표이다. 리터러시 능력을 육성하는 것은 역사적으로 정치적 해방의 결과를 가져왔고 지식에 대한 접근과 사람들이 아이디어를 공유하고 전달할 수 있는 능력을 확대했다. 과거 리터러시 정의는 대부분

---

286) M. Rahayu & D. E. N. Rakhmawati, 2020: 56-57
287) S. Rahayu, 2017: 2

읽기, 쓰기, 셈하기에 초점이 맞추어졌던 반면, 현대에는 사고방식으로서의 관점이 중요하게 부각된다. 현대 리터러시 양식은 사회적 다양성과 통신 매체의 발달로 인해 새로운 형태의 패러다임을 등장시켰다. 이는 리터러시와 연관된 사회적, 문화적, 정치적, 경제적, 역사적 맥락을 고려하며 문화적 기반, 더 높은 지적 능력, 상호작용 능력 등을 포함한다.[288] 리터러시는 최근 다양한 분야의 기술 종합을 정의하기 위해 적용되었는데 지난 수십 년간 텔레비전 리터러시, 영화 리터러시, 금융 리터러시, 정서 리터러시,[289] 과학 리터러시, 컴퓨팅 리터러시, 정보 리터러시(Information Literacy), 디지털 리터러시, 데이터 리터러시, 미디어 리터러시(Media Literacy) 등 다양한 영역으로 광범위하게 확장되었다. 이 가운데 1997년 길스터(Paul Gilster)에 의해 제안된 디지털 리터러시(Digital Literacy)는 다양한 멀티미디어 형식의 디지털 읽기 및 쓰기 기술로 스마트폰, 태블릿, 노트북, 데스크 탑 등 디지털 기기의 광범위한 분야에서 사용되는 지식, 기술 및 행동이다. 디지털 리터러시와 관련된 일부 구성 요소에는 컴퓨터 리터러시, 정보 리터러시, 네트워크 리터러시, 미디어 리터러시, 과학 리터러시가 포함된다.[290]

디지털 리터러시에서 필요한 역량은 아이디어 표현, 탐색 및 전달하기 위해 코드를 사용하는 능력, 데이터 활용 능력 등을 포함하는데 이는 세계에 대한 광범한 탐구 과정의 일부로서 데이터를 읽고, 작업하고, 분석하는 능력을 말한다.[291] 랜험(Lanham)은 리터러시가 '읽고 쓰는

---

288) N. Garg & S. Singh, 2018: 173
289) D. Buckingham, 2010: 59-60
290) P. Mishra & P. K. Sharma, 2018: 1
291) D. Long & B. Magerko, 2020: 2

능력'을 의미하는 것에서 이제는 '제공된 정보를 이해하는 능력'을 의미하는 것으로 확장되었다고 주장했으며 디지털 정보의 멀티미디어화 된 특성을 강조하고 디지털 지식을 갖추기 위해서는 '복잡한 이미지와 소리 그리고 단어의 구문적 미묘함을 해독하는 데 능숙해야 한다'고 지적했다.[292] 마틴(Martin)은 디지털 리터러시를 디지털 리소스를 식별, 접근, 관리, 통합, 평가, 분석, 새로운 지식 구축, 타인과의 의사소통을 위해 디지털 도구를 적절하게 활용하는 개인의 인식, 태도 및 능력으로 보았다. 이 정의는 기술적 능력보다는 비판적 사고가 디지털 리터러시의 핵심 기술임을 강조했다.[293]

디지털 리터러시에 대한 대부분의 논의는 주로 정보에 집중되어 있는 경향이 있으나 디지털 미디어와 관련하여 필요한 기술은 정보 검색 기술에만 국한되지 않는다. 인쇄물과 마찬가지로 정보를 지식으로 변환하려면 정보를 '비판적'으로 평가하고 사용할 수 있어야 한다. 디지털 기술의 도래는 미디어를 매우 중요하게 인식하게 함으로써 미디어 리터러시를 등장하게 했다. 미디어 리터러시, 정보 리터러시, 디지털 리터러시는 미디어 메시지에 대한 비판적 접근 방식에 중점을 둔 가장 일반적인 세 가지 개념이다.[294] 학생들의 여가 경험에서 스마트폰 및 컴퓨터와 같은 전자 매체는 정보 검색 장치 그 이상이다. 컴퓨터는 이미지와 가상을 전달하고, 상상력이 풍부한 자기표현과 놀이의 기회를 제공하며, 때로 친밀한 대인 관계를 수행하는 매개체 역할을 한다. 인터넷, 컴퓨터 게임, 디지털 비디오, 휴대폰 및 기타 현대 기술은 세계를 중재

---

292) D. Bawden, 2008: 17-32
293) L. Bowker, 2020: 28
294) T. Koltay, 2011: 211

하고 대표하며 타인과 소통하는 새로운 방법이다. 아이들은 기술이 아닌 문화적 형식으로 미디어에 참여하며 미디어 경험은 무시할 수 없다. 이를 이해하고 적절히 사용하도록 돕는 일종의 미디어 문맹 퇴치로서 미디어 리터러시 교육이 대두되었다.

미디어 리터러시는 미디어가 생산하는 메시지에 대한 비판적 참여를 촉진하는 기술로 가장 일반적으로 설명된다. 기본적으로 미디어 리터러시는 우리가 취하고 생성하는 메시지에 대한 적극적인 탐구와 비판적 사고이다. 미디어 리터러시는 디지털 리터러시와 중첩되면서도 구별되는 속성을 갖는다. 미디어 리터러시는 미디어화 및 디지털화된 사회에 살고 있는 모든 연령대의 시민을 위한 핵심 역량으로 인식된다. 미디어 리터러시는 3가지 핵심 요소에 기여하는데 (1) 민주주의, 참여 및 적극적인 시민의식, (2) 선택, 경쟁력 및 지식 경제, (3) 평생학습, 문화적 표현 및 개인적 성취이다.295) 미국 미디어 리터러시 교육협회(NAMLE)는 미디어 리터러시를 '모든 형태의 커뮤니케이션을 사용하여 접근, 분석, 평가, 생성 및 행동하는 능력'으로 정의했다. 홉스(Renee Hobbs)는 미디어 리터러시를 시민으로서 미디어에 참여할 수 있는 권한으로 보았다.296) 미디어 리터러시는 오해의 소지가 있는 정보의 유해한 영향에 대해 청중이 예방력을 갖추도록 돕기 때문에 리터러시가 높은 개인은 미디어, 뉴스, 디지털 정보 가운데 가짜 뉴스(Fake News)를 잘 식별할 가능성이 높은 것으로 기대된다.297) 때로 미디어 리터러시는 웹 리터러시, 게임 리터러시 등으로 세분화된다.298) 미디어 리터러시 교육은 상

---

295) P. Rasi, H. Vuojärvi, & S. Rivinen, 2021: 38-39
296) M. Bulger & P. Davison, 2018: 3-4
297) S. M. Jones-Jang, T. Mortensen, & J. Liu, 2021: 371

호작용과 의사소통을 촉진하고 우리가 주변 세계를 보는 방식을 이해할 수 있도록 통찰력을 제공하는 데 의도적으로 기여했다. 미디어 리터러시 분야에서 실증적 연구의 필요성이 강조되었으며 여러 도구와 척도가 개발되기도 했다. 예를 들면, 프리맥 등(Primack et al.)의 흡연과 관련한 청소년의 미디어 리터러시를 측정하는 척도, 웨이드 등(Wade et al.)의 미디어 리터러시와 섭식 장애 위험 요인 간의 연관성 평가 등이 있다.[299]

2) AI 리터러시의 등장과 개념

디지털 리터러시, 정보 리터러시, 미디어 리터러시 그리고 최근 등장한 AI 리터러시에 이르기까지 새로운 리터러시 프레임워크의 도입은 학생들의 미래 준비를 위한 실용적인 도구이다. 2020년 유네스코는 AI의 윤리에 관한 글로벌 권고안을 작성하기 위해 국제 전문가 그룹을 임명했다. 유네스코 사무총장은 '인공지능을 위한 윤리적 원칙의 공통된 세계적 기반을 확립하는 것이 우리의 책임'이라고 선언했다. AI 윤리 권고안 초안에는 이러한 필수 역량을 보장하기 위해 필요한 읽고 쓰는 능력과 이해 당사자 협력이 언급되어 있다. 리터러시 능력은 인식과 결합(32항)되는데 시민이 AI 시스템 사용에 관한 정보에 입각한 의사결정을 내릴 수 있도록 효과적인 공공 참여를 보장하기 위해 AI 기술에 대한 대중의 인식 및 이해와 데이터의 가치를 교육, 공공 캠페인 및 훈련을 통해 촉진해야 한다. 아동은 AI 시스템에서 발생하는 합리적으로 예측할 수 있는 위해로부터 보호되어야 하며, 교육 및 훈련을 통해 그러한 시스템에 접근할 수 있어야 하고, AI 시스템과의 상호작용에 의해 무력화되어

---

298) D. Buckingham, 2010: 59-71
299) M. Simons, W. Meeus, & J. T'Sas, 2017: 100-101

서는 안 된다. 그리고 AI 윤리교육 및 인식 촉진(68항)에서 회원국들은 특히 이러한 교육에 현저한 격차가 있는 국가에서 기본적인 읽고 쓰는 능력, 숫자 능력, 코딩 기술 등 AI 교육을 위한 '필수적 기술'의 습득을 촉진해야 한다고 명시했다.[300]

이처럼 AI의 발전과 일상생활에서의 사용 증가는 인공지능의 기본 프로세스를 이해하고 단점과 결함에 대한 인식을 높일 필요성을 증대시켰다. 우리나라의 경우 과학기술정보통신부의 2020 인터넷이용실태조사 결과, 10대의 온라인 교육(99.9%) 이용 및 노트북(39.8%) · 태블릿 PC(35.7%) 보유율은 예년에 비해 평균 증가폭의 2배 이상 상회하며 AI 음성인식, 클라우드 등 첨단기술의 융합된 인터넷 서비스 이용이 꾸준히 증가하는 추세를 나타냈다. 인간보다 빠르고 정확하게 대량의 데이터를 처리할 수 있는 컴퓨터 시스템의 급속한 가용성과 개발은 우리 삶에 AI가 통합되는데 기여했다. 사회에서의 인간 활동은 AI에 의해 영향을 받는다.[301] AI 중요성의 증가는 아이들이 기술과 함께 성장함에 따라 필요한 AI 리터러시 개발을 요구한다. 아이들은 AI 시스템 사용에서 발생하는 합리적으로 예측 가능한 피해로부터 보호되어야 하고, 교육과 훈련을 통해 이러한 시스템에 액세스할 수 있어야 하며, AI 시스템과 건강한 상호작용을 할 수 있어야 한다.

AI 리터러시는 AI 관련 지식과 기술에 접근하고 사용하는 능력이다.[302] AI와 소통하고, 일하고, 생활하는 방식을 위해 AI 리터러시 역량이 필요하다. 미국의 경우, 최근 수년간 교육계는 AI를 K-12 교과과

---

300) UNESCO, 2020
301) A. Eguchi, H. Okada, & Y. Muto, 2021: 153
302) Y. Dai, C. S. Chai, P. Y. Lin, M. S. Y. Jong, Y. Guo, & J. Qin, 2020: 3

정에 통합하는 방법에 대한 가이드를 발표했으며 연구자들은 AI와 관련된 창의적인 프로그래밍 활동에 어린 학습자를 참여시키기 위해 노력했다. AI for K12 작업 그룹은 각 학년 그룹이 AI에 대해 알아야 할 사항을 결정하기 위해 K-12 교실에 대한 일련의 표준 개발을 안내하는 Big 5 AI Ideas(대개념/핵심원리)를 확인했다.[303]

롱과 마게코[304]는 AI 리터러시를 AI 기술을 비판적으로 평가하고 AI와 효과적으로 의사소통하고 협업할 수 있게 해주는 일련의 역량으로 정의했다. AI 리터러시는 관련 분야에서 이전에 정의된 다른 리터러시와 연관이 있다. 이의 예로 디지털 리터러시(계산 장치를 사용하는데 필요한 능력), 컴퓨터 리터러시(아이디어를 표현하고 탐색하고 전달하기 위해 코드를 사용하는 능력), 과학 리터러시(과학적 아이디어에 대한 일부 이해), 데이터 활용 능력(데이터를 읽고, 분석하고, 논쟁하는 능력) 등이다. AI를 이해하기 위해 컴퓨터를 사용하는 방법을 이해해야 하므로 디지털 리터러시는 AI 리터러시를 위한 전제 조건이 된다. 그러나 컴퓨팅 능력은 AI 능력의 전제 요건이 아니다. 과학 리터러시 또한 유사하게 AI 리터러시에 정보를 제공할 수 있지만 필수 전제는 아니다. 데이터 활용 능력은 머신러닝의 AI 하위 분야와 밀접하게 관련되어 있으므로 특정 데이터 활용 능력은 AI 리터러시 역량과 중복된다.[305] AI 리터러시는 비판적 사고 능력을 향상시키고 AI를 사용하여 교육, 전문성 및 개인 개발에 대한 정보에 입각한 결정을 내릴 수 있도록 한다. AI 기술을 비판적이고 효과적으로 사용할 수 있도록 하는 AI 리터러시

---

303) D. Long & B. Magerko, 2020: 1
304) Ibid., 2020
305) Ibid., 2020: 1-16

교육은 AI 윤리교육, 기본 리터러시, 코딩 기술 등 AI 교육을 위한 필수 기술의 습득을 포함한다.

2. AI 리터러시 역량

1) AI 리터러시 역량

(1) 비판적 사고 기술과 AI 리터러시

머신 러닝과 같은 AI 기술을 기반으로 하는 시스템에 점점 더 많은 결정이 위임됨에 따라 AI 편향, 디지털 차별이 심각한 문제가 되고 있다. 다음은 AI 기반 자동 의사 결정 시스템에 의해 차별로 이어질 수 있는 문제적 편향 사례이다. (a) 모델링 편향: 해당 데이터의 편향을 경감하거나 벌충하기 위해 파라미터들을 다듬거나 조직화하는 방식으로 편향을 인위적으로 도입해 볼 수도 있다. 이를 알고리즘 처리 편향(algorithmic processing bias)이라고 한다. 또는 주관적 판단을 하기 위해 객관적 카테고리들의 사용 사례들을 모델링하는 동안에 도입해 볼 수 있으며, 이를 알고리즘 초점 편향(algorithmic focus bias)이라고 한다. (b) 훈련 편향: 훈련 목적으로 사용되는 데이터 세트가 기존 편견을 반영하는 경우, 알고리즘은 동일하게 편향된 결정 방법을 학습할 가능성이 매우 높다. (c) 사용 편향: 알고리즘은 의도하지 않은 상황에서 사용될 때 편향을 초래할 수 있다. 알고리즘 출력에 대한 잠재적인 잘못된 해석은 해석 편향을 통해 편향된 행동으로 이어질 수 있다.[306] 이러한 편향성 문제는 빅 데이터, 딥러닝 등의 특성을 갖는 AI의 취약점이다. AI의 편견과 차별 문제는 기술적, 법적,

---

306) X. Ferrer, T. Van Nuenen, J. M. Such, M. Coté, & N. Criado, 2021: 72

사회적, 윤리적 차원을 포함한 학제 간 관점을 주문한다.[307]

AI 시대의 교육은 학생들이 AI 리터러시를 함양하여 AI를 올바르게 이해 및 사용, 체계적인 사고 능력 소유, 인간과 기계의 올바른 관계 형성 등을 필요로 한다. 이는 학생들이 AI에 종속되기보다는 비판적 사고와 합리적 분석을 통해 인본주의적 감정으로 소통과 협력의 능력을 배양할 것을 요구한다. 머신 러닝의 공정성, 책임성 및 투명성을 강화하기 위한 편향성 제거가 필요하며 이에 기대되는 능력으로 비판적 사고가 제시된다. 비판적 사고는 설득력 있고 논리적이며 합리적인 주장에 근거하여 문제에 접근하고 해결하는 사고 방법이다. 또한 관련 정보를 체계적이고 명확하게 평가하고 열린 마음으로 생각하며 다른 사람들과 효과적으로 의사소통하는 것이다.[308] 이는 콘텐츠를 비판하고 분석하는 개인의 능력이다. UNESCO는 21세기 핵심 역량으로 비판적 사고 역량을 제안했다. 비판적 사고는 디지털 사용 능력의 중심 기능으로 AI 리터러시에서 핵심적인 기술이다.

(2) AI 리터러시 역량

OECD 러닝 컴퍼스(Learning Compass) 2030은 교육의 미래에 대한 비전을 바탕으로 한 학습 프레임워크로 개인 및 집단 웰빙에 관한 미래의 기준점을 제안했다. [그림 7]과 같이 러닝 컴퍼스 프레임워크는 학생들에게 요구되는 역량 유형에 대한 포괄적인 비전이다. 러닝 컴퍼스 2030의 웰빙 개념은 경제적, 물질적 웰빙 이상을 포괄한 것으로 공통의 목표이다. 러닝 컴퍼스의 구성

---

307) Ibid.
308) 박형빈, 2020: 60

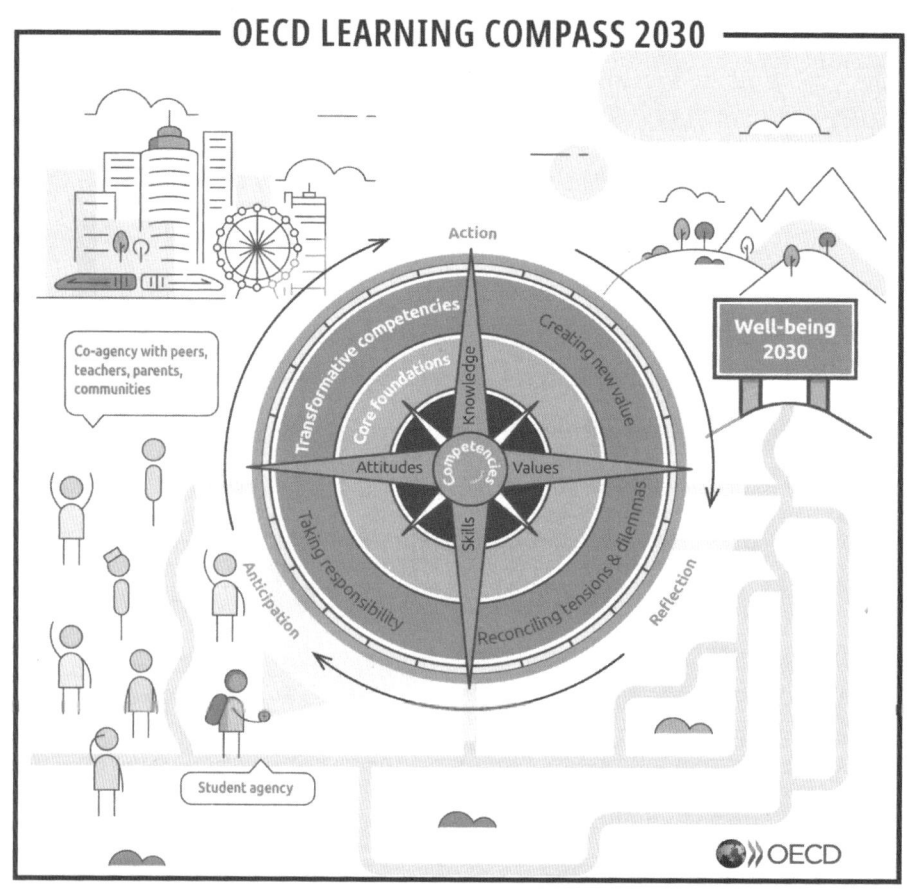

[그림 7] OECD 러닝 컴퍼스

출처: E. Ossiannilsson, 2020: 90

요소는 핵심 원칙, 지식, 기술, 태도, 가치 및 변혁적 역량뿐만 아니라 예상, 행동 및 성찰을 포함한다.[309] 지식, 기술, 태도, 가치는 역량의 주된 영역이다.

---

309) E. Ossiannilsson, 2020: 89-90

AI 리터러시 프레임워크를 구성하는 역량 유형은 다양하다. 첫째, 디지털 리터러시 역량이다. 디지털 리터러시는 경제 및 사회 생활에 참여하기 위해 디지털 장치와 네트워크 기술을 통해 정보에 접근하고, 관리하고, 이해하고, 통합하고, 소통하고, 평가하고, 정보를 안전하고 적절하게 생성하는 능력으로 정의된다. 여기에는 컴퓨터 리터러시, ICT 리터러시, 정보 리터러시 및 미디어 리터러시로 다양하게 언급되는 역량이 포함된다.[310] AI 시스템은 모든 종류의 영역에 적용되며 AI를 이해하고 적용하기 위한 AI 리터러시 교육 역량 구성요소로 롱과 마게코[311]의 AI 역량 그리고 Big 5 AI Ideas[312]가 잘 알려져 있다.

[표 17] AI 역량 목록

AI 역량 목록			
1	AI 인식	10	AI에 있어 인간의 역할
2	AI 지능 이해	11	데이터 리터러시
3	AI 학제성 이해	12	데이터부터 학습과정 이해
4	범용 및 협의 AI 이해	13	비판적인 데이터 해석
5	강 AI와 약 AI에 대한 이해	14	행위와 반응에 대한 이해
6	AI의 미래에 대한 상상	15	센서에 대한 이해
7	표현(대표)	16	AI 윤리
8	의사 결정에 대한	17	프로그래밍 능력
9	기계학습의 단계 이해		

출처: Long, D., & Magerko, B., 2020: 1-16

---

310) F. Pedro, M. Subosa, A. Rivas, & P. Valverde, 2019: 18
311) Long and Magerko, 2020
312) Touretzky et al. 2019

파루퀘 등313)은 (a) AI 리터러시를 위한 프레임워크, (b) 프레임워크의 역량 모델로의 발전, (c) AI 리터러시 개발을 안내할 수 있는 연구 매트릭스를 제안했다. 롱과 마게코314)는 AI 리터러시를 구성하는 17가지 핵심 역량을 구체화하여 제안했다. 예를 들면, 역량 1(AI 인식)은 AI를 사용하는 기술과 사용하지 않는 기술을 구별한다. 역량 2(지능 이해)는 인간, 동물, 기계 지능의 차이점 논의를 포함하여 실체를 '지능화(intelligent)'시키는 기능을 비판적으로 분석하고 논의한다. 역량 16(윤리)은 AI를 둘러싼 주요 윤리적 문제, 즉 개인정보 보호, 고용, 잘못된 정보, 특이성, 윤리적 의사 결정, 다양성, 편견, 투명성, 책임을 고려한다. 측정 가능한 행동, 다양한 숙달 수준을 AI 리터러시 프레임워크의 일반 역량과 연결하여 실용적인 역량 모델을 개발할 수 있다. AI 리터러시의 각 수준, 즉 소비자, 동료, 협력자, 창작자(개발자)에서 기대되는 다중 지식 및 기술을 설명하는 역량 모델이 생성되었다.315) 롱과 마게코316)의 AI 리터러시의 17가지 핵심 역량은 〈표 17〉, 〈표 18〉과 같다.317)

313) F. Faruqe, R. Watkins, & L. Medsker, 2021
314) D. Long & B. Magerko, 2020
315) F. Faruqe, R. Watkins, & L. Medsker, 2021
316) Long & Magerko, 2020
317) D. Long & B. Magerko, 2020: 1-16

[표 18] AI 역량 내용

역량	요소	내용
1	AI 인식	AI를 사용하는 기술과 사용하지 않는 기술 구분
2	지능 이해	인간, 동물 및 기계 지능 간의 차이점에 대한 논의를 포함하여 하나의 독립체를 지능적(intelligent)으로 만드는 기능을 비판적으로 분석하고 토의
3	학제 간	지능형 기계에 대해 생각하고 개발하는 방법에 여러 가지가 있음을 인식. 인지 시스템, 로봇 공학 및 ML에 걸친 기술을 포함하여 AI를 사용하는 다양한 기술을 식별
4	범용과 협의	범용(일반 general) AI와 협의(좁은, narrow) AI를 구분
5	AI의 강점 및 약점	AI에게 탁월한 문제 유형과 AI에게 어려운 문제 식별. 이를 이용한 AI 사용이 적절한 때와 인간의 기술을 활용해야 할 때를 결정
6	미래 AI 상상	AI의 가능한 미래 응용을 상상하고 그러한 응용이 세계에 미치는 영향을 고려
7	표현	지식 표현(대표, Representations)이 무엇인지 이해하고 지식 표현의 예를 설명
8	의사결정	컴퓨터가 추론하고 결정을 내리는 방법의 예를 인식하고 설명
9	ML 단계	기계 학습과 관련된 단계와 각 단계에 수반되는 실습 및 과제를 이해
10	AI에서 인간의 역할	인간은 프로그래밍, 모델 선택 및 AI 시스템 미세 조정에서 중요한 역할을 한다는 것을 인식
11	데이터 활용 능력	기본 데이터 활용 능력 개념을 이해
12	데이터 학습	컴퓨터는 종종 데이터(자신의 데이터 포함) 학습을 한다는 것 인식
13	데이터 비판적 해석	데이터는 액면 그대로 받아들일 수 없으며 해석이 필요하다는 점을 이해. 초기 데이터 세트에 제공된 훈련 예제가 알고리즘 결과에 어떻게 영향을 미칠 수 있는지 설명
14	동작 및 반응	일부 AI 시스템은 물리적 세계에 작용할 능력이 있음을 이해. 이 행동은 더 높은 수준의 추론(예: 계획된 경로를 따라 걷기)에 의해 지시되거나 대응적일 수 있음(예: 감지된 장애물을 피하기 위해 뒤로 점프)

역량	요소	내용
15	센서	센서가 무엇인지 이해하고, 컴퓨터가 센서를 사용하여 세상을 인지한다는 것을 인식하고, 다양한 장치의 센서를 식별. 서로 다른 센서가 세계에 대한 다양한 유형의 표현과 추론을 지원한다는 것을 의식
16	윤리	AI를 둘러싼 주요 윤리적 문제(예: 개인정보 보호, 고용, 잘못된 정보, 특이성, 윤리적 의사 결정, 다양성, 편견, 투명성, 책임)에 대한 다양한 관점을 식별하고 설명
17	프로그래밍 가능성	에이전트의 프로그래밍 가능성 이해

출처: Long, D., & Magerko, B., 2020: 1-16

AI 리터러시 증진을 위한 가장 유망한 이니셔티브 중 하나는 AI4K12이다. 이는 모든 어린이가 AI에 대해 가져야 하는 지식을 구성하는 것이 주요 목표이다. AI4K12는 AI 콘텐츠 제작자를 안내하기 위한 프레임워크를 개발했다. (a) 인식, 즉 컴퓨터는 센서를 사용하여 세상을 인식한다. (b) 표현 및 추론, 즉 에이전트는 추론을 하는데 있어 세계의 모델/표현을 유지하고 사용한다. (c) 데이터로부터 학습 가능성, 즉 컴퓨터는 데이터로부터 학습가능하다. (d) 자연스러운 상호작용, 즉 인간과 상호작용 하는 에이전트 제작은 AI 개발자들에게는 상당한 도전 과제이다. (e) 사회적 영향, 즉 AI 응용 프로그램은 긍정적이고 부정적인 방식으로 사회에 영향을 미칠 수 있다. 이러한 Big 5 Ideas of AI는 AI 분야를 가르치는데 유용한 프레임워크를 제공한다.[318] 이를 정리하면 〈표 19〉와 같다.[319]

---

318) J. D. Rodríguez-García et al., 2021: 177
319) D. Touretzky, et al., 2019: 9795-9799

[표 19] Big 5 Ideas of AI

Big Idea #1	컴퓨터는 센서를 사용해 세상을 인식
Big Idea #2	에이전트는 세상에 대한 모델이나 '표현'을 유지하며 이를 통해 추론
Big Idea #3	컴퓨터는 데이터를 통해 학습
Big Idea #4	인간과 편안하게 상호작용 하는 에이전트를 만드는 것은 AI 개발에 상당한 도전
Big Idea #5	AI 응용 프로그램은 사회에 긍정적이며 부정적인 영향을 모두 끼침

이 가운데 표현(대표)은 컴퓨터가 데이터를 이용해 표현들을 구성하고 이러한 표현들이 기존에 알고 있는 것으로부터 새로운 정보를 이끌어내는 추론 알고리즘의 적용에 의해 조작 및 조정될 수 있다는 것이다. 연구자들의 제안을 종합하여 [그림 8]과 같은 범주의 AI 윤리에 기초한 AI 역량 구성 요소 추출이 가능하다.

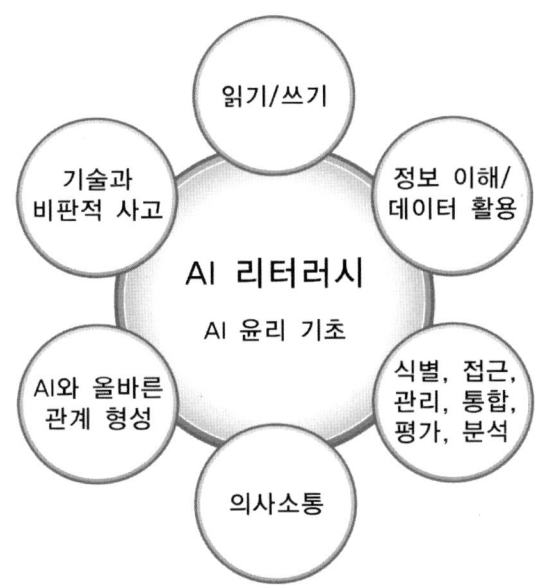

[그림 8] AI 리터러시 역량 구성 요소(예)

2) AI 리터러시 교육 모형

컴퓨터 공학 교육과 같은 기존 초중고교 교육과정에 AI를 통합하는 방법에 대한 논의가 미국에서 2020년을 전후로 가열되었다. 예를 들면, K-12 학생들이 AI에 대해 배워야 할 지침을 개발하기 위해 미국의 AI 교육 표준 모델인 AI4K12 이니셔티브는 인식, 표현 및 추론, 학습, 자연스러운 상호작용 및 사회적 영향을 포함한 AI의 5가지 빅 아이디어를 제안했다.[320) AI4K12 이니셔티브는 미국 초중등 AI 교육을 위해 설립되었다. 또한 학생들이 AI에 대해 배울 수 있도록 캠프를 조직하는 그룹인 ReadyAI는 ReadyAI.org에서 온라인으로 K-12 학생들에게 AI 과정을 가르치는 교육과정을 개발했으며, MIT의 연구원들은 K-12 학생들이 AI를 책임감 있게 설계하고 사용하는 방법에 중점을 두고 AI에 대해 배울 수 있는 다양한 온라인 활동을 공유하는 웹사이트를 개발했다. 여기에는 학생들에게 AI 윤리를 가르치는 교육과정이 포함된다.[321) 널리 사용되는 두 가지 AI 교육 도구는 티처블머신(Teachable Machine)과 기계학습(Machine Learning)이다. 교육 진행의 예로는 여고생을 위한 AI 여름 프로그램, 고등학생을 위한 AI 엔지니어링 과정, 중학생을 위한 STEM 워크숍 등 다양한 프로그램이 연구 및 진행되었다. 브룸멜른과 그의 동료들은(J. Van Brummelen, & P. Lin)은 〈표 20〉과 같이 AI 통합 핵심 교육과정 개발을 위한 공동 설계를 제공했다.[322)

---

320) Touretzkyet al., 2019
321) E. Greenwald, M. Leitner, & N. Wang, 2021: 15527
322) J. Van Brummelen, & P. Lin, 2020

[표 20] 세션1 및 세션2 스케줄(예시)

소요 시간	활동1	소요 시간	활동2
15분	소개	60분	공동설계 활동 part 1
20분	왜 AI인가?(토론)	15분	쉬는 시간
50분	AI에 대해 배워봅시다! (프리젠테이션)	40분	윤리와 다양성 (프리젠테이션)
15분	쉬는 시간	20분	공동설계 활동 part 2
25분	카드 분류 활동	15분	왜 AI인가? (토론)
25분	AI 도구에 대해 배워봅시다! (프리젠테이션)		

연구자들은 8~12학년 학생들을 Zoom을 통해 하루 2.5시간씩 5일 동안 진행되는 원격 워크샵 시리즈를 위한 교육과정을 설계했다. 유일한 요구 사항은 인터넷에 연결된 컴퓨터와 컴퓨터에서 시뮬레이션 할 수 있는 Android 앱 및 Alexa 기술을 테스트할 수 있는 기능이다. 첫째 날을 제외한 모든 날은 설문지로 마무리되었다. 모든 지도는 단계별로 진행되었다. 교육과정은 롱과 마게코[323]의 AI 역량을 다룬 것으로 다음과 같다. 교과 과정은 통합의 3가지 주요 포인트, 즉 (1) 데이터, (2) 성찰, (3) 윤리를 포함했다. AI 리터러시 역량 중 하나인 '윤리'는 AI와 관련된 윤리 원칙 교육이다. 워크샵 교육과정은 윤리 구성 요소를 포함하며, 학생들은 AI 편향이 ML 모델의 정확성과 실제 세계에 미치는 영향에 대한 브레인스토밍 세션에 참여한다. 각 교육과정은 환경, 사회정의 또는 AI 및 공통 핵심 윤리 표준을 다루며 윤리적 문제와 연관된다. 연구자들은 워크숍에서 교사들이 윤리교육에 매우 관심이 있음을 발견했다고

---

323) Long & Magerko, 2020

보고했는데 실례로 사회 연구 교육과정은 전적으로 윤리에 초점이 맞춰졌다. 〈표 21〉은 롱과 마케코(Long & Magerko)의 AI 역량에 기초한 AI 리터러시 교육의 1~5일차 주요학습 활동 목록이며,[324] 〈표 22〉는 AI 역량을 위한 구체적 행동기준이다.[325] 연구자들은 연구 결과에서 롱과 마케코[326]의 AI 리터러시 역량의 숙달을 보여주었다고 보고했다.[327]

AI 리터러시 프레임워크에서 유틸리티를 생성하는 필수적인 첫 번째 단계는 행동 기준이 있는 역량 모델의 연구 기반 개발이다. 〈표 21〉[328]과 같이 다양한 수준의 숙달에 대해 측정 가능한 행동을 AI 리터러시 프레임워크의 일반 역량과 연결함으로써 실용적인 역량 모델을 개발할 수 있다.

[표 21] 일차별 주요 학습 활동(예시)

일차	주요 학습 활동
1일차	대화형 AI와 관련된 프로그래밍 개념 학습
2일차	Big 5 AI Ideas,[329] 대화형 AI, AI 윤리에 대한 프레젠테이션
3일차	규칙 기반 AI(1일차)와 Alexa 기술(2일차)의 차이점에 대해 토론 기계 학습(ML)이 Alexa 기술에서의 역할 학습
4일차	모바일 앱과 Alexa 기술 간 통신 링크를 프로그래밍 하는 방법 교수 클라우드 개념을 사용하여 데이터 리터러시 및 표현(역량 11 및 7) 교수 Padlet(Wallwisher 2020)에 대한 브레인스토밍 활동
5일차	학생들의 최종 프로젝트 개발 및 발표 AI에 대한 인식과 이해도를 묻는 최종 설문지 작성

출처: J. Van Brummelen, T. Heng, & V. Tabunshchyk, 2021: 2-3, 6-7.

---

324) J. Van Brummelen, T. Heng, & V. Tabunshchyk, 2021: 2-3, 6-7
325) F. Faruqe, R. Watkins, & L. Medsker, 2021
326) Long and Magerko, 2020
327) J. Van Brummelen, T. Heng, & V. Tabunshchyk, 2021: 2-3, 6-7
328) F. Faruqe, R. Watkins, & L. Medsker, 2021
329) Touretzky et al. 2019

[표 22] AI 리터러시 역량 모델을 위한 구체적 행동기준 사례

	소비자	동료	공동연구자	창작자(개발자)
역량 9: 기계학습(ML) 단계	자신의 사적 데이터가 시스템을 훈련시킨다고 알고 있기에 AI 기반 추천 엔진을 끄지 않기로 결심	클라이언트에게 AI가 최상으로 작동할 때의 일반 매개변수에 대해 설명	잠재적 편향을 인식하고 데이터 세트 훈련의 특성을 조사	숨겨진 레이어들 내에서 시스템적으로 뉴런들을 조정함으로써 모델의 퍼포먼스를 향상
역량 10: 인간의 역할	샘플인 AI 시스템에 대해 휴먼인루프(human- in-loop) 가치 서술	AI 시스템 산출물 해석에 필요한 사람의 입력 값이 필요할 때를 구별	해당 데이터 그리고/혹은 알고리즘, AI 시스템에 넣는 입력 값으로서 인간의 관점 제공	개발한 프로세스에 인간 중심 디자인을 시스템적으로 적용
역량 11: 데이터 리터러시	AI 시스템을 신뢰하기 전에 데이터 소스를 확인해야 함을 인식	편향을 증대시키는 점이 있는지 여부를 결정하기 위해 소스 데이터를 정기적으로 검토	잠재적 편향에 대한 데이터 소스 분석 수행	정기적으로 데이터 소스의 유효성과 가치를 평가, 해당 데이터의 변화에 맞게 조정하기 위해 AI 시스템을 업데이트

출처: F. Faruqe, R. Watkins, & L. Medsker, 2021.

Ⅲ. 아동의 뇌 발달

1. 뇌 발달과 정서발달

1) 인간의 뇌 발달

지난 10여 년 동안 신경 영상 기술을 사용한 인간 두뇌의 성숙 변화 조사 연구가 급격히 증가했다. 발달 중인 뇌의 구조적 변화에 대한 MRI 연구, 청소년기의 사회적 뇌의 기능적 변화에 대한 fMRI 연구는 청소년 기를 지속적인 신경 발달 기간으로 지적했다.[330] 일반적으로 뇌 기능

차이는 연령에 의존한다는 것이 확인되었다.331) 아동의 뇌 발달에 대한
연구는 부모, 교사, 의료 전문가에게 다음과 같은 유용한 정보를 제공한
다. (1) 발달은 본성과 양육 간의 상호작용에 달려 있다. (2) 초기 돌봄은
발달과 학습 및 감정 조절 역량에 오래도록 영향을 미친다. (3) 뇌는
놀라운 변화 능력을 가지고 있지만 타이밍도 중요하다. (4) 부정적인
경험이나 적절한 자극의 부재는 심각하고 지속적인 영향을 미칠 가능성
이 높다. (5) 조기 개입의 효능에 대한 실질적인 증거가 있다.332) 대부
분 뇌 발달은 임신 후 몇 주부터 시작되어 초기 성인기에 완료된다. 뇌의
기본 구조는 주로 태아기 및 유아기에 형성되지만 신경망의 형성과 정
교화는 장기적으로 지속된다.

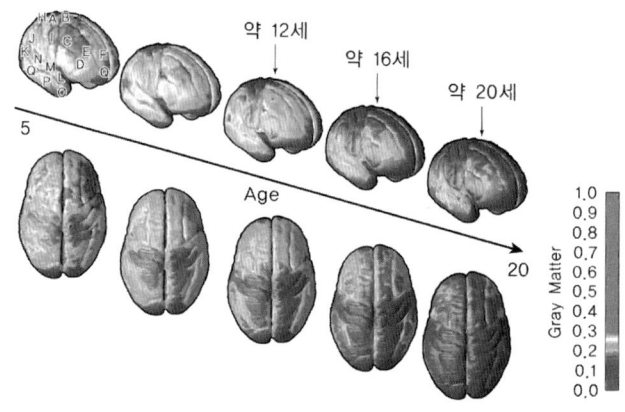

[그림 9] 피질 표면 성숙

출처: Gogtay, N. et al., 2004: 8178

330) S. J. Blakemore, 2012: 397
331) E. R. Butler, A. Chen, R. Ramadan, et al, 2021: 4092
332) R. Shore, 1997: xvii-xviii

아동기와 청소년기 동안의 뇌 해부학적 변화와 관련한 주요 발견들은 백질 용적의 증가와 회백질 용적에 있어 특정부위의 역U자형 궤적이다. 뇌 형태 측정값은 개인에 따라 매우 다양하며 발달 궤적에 대한 유전적, 환경적 요인의 영향을 조사하기 위한 연구가 진행되었다.[333] 신경계의 발달은 여러 동기화된 과정의 상호작용을 통해 발생하는데 그 중 일부는 출생 전에 완료되고 나머지는 성인기까지 지속된다. 뉴런은 주로 뇌의 회백질에서 발견되며 그들의 수초화된 축삭돌기는 백색질을 형성한다. 진보적 사건과 퇴행적 사건 사이의 역동적인 상호작용은 생후 첫 2년 동안 비교적 빠르게 뇌 성장을 일으켜 성인의 80%에 도달한다. 5세까지 뇌 크기는 성인 크기의 약 90%이다. 뇌 발달은 초기 유년기에 상당히 이루어지지만 리모델링은 30대까지 계속된다.[334] 임신 이후부터 생후 9개월까지의 뇌 발달에 대한 시각화는 [그림 9][335]와 같고 연령별 뇌 발달은 [그림 10][336]과 같다.

---

333) R. K. Lenroot & J. N. Giedd, 2006: 718
334) R. K. Lenroot & J. N. Giedd, 2006: 719-720
335) S. R. Silburn et al., 2011, 3
336) N. Gogtay et al., 2004: 8178

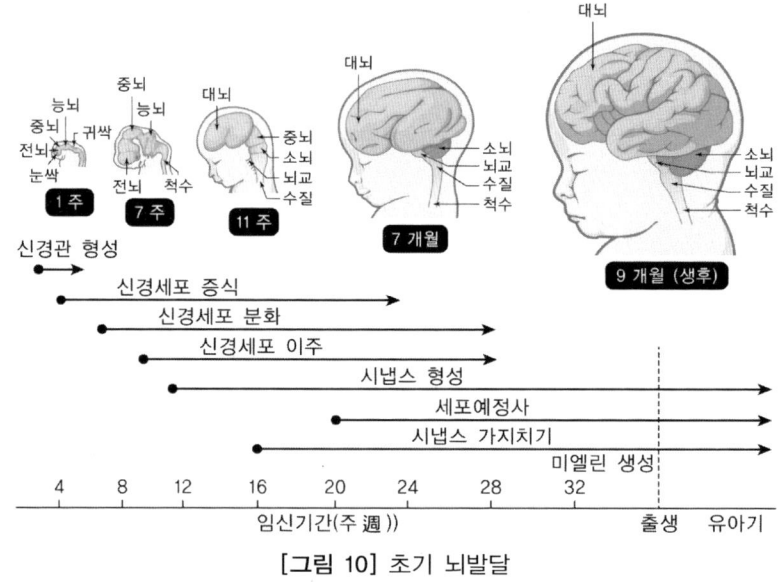

[그림 10] 초기 뇌발달

출처: O'Connell et al., 2009: 6

2) 정서적 뇌 발달

신경생물학적 과정은 읽기 및 학습과 같은 행동에서 인식되며 어린
이의 자기 조절, 의사 결정, 사회 및 도덕적 행동에도 적용된다. 인간
발달의 복잡한 측면을 중재하는 뇌 시스템에서 전전두피질의 역할이 핵
심이다. 이 영역은 성숙하는데 수십 년이 걸리며 사회적 영향에 민감하
고 사회적 인식과 감정, 공유된 문화적 가치, 삶에 대한 목표 지향적인
접근의 기초가 된다. 집행, 사회 및 도덕적 과정에 대한 영향에는 조기
부모 양육, 사회경제적 역경, 사회 모델링, 학교 교육이 포함된다.[337]

지난 수십 년 동안 포유류 뇌 발달의 기본 단계와 메커니즘에 대한
이해가 크게 발전했다. 신경생물학 연구는 끊임없이 변화하는 맥락 내

---

337) C. Barrasso-Catanzaro & P. J. Eslinger, 2016: 108

에서 작동하는 복잡한 일련의 동적 및 적응 과정의 산물로서 뇌 발달의 밑그림을 제공했다. 인간의 뇌 발달은 신경 세포의 분화와 함께 임신 기간에 시작하여 청소년기 후반이나 평생 동안 연장되는 장기간의 과정 이다. 뇌 발달에 기여하는 과정은 유전자 발현에서 환경 입력에 이르기 까지 다양한데 매우 다른 수준과 종류의 프로세스가 뇌 발달을 위해 상 호작용한다는 점은 확실하다. 유전자 발현과 환경 입력은 모두 정상적 인 뇌 발달에 필수적이며 둘 중 하나가 중단되면 신경 결과가 근본적으 로 바뀔 수 있다.[338]

뇌 발달은 유전적 요인과 환경적 요인 사이의 상호작용을 반영한다. 조기 돌봄은 어린이의 뇌 구조와 기능에 영향을 미칠 수 있는데 보호시 설 아동에 대한 연구에서 조기 돌봄의 박탈은 위탁 보호나 입양된 아동 에 비해 백질 및 회백질 부피의 감소, 후뇌량(volume of the posterior corpus callosum) 및 상후소뇌(superior-posterior cerebellum) 부피 의 감소, 편도체(amygdala) 부피와 관련이 있는 것으로 나타났다.[339] 이러한 상황에서 아이를 양육하는 것은 자율 신경계 기능 장애, 뇌 발 달, 정서조절 및 정신 건강을 포함하여 아동의 스트레스 반응 시스템에 장기적인 영향을 미칠 수 있다. 연구들은 보육 환경이 아동 발달에 미치 는 중대성을 보여주었다.[340]

아동의 사회적 발달에서 정서 및 감정 조절은 중대하다. 이론적으로 감정 조절은 변연 부위의 전두엽 피질인 전대상회(ACC)가 핵심 뇌 영역 으로 명시된다. 감정 조절 및 정서 표현 얼굴 처리 중 어린이의 연령이

---

338) J. Stiles & T. L. Jernigan, 2010: 327
339) R. Kok et al, 2015: 824
340) K. Woodard & S. D. Pollak, 2020: 2

높을수록 ACC 배측의 '인지' 관련 영역이 우선적으로 작용하는 반면, 연령이 낮을수록 복측 '정서' 연계 범위가 먼저 관여하는 것으로 나타났다. 이러한 발견은 연령이 증가함에 따라 감정적인 것에서 보다 인지적인 규제 전략으로의 행동 및 인지 변화의 신경생물학적 메커니즘을 보여준다.341) 청소년기(대략 10~19세)에는 변연계(limbic system), 전전두피질(prefrontal cortex) 등 발생과 조절에 영향을 미치는 뇌 부위가 장기간의 구조적, 기능적 발달을 겪는다. 청소년기는 우울증, 불안감, 반사회적 행동 등 정서조절이 잘 되지 않는 정신병리학에 대한 취약성이 증가하는 시기이기도 하다.342) 청소년 행동은 두 가지 경쟁적인 뇌 시스템에 기인하는데 이중 시스템 설명에 따르면, 덜 성숙한 인지 제어 시스템보다 감정 시스템이 우위에 있을 때 돌발적 행동이 나타난다.343) 이러한 발달 과정은 개인차가 존재한다. 연구자들은 청소년 정서조절에서 사회적 맥락의 고려를 강조한다.

2. 도덕성 발달

1) 도덕성의 뇌 신경과학적 기초

뇌의 특정 영역 특히 편도체가 활성화될 때의 두려움과 뇌의 인지 센터가 감정을 생성하는 뇌 영역에 어떻게 영향을 미치고 영향을 받는지에 대한 해명이 시도되었다. 신경과학은 마음과 몸 사이의 이분법을 반영하는 마음에 대한 많은 전통적인 개념을 수정하게 했다. 두뇌가 마음을 만든다는 증거는 두뇌와 마음이 완전히 다른 두 영역이 아니라 육

---

341) S. B. Perlman & K. A. Pelphrey, 2010: 533
342) S. P. Ahmed et al., 2015: 11-12
343) B. J. Casey et al., 2019: 29-31

체적인 두뇌가 우리의 감정과 생각을 만들고 형성하는 데 주요 역할을 한다는 표시와 함께 강화되고 있다. 이러한 생각은 뇌가 도덕적 사고에 미치는 영향에 대한 탐구를 이끌었다.[344]

　도덕성은 전통적으로 삶의 목적과 과정을 결정하는 선택과 행동을 안내하는 가치 코드, 합리적인 사람들이 제시하는 행동 강령 등으로 이해되어 왔다. 도덕성에 대한 심리학 연구인 콜버그(Lawrence Kohlberg)의 연구는 경험 과학 연구의 이정표이다. 그는 도덕적 추론을 어떤 종류의 지식이 없는 경우에도 존재할 수 있는 인지 과정의 결과로 간주했다. 그러나 진화심리학과 영장류학의 발견은 정서가 인간 도덕성의 기원인 친족 이타주의, 호혜적 이타주의, 복수 등에서 중요한 역할을 한다고 제안했다. 오늘날 심리학과 철학에서는 도덕적 과정을 (1) 합리적, 노력적, 명시적인, (2) 감정적, 신속하고, 직관적인 두 가지 부류로 구분하는 것에 대한 일반적인 합의가 있다. 그러나 논란은 그들이 상호작용 하는 방식에 남아 있다. 도덕적 과정의 모델과 그들이 서로 어떻게 관련되는지에 세 가지 이론이 두드러진다. 하이트(Haidt)의 '사회적 직관 이론(social intuitionist theory)'은 자동성에 대한 연구를 신경과학 및 진화심리학의 최근 발견과 연결했다. 그린(Greene)의 '인지 제어 및 갈등 이론(cognitive control and conflict theory)'은 감정과 인지 관련 뇌 영역에서 발생하는 반응은 각기 다른 결과를 선호한다고 가정했다. 고트프리트(Gottfried)의 '인지 및 감정 통합 이론(cognitive and emotional integration theory)'에서 행동 선택은 인지 대 감정으로 나뉠 수 없다. 복잡한 상황은 행동 결정을 매우 어렵게 만든다.[345]

---

344) L. Tancredi, 2005: 1-4

도덕성의 신경과학은 도덕이 어떻게 작용하고 뇌의 어느 부위와 연관되는지에 초점을 맞추었다. 그들은 도덕이 어떻게 작동하는지를 밝혀주는 특정한 구조와 과정을 찾으려고 노력했다. 구조적 및 기능적 수준 모두에서 도덕과 관련된 주요 뇌 영역을 검토하고 추측하고자 했다. 안와 및 복내측 전전두엽피질(orbital and ventromedial prefrontal cortices)은 감정이 주도하는 도덕적 결정과 관련되어 있는 반면, 배외측 전전두엽 피질(dorsolateral prefrontal cortex)은 그 반응을 조절하는 것으로 이해된다. 이러한 경쟁 과정은 ACC에 의해 매개될 수 있다. 섬피질(insular cortex)은 공감 과정 동안 관여한다.346)

도덕적 판단의 기초가 되는 심리학 및 신경생물학적 과정은 많은 경험 연구의 초점이다. 중심적인 관심은 정서가 도덕적 판단에서 인과적 역할을 하는지 여부와 동시에 뇌의 정서 관련 영역이 도덕적 판단에 어떻게 기여하는가이다. 정서, 특히 사회적 정서의 정상적인 생성에 필요한 뇌 영역인 복내측 전전두엽 피질(ventromedial prefrontal cortex, VMPC)에 국소 손상이 있는 환자는 도덕적 딜레마에 대한 판단에서 비정상적으로 공리주의적인 패턴을 생성한다는 것이 밝혀졌다. 예를 들면, 정서적으로 매우 혐오스러운 행동인 다른 많은 생명을 구하기 위해 한 사람의 생명을 희생하는 경우이다. VMPC 환자의 판단은 도덕적 딜레마의 다른 부류에서 정상이었다. VMPC 내의 뉴런은 감각 자극의 정서적 가치를 인코딩한다. VMPC 병변이 있는 환자는 도덕적 가치와 밀접하게 관련된 일반적 정서 반응과 사회적 감정인 연민, 수치심, 죄책

345) L. Pascual, D. Gallardo-Pujol, & P. Rodrigues, 2013: 1-2
346) L. Pascual, D. Gallardo-Pujol, & P. Rodrigues, 2013: 1

감, 감정이입 등이 현저히 감소했다. 그러나 감정적 반응 및 조절에서 이러한 결함에도 불구하고, 특정 상황에서 환자들은 일반 지능, 논리적 추론, 사회적 및 도덕적 규범에 대한 선언적 지식 능력은 보존되었다. 이러한 발견은 도덕적 딜레마에서 VMPC가 옳고 그름에 대한 도덕적 판단에 중요한 역할을 함을 보여주고 있으며 도덕판단 생성에 감정의 역할이 필요함을 뒷받침했다.[347]

도덕성은 복잡한 인지 과정으로 구성되며 많은 영역에 걸쳐 배치되고 뇌 전체에 수용된다. 연구자들은 도덕적 인지를 유일하게 지원하는 신경 기질이나 시스템이 발견되지 않았음을 강조했다.[348] 정서와 인지는 모두 도덕판단, 도덕성 발달에 기여하며 이들 작용과 관계된 뇌의 영역들과 네트워크가 존재한다. 도덕성은 단일 뇌 회로나 구조가 아니라 다른 복잡한 과정과 겹치는 여러 회로에 의해 뒷받침된다.

2) 연령별 도덕적 뇌 발달

뇌는 의사 결정의 기본이기 때문에 도덕적 문제에 대한 생각에서 강력한 역할을 한다. 이러한 문제에 대한 광범위한 행동을 포함하는 연구는 신경과학의 영향을 진행시켜 도덕성에 대한 새로운 이해를 발전시켰다.[349] 대표적인 예는 도덕적 추론(MR)과 같은 사회인지 기술이 광범위한 발달 및 신경심리학적 상태에 영향을 받는다는 인식의 증가이다.[350] 소아 신경영상연구는 4~20세 사이에 피질 회백질의 선형 감소와 백질의 증가를 확인했다. 백질의 부피는 연령에 따라 선형적으로 증

---

347) M. Koenigs et al, 2007: 908-909
348) L. Young & J. Dungan, 2012: 1
349) L. Tancredi, 2005: 2-4
350) V. Chiasson et al., 2017: 515

가했으며, 여성은 남성보다 덜 증가하였다. 4~22세 사이의 증가율은 12.4%였다. 전두엽과 두정엽의 발달 곡선은 약 12세에, 측두엽은 약 16세에 정점을 이루는 반면, 피질 회백질은 20세까지 후두엽에서 계속 증가했다. 전두엽의 회백질은 청소년기 이전에 증가하여 남성의 경우 12세, 여성의 경우 11세에 최대 크기가 발생했고 청소년기 이후 연령대 전체에 걸쳐 부피가 감소했다.[351] 대뇌피질은 회백질과 백질을 포함하며, 부위에 따라 기능이 다르고 언어, 집중, 기억, 사고, 의식 등의 중요 기능을 담당한다.

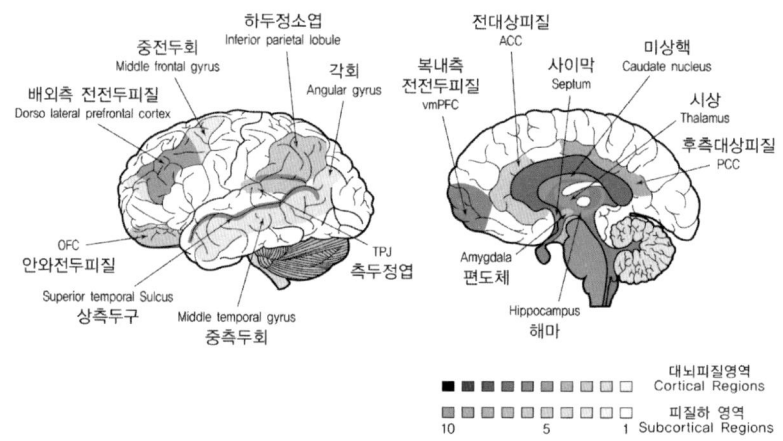

[그림 11] 도덕신경과학

출처: L. Pascual, D. Gallardo-Pujol, & P. Rodrigues, 2013: 2

한편, 공감과 도덕의 신경생물학적 토대에 대한 연구는 정서적 과정과 도덕적 인지 사이의 관계를 강조한다. 도덕성의 신경 발달은 보다 성숙한 도덕의 능력인 감수성, 공정성 및 타인에 대한 관심의 초기 징후

---

351) J. N. Giedd, J. Blumenthal, N. O. Jeffries et al., 1999: 861-862

와 연관된다. 다른 사람의 고통에 대한 인식의 발달적 변화에 초점을 맞춘 기능적 신경영상 연구는 도덕적 추론에서 공감적 각성의 역할을 뒷받침하기 위해 제시되었고, 그 이후 도덕성의 정서적, 인지적, 규제적 측면이 상호작용 하는 신경과 관련되어 있음을 나타냈다. 도덕성 발달에서 정서적 처리의 중요성이 강조되었다.[352]

나바에츠(Narvaez)는 도덕발달과 관련된 신경생물학 및 신경과학의 연구를 기초로 부분적으로 회복할 수 없는 뇌 손상과 그에 상응하는 결핍된 윤리를 가진 비행 청소년에 대해 조사했다. 특히 양육이 뇌 형성과 정서조절에 미치는 후성 유전학적 현상 및 평생 영향에 대한 증거가 두드러지게 나타난다. 신경생물학은 개입 및 예방에 대한 접근 방식 안내에 도움이 되는데 도덕 발달 이론과 연구에는 일반적으로 신경과학의 역할에 대한 몇 가지 주장이 있다. 예를 들면, 건강한 도덕적 기능을 위해서는 적절한 뇌 기능이 요구된다. 일부 유형의 뇌 손상은 정상적인 심리적 기능의 맥락에서 도덕적 기능 장애를 유발한다. 또한, 정상 뇌 발달은 도덕적 기능의 일부 측면에 필요한 조건이며 일부 돌봄 및 교육 활동은 뇌의 발달과 신경 기능에 대한 긍정적인 영향을 통해 이후의 도덕적 기능을 촉진한다. 초기 경험의 영향에 따른 뇌의 구조와 기능으로 청소년과 어른이 되어 도덕적 기능의 범위가 달라질 수 있다.[353] 맥린 (MacLean), 칼 프리브람(Karl Pribram) 등은 감정적 반응이 전전두엽 피질(prefrontal cortex)의 기능을 통해 이성과 밀접하게 연관되어 있다는 것을 발견했다. 전두엽 기능은 도덕적 감수성과 판단력의 발달과

---

352) J. Decety & L. H. Howard, 2014: 105
353) D. Narvaez & J. L. Vaydich, 2008: 289-290

밀접한 관련이 있다.[354]

아이들은 뇌의 4분의 1만 발달된 상태로 태어난다. 양육자는 출생 후 첫 해에 뇌의 75%(만삭아의 경우)를 공동 구성한다. 역동적인 시스템으로서 다양한 수준의 초기 삶의 경험은 여생을 위한 무대를 마련한다. 생후 첫 몇 년 동안 지나친 스트레스는 스트레스 반응성 뇌를 발달시켜 자기 보호적인 성격을 형성할 수 있다. 예를 들면, 영아가 적시에 신체적 위안을 받지 못하면 미주신경이 잘못 조정되어 사회적 관계에 장기적인 어려움을 겪을 뿐만 아니라 수많은 건강 문제를 초래할 수 있다. 이것은 상상력과 창의성에도 영향을 미친다. 외상 후 스트레스 장애로 고통 받는 아동은 상상과 의미, 감정 및 표상을 통합하는 상징적 놀이에 어려움을 겪는다. 스트레스 반응이 활성화될 때마다 고차원적 사고 능력에서 에너지를 끌어내어 상상하고 다른 사람과 관계를 맺는 방법에 영향을 미친다. 이러한 방식으로 신경생물학적 시스템은 도덕성에 영향을 주고 다른 사회적, 도덕적 사고방식을 사용하는 경향을 설정한다.[355] 이러한 이유로 모든 교육 활동 특히 도덕교육, 윤리교육 영역에서 교육의 대상이 되는 아동의 성장 및 뇌 발달 상태에 대한 참작은 필수이다.

---

354) D. Loye, 2002: 133
355) D. Narvaez & K. Mrkva, 2014: 25-45

IV. AI 리터러시 교육 방안

1. AI 리터러시와 아동 뇌 발달

1) 뇌 발달과 교육

　최근 몇 년 동안 뇌과학이 교육에 영향을 미치기 시작하면서 신경가소성(neuroplasticity) 개념이 널리 사용되고 있다.356) 피아제(Jean Piaget)의 지식과 일반생물학의 관계에 대한 획기적인 연구 이후, 연구자들은 인간 발달의 전개에서 기본적인 신경인지 과정을 이해하기 시작했다. 특히 최근의 동적 성장 모델은 뇌 성장, 인지 발달 및 학습 과정에서 발생하는 복잡하고 상호 연관된 변화를 조명했다. 신경인지발달은 연속적인 단계의 사다리가 아니라 상호작용, 수렴 및 발산, 진행 및 회귀 등 복잡한 네트워크이다. 피질 발달 주기와 인지 수행 주기는 관련이 있다. 인지 발달과 두뇌 발달은 함께 진행된다. 뇌 특성은 아동이 성장함에 따라 체계적으로 변한다.357) 예를 들면, 유아의 뇌 영상은 언어 성장에 대한 사회적 상호작용의 중요성을 보여주었다. 언어학습의 경우, 신경가소성(경험에 따라 뇌가 변화하는 능력)의 기저에 내재한 뇌 메커니즘을 탐구하는 예를 제공했다.358)

　뇌 발달에 대한 연구는 아이들의 뇌의 부피, 영역 기능의 전문화는 성인의 것과 거의 유사하지만 시냅스 가지치기, 수초화를 포함하여 신경 연결을 뒷받침하는 과정은 20대까지 계속된다고 밝혔다. 뇌 구조의 변화는 청소년기 및 그 이후까지 지속되며 뇌간 시스템은 집행 시스템

---

356) S. Choudhury & W. Wannyn, 2021: 1
357) K. W. Fischer, 2008: 127-128
358) P. K. Kuhl et al., 2019: 25-26

보다 먼저 성숙하지만, 집행 시스템과 감정 시스템의 통합을 지원하는 영역은 20대 후반까지 완전하게 성숙하지 못한다. 뇌 구조와 기능의 개선은 의사 결정, 동료애, 행동에 강한 영향을 미치는 복잡한 인지 처리 및 사회정서적 조절과 병행하여 30년 동안 계속된다. 논리적 추론의 성숙은 약 16세부터 완전화 되는 것으로 간주된다.[359]

뇌 발달 연구는 십대 시절의 교육이 매우 중요하다고 제안한다. 교육은 청소년기에 가장 많은 변화를 겪는 뇌 부분에 의해 제어되는 능력을 포함하도록 변경될 수 있다. 이러한 능력에는 내부 통제, 멀티태스킹 및 계획뿐만 아니라 관점 수용 및 사회적 감정의 이해와 같은 자기 인식 및 사회적 인지 기술을 포함한다.[360] 이러한 관점을 통합하면, 청소년기는 사춘기의 가시적 징후 이전에 시작하여 20년 동안 계속되는 뇌 성장 단계로 개념화될 수 있다. 또한 다른 사람들과의 상호작용이 정상적인 신경 인지 발달에 중요하며 실제 살아있는 사람과의 사회적 상호작용은 최소한 일부 유형의 조기 학습에 긴요하다. 결과적으로 아이들의 추론적 사고의 훈련, 상호작용에 의한 학습활동, 관점 수용, 집행 기능 연습 등이 필요하며 이러한 아동의 뇌 발달을 고려한 교육 활동이 계획적, 세부적으로 교육 현장에서 실행되어야 한다.

2) 뇌 발달을 고려한 AI 리터러시 교육

학습은 공허(空虛)에서 일어나지 않는다는 것이 아동 발달 연구에서 분명히 인정되어 왔다. 아이들이 배우는 방식에 사회 문화적 측면도 중요하다. 비고츠키(Lev Vygotsky)는 인지 능력과 인간의 발달은 개인과

---

359) S. M. Sawyer, P. S. Azzopardi, D. Wickremarathne, & G. C. Patton, 2018: 1-2
360) S. J. Blakemore, 2010: 744-747

사회 사이의 동적 상호작용의 결과로 보았다. 이러한 맥락에서 아이들은 사회적 상호작용을 통해 가장 잘 배운다고 할 수 있으며 그들의 활동이 이루어지는 사회적, 문화적 환경은 상호작용과 의사소통을 필요로 한다.

앞에서 논의한 아동의 뇌 발달, 도덕 및 정서적 뇌의 발달 등 도덕교육과 연관된 뇌 신경과학적 연구들은 다음과 같은 AI 리터러시 교육 실제에서 참고할 사항들을 제공한다. 첫째, 사회적 뇌의 발달, 정서 조절 등의 교육이 요구된다. 둘째, 교육적 활동은 도덕적 사고와 판단에 영향을 주는 뇌의 부위의 발달을 돕는다. 셋째, 다양한 형태로의 도덕적 추론의 활동은 정서적 뇌와 이성적 뇌의 균형 있는 발달을 촉진한다. 넷째, 도덕적 뇌의 능력은 뇌 시스템 연결이 확립되는 초기 경험과 많은 관련이 있으며 환경에 따라 10대 아동의 뇌는 변화가 크다. 다섯째, 아동의 뇌는 정서의 뇌로부터 점차 이성의 뇌로 발달하며 이에는 교육적 역할이 크게 작용한다. 여섯째, 뇌 손상과 도덕적 기능 장애 사이의 연관성은 부인할 수 없다. 일곱째, 사회적 상호작용을 활용한 교육은 도덕 판단의 발달과 긴밀하게 연관된다.

AI 리터러시 교육과 관련한 국내연구들로는 AI 리터러시 개념 설정 관련 연구,[361] 도덕과 및 영어과와 같이 교과교육 영역에서의 AI 리터러시 적용 연구[362] 등이 시도되었다. 그러나 최근 AI 리터러시 교육에 대한 관심 증대 및 중요성 인식에 비해 아직까지 관련한 교육과정 구성과 AI 리터러시 교육 환경 조성은 미흡한 실정이다. 미래를 이끌어갈

---

361) 이유미 · 박윤수, 2021: 451-474
362) 김진석, 2020: 135-153; 김국현, 2021: 1-26

AI 역량을 갖춘 인재를 양성하기 위해서는 교육 대상인 아이들에 대한 이해를 바탕으로 학교 현장에서 AI 교육이 과학적, 체계적으로 내실 있게 이루어져야 한다. 따라서 앞에서 논의한 AI 리터러시 역량, 아동의 뇌 발달적 특성, 미국의 AI 리터러시 교육 프로그램 등을 참고하여 초등학생에게 적합한 AI 리터러시 교육의 대략적인 모델을 제안할 수 있다. 예를 들면, 윤리적 토론, 도덕적 추론 활동을 통해 비판적 사고를 장려하고 윤리 역량에 기초한 비판적 데이터 분석 역량을 고양할 수 있다. 뇌 신경과학적 차원에서 학생의 발달 단계를 고려하여 교육 과정을 인지 및 정서 능력에 맞추어 구성할 수 있다.

2. AI 리터러시 교육의 실제

1) 교육 개요

초등학생을 위한 AI 리터러시 교육의 개요 설계를 위해서는 몇 가지 다음과 같은 질문 사항들을 점검할 필요가 있다.

질문1. AI 리터러시는 무엇인가.

질문2. AI 리터러시는 어떠한 역량들을 포함해야 하는가.

질문3. AI 리터러시 교육에서 간과해서는 안 되는 점들은 무엇인가.

질문4. 아동의 뇌 발달적 특성은 무엇이며 초등학생 연령에서 유념할 점은 무엇인가.

질문5. AI 리터러시 교육으로 초등학교 도덕과에서 활용 가능한 수업 방안을 어떻게 제안할 수 있는가.

이러한 사항들을 감안하여 〈표 23〉과 같은 AI 리터러시를 위한 교육 개요 구조를 고안할 수 있다.

[표 23] AI 리터러시 교육 구조

연관		AI 리터러시 교육 체계
질문1	개념	AI를 올바르게 이해 및 사용, 체계적인 사고 능력 소유, 인간과 기계의 올바른 관계 형성
	목적	• 비판적 사고 능력을 향상시키고 AI를 사용하여 교육, 전문성 및 개인 개발에 대한 정보에 입각한 결정을 내릴 수 있음 • AI에 종속되기 보다는 비판적 사고와 합리적 분석을 통해 인본주의적 감정으로 소통과 협력의 능력 배양
질문2	연계 역량	디지털 리터러시, 데이터 리터러시, 컴퓨터 리터러시, ICT 리터러시, 정보 리터러시, 미디어 리터러시
	구성 역량	• 17가지 AI 역량, Big 5 AI Ideas • 비판적/합리적 사고 • 도덕적 사고(도덕적 추론, 도덕적 판단)
	역량 요소	핵심 원칙, 지식, 기술, 태도, 가치, 행동, 성찰
	자격 수준	소비자(사용자), 동료, 협력자, 창작자(개발자), 설계자
질문3	핵심 요소	(a) 데이터, (b) 성찰, (c) 윤리

AI 리터러시의 교육 대상 특성과 관련된 질문인 질문4와 질문5를 위해서 다음과 같은 사항들이 교육 수행에 있어 아동의 뇌 발달에서 참작할 내용들이다.

첫째, 본성과 양육 간의 상호작용이 중요하다.

둘째, 뇌 시스템에서 전전두피질의 역할 및 발달을 인식할 필요가 있다. 이 영역은 성숙하는 데 수십 년이 걸리며 사회적 영향에 민감하다.

셋째, 아동의 사회적 발달에서 정서 및 감정 조절은 중요하기에 이성적 차원과 더불어 정서적 측면의 고려가 요구된다. 이론적으로 감정 조절은 변연 부위의 전두엽 조절에 의존하며 ACC가 핵심 뇌 영역으로 명시된다.

넷째, 신경생물학적 메커니즘은 연령이 증가함에 따라 감정적인 것에서 보다 인지적인 규제 전략으로의 행동 및 인지적 변화를 보인다. 이는 아동의 인지적 성숙을 위한 노력과 정서조절의 필요성을 드러낸다.

다섯째, 도덕판단의 2가지 유형의 과정이 있고 각기 과정에서의 발화되는 뇌의 영역들이 다소 상이하다. 즉, (a) 합리적, 의도적, 명시적인 추론의 도덕판단 과정과 (b) 감정적, 신속, 직관적 도덕판단 과정이 존재한다. 이는 AI 윤리 문제 상황 설정에서 도덕판단의 이중과정을 감안하여 인지, 사회, 정서적 측면을 모두 고려한 도덕적 딜레마를 다양한 형식 및 유형으로 제안할 것을 권고한다. 예를 들면, 아이들은 자율 주행 차량과 관련한 사고 실험에서 각각의 입장에 서 볼 필요가 있다.

여섯째, 도덕판단 생성에서 이성의 추론뿐만 아닌 정서감정의 직관적 역할이다. 정서와 인지는 모두 도덕판단, 도덕성 발달에 기여하며 이들 작용과 관련된 뇌의 영역들이 존재한다. 교육 활동은 뇌의 발달과 신경 기능에 대한 긍정적인 영향을 통해 이후의 도덕적 기능을 촉진한다. 이는 AI 윤리교육에 있어 도덕성의 정서적, 인지적, 규제적 측면이 상호작용 하는 신경과 관련되어 있는 것과 도덕성 발달에서 정서적 처리의 중요성을 함께 숙고할 필요가 있음을 나타낸다.

일곱째, 다른 사람들과의 건강한 상호작용이 정상적인 신경 인지 발달에 중요하며 실제 살아있는 사람과의 의사소통과 정서적 교감이 학습에 긴요하다. 이러한 점을 인식하여 고차원적 사고 활동과 동시에 사회적 상호작용 활동으로 교수학습과정을 구성한다.

이러한 사항들은 위에서 제기한 질문4 및 질문5와 연계된 것으로 AI 리터러시 교육에서 핵심이 되는 AI 윤리교육 차원에서 필히 고려할 사항들이다. 결과적으로 아이들의 추론적 사고의 훈련, 상호작용에 의한 학습활동, 관점 수용, 집행 기능 연습, 감정 이입과 공감 활동 등이 아동의 뇌 발달을 고려하여 교육 활동에서 의도적으로 계획되고 정교하게 실천되어야 한다.

2) 교육 실제

초등학생 도덕과 수업에서 활용 가능한 AI 리터러시 교육은 소양교육으로서 리터러시 본래 의미인 읽고 쓰는 능력과 제공된 정보를 이해하는 능력, 데이터 활용 능력(식별, 접근, 관리, 통합, 평가, 분석), 새로운 지식 구축, 타인과의 의사소통 등을 모두 포괄한다. 이는 기술적 능력, 비판적 사고, 고차적 사고를 의미하며 특히 AI 윤리교육은 AI 리터러시 교육에서 핵심 구성 인자이다. 윤리적인 기술과 전문적인 기술 능력 사이의 균형이 요구되는 AI 리터러시 교육의 실제 방안은 AI 리터러시 교육 구조를 참고하여 〈표 24〉와 같이 구안될 수 있다. 수업의 목표를 비롯해 모든 활동은 윤리적 차원에 기초한다.

[표 24] 초등학교 도덕과 AI 리터러시 교육 과정(예시)

차시	주요 학습 활동 주제
1	인간과 AI • AI란 무엇인가, AI는 우리에게 어떤 존재인가 • 인간의 특징은 무엇인가, 인간을 인간이게 만드는 전제 조건은 무엇인가 • AI와 인간의 공통점, 차이점은 무엇인가
2	AI 로봇은 도덕적 행위자가 될 수 있는가
3	자율 주행 차량과 트롤리 딜레마
4	AI 윤리 문제 탐구: AI 챗봇, 빅 데이터

(1) 교수학습 자료의 구성(예)

• 우리가 꿈꾸는 AI 세계

목표	[인간과 AI]		
	윤리적 AI의 필요성, 중요성, 구성 요건을 이해한다.		
주요 내용 및 활동		핵심역량	가치덕목
대화형 AI와 관련된 윤리 문제 탐구		도덕적 상상 의사소통 비판적 사고	정의 배려 존중
Big 5 AI Ideas, 대화형 AI, AI 윤리에 대한 프레젠테이션			
기계 학습(ML)과 데이터 편향성 논의			
데이터 리터러시에 대한 브레인스토밍 활동			
학생들의 최종 프로젝트 개발 및 발표 AI에 대한 인식과 이해도를 묻는 최종 설문지 작성			

(2) 초등학생 뇌 발달을 고려한 교수학습 특징

• 명료한 인지활동을 요구하는 과제 부여가 바람직하다.
• 추상적인 딜레마보다 맥락적 딜레마를 사용한다.
  (때로 추상적 딜레마와 맥락적 딜레마를 교차 검토한다).
• 이론에 의존하기보다 시각자료나 구체적 사물을 바탕으로 하는 설명이 효과적이다.
• 상호작용을 통해 사회적 뇌를 자극한다.
• 타인의 입장에 서 볼 수 있는 구체적인 기회를 제공한다.
• 공리주의적 차원과 의무론적 차원, 이성과 정서를 모두 고려한 도덕적 딜레마 제공을 통해 성찰을 도모한다.
• 도덕적 판단에서 연민, 배려, 공감 등의 도덕적 정서에도 관심을 기울인다.

(3) 교육과정 연계를 통한 재구성(예)

교과	단원	학습요소	성취기준
도덕	• 6학년5단원. 우리가 꿈꾸는 통일 한국	[통일의지] • 통일로 가는 바람직한 길 알아보기	[6도03-03] 도덕적 상상하기를 통해 바람직한 통일의 올바른 과정을 탐구하고 통일을 이루려는 의지와 태도를 가진다. ① 통일의 과정과 방법, 통일의 미래상은 무엇이며, 통일에 대한 도덕적 민감성을 어떻게 기를 수 있을까? ② 통일 이후에 예상되는 문제점은 무엇이며, 바람직한 통일을 위해 민주시민으로서 자신이 할 수 있는 구체적인 방법에는 어떤 것이 있을까?
	↓↓(조정 및 전환)		
	• 6학년5단원. 우리가 꿈꾸는 AI 세계	[도덕적 성찰] • 바람직한 AI 세상 탐구하기	[6도03-03] 도덕적 상상하기를 통해 바람직한 AI 세계를 탐구하고 윤리적 AI 개발을 위한 의지와 태도를 가진다. ① AI 시대 예상되는 문제점은 무엇이며, 바람직한 AI 세상을 위해 우리가 탐구할 구체적인 내용들은 어떤 것이 있을까? ② 윤리적 AI는 무엇이며, 윤리적 AI 개발을 위한 도덕적 민감성을 어떻게 기를 수 있을까? ③ AI 설계자, 개발자, 사용자, 협업자로서 인간은 AI에 대해 어떤 태도를 지녀야 할까?

AI 리터러시 교육은 AI 윤리교육을 바탕으로 ICT 교육, 정보교육 등 AI 구현 플랫폼의 활용과 연결하여 실행할 수 있다. AI 관련 이해관계 영역이나 이해 상충을 분석하여 일종의 윤리 매트릭스를 활용한 토론활동도 가능하다. 예를 들면, 메타버스 기술에 의존한 가상공간의 확장의 윤리적 문제를 AI 리터러시 교육에서 다룰 수 있다. 아울러 AI 시

대에도 여전히 도덕교육 본질의 탐구가 필요하며 응용윤리의 한 분과로 서 AI 윤리, AI 윤리교육을 발전시키려는 노력이 요구된다.

V. 결론

고령화 사회에서 로봇 보모, 로봇 돌보미, 노인을 위한 로봇 동반자 개발을 위한 산업이 성장하고 있다. AI는 사회에 지대한 영향을 미치고 있고 대부분의 초등학생들이 AI 기반 애플리케이션을 사용하고 있다. 인간은 자신의 의식을 무엇인가에 투영함으로써 세상에 대한 자신의 영 역을 확장하려는 속성이 있으며 어린 아이일수록 더욱 그러하다. 이 때 문에 AI 챗봇, 안드로이드 등은 의인화되기 쉬운 존재이다. 그러나 로봇 동료는 실제 친구와 동일한가, 로봇과의 사회적 상호작용이 사람과의 사회적 관계와 같은 방식으로 우리의 행복을 결정 하는가 라는 의문 등 은 AI 리터러시 교육에서 AI 윤리교육의 요긴함을 잘 나타낸다. 초등학 생들이 AI 시대 자신의 삶에 영향을 미치는 기술을 제대로 이해하고 비 판적으로 사고할 수 있도록 하기 위해 AI 리터러시 교육이 요구된다.

칸트는 동물을 학대하는 행위는 해서는 안 되는 행위로 보았는데 그 이유는 동물을 괴롭히는 사람들은 그가 취한 행위로부터 인간성과 이성 이 상실되고 급기야 인간에게까지도 가학성을 보이게 된다고 여겼기 때 문이다.[363] 이러한 시각에서 본다면, 법적으로는 아무 문제가 없더라도 AI 챗봇, AI 로봇, AI 캐릭터 등 의인화된 대상, 즉 인간이나 생명체로

---

363) I. KANT, L. Infield(ed.), 1963: 239-241

유사하게 인식될 수 있는 존재에 대한 학대, 폭력 등은 윤리적으로, 도덕적으로 옳지 않다. 그것은 이러한 AI 챗봇, 안드로이드에게 죄의식 없이 실행된 폭력적 행동이 종국에는 인간에게도 향할 수 있기 때문이다. 이는 AI 윤리이며 동시에 AI 리터러시 교육에서 반드시 다루어야 할 주제이다. AI 리터러시 교육에서 AI 윤리교육은 핵심 요소이며, AI 윤리교육에서 도덕적 추론 활동은 중요하다. 아이들은 AI 리터러시 교육 환경에서 공리주의적 사고와 의무론적 사고, 추상적 사고와 맥락적 사고의 통합적이고 종합적인 도덕적 판단의 AI 윤리교육을 필요로 한다.

뇌 발달은 연속적인 상호작용을 요구하며 아이들은 우리가 인식하는 것 이상으로 인간 사이에서의 의사소통을 희구한다. 특히 아동기와 청소년기인 초등학생 연령의 아이들은 뇌 가소성으로 인한 비약적인 발전과 변화를 경험하기에 이들에 대한 적절한 교육 노력은 필수적이며, 이는 뇌 발달과 관련한 다양한 연구들로부터 입증된 사실이다.

그러므로 초등학생들의 수준에 적합하며 AI 윤리교육에 기초한 다양한 AI 리터러시 교육 플랫폼을 구축해야 한다. 또한 이를 적절하고 실효성 있게 학교 현장에 적용하기 위해서 교사를 대상으로 한 AI 윤리 관련 연수도 요구된다. 예비교사뿐만 아니라 현직교사들을 대상으로 한 지속적, 계획적, 실용적인 AI 윤리에 기초한 AI 리터러시 교육 연수의 실시는 학교 현장에서 AI 리터러시 교육의 정착과 활성화를 도울 것이다. 교사는 또한 학생들이 주제와 관련한 데이터 세트, 윤리 매트릭스를 검토하고 이것의 실제 영향 및 AI 윤리에 대해 성찰하게 함으로써 AI를 윤리 및 도덕교육 주제와 성공적으로 연결할 수 있다.

참 고 문 헌

1장. AI 도덕성 신화와 그 실제

박형빈(2017), 사회신경과학에서의 사회적 고통 및 도덕성에 대한 이해와 도덕교육, 『도덕윤리과교육연구』, 54.

_____(2018), 통합형 도덕성 진단 도구 개발을 위한 기초 연구 Ⅰ, 『윤리교육연구』, 50

_____(2019), 『뇌 신경과학과 도덕교육』, 서울: 울력.

Aleryani, A. Y.(2019), "Refutation of Artificial Intelligence' Myth "Artificial Intelligence will ultimately replace human employees" (Reality and Fiction)", *International Journal of Digital Information and Wireless Communications*, 9(1).

Bell, P.(2015), Moral Reasoning of Pre-Service Teachers: The Effects of Instruction in Moral Development Theory and Instructor Moderated Dilemma Discussion in the Asynchronous Online Classroom. Doctoral dissertation, University of Nevada, Reno.

Çam, Z., Seydoogullari, S., Çavdar, D., & Çok, F.(2012), "Classical and Contemporary Approaches for Moral Development", *Educational Sciences: Theory and Practice*, 12(2).

Donenberg, G. R. & Hoffman, L. W.(1988), "Gender differences in moral development", *Sex Roles: A Journal of Research*, 18(11-12).

Fisher, M., List, C., Slavkovik, M., & Winfield, A.(2016), "Engineering Moral Agents--from Human Morality to Artificial Morality (Dagstuhl Seminar 16222)", *Dagstuhl Reports*, 6(5).

Gray, K., Waytz, A., & Young, L.(2012), "The moral dyad: A fundamental template unifying moral judgment", *Psychological Inquiry*, 23(2).

Greene, J., & Haidt, J.(2002), "How (and where) does moral judgment work?", *Trends in cognitive sciences*, 6(12).

Gunkel, D. J.(2012), *The machine question: Critical perspectives on AI, robots, and ethics*, Cambridge: MIT Press.

Haidt, J.(2001), "The emotional dog and its rational tail: A social intuitionist approach to moral judgment", *Psychological Review*, 108(4).

Hassabis, D., Kumaran, D., Summerfield, C., & Botvinick, M.(2017), "Neuroscience-inspired artificial intelligence", *Neuron*, 95(2).

Hoffman, M. L.(1991), "Empathy, social cognition, and moral action", In Kurtines, W. M. & Gewirtz, J. L.(Eds.), *Handbook of moral behavior and development: Vol. 1. Theory* (pp. 275–301), Hillsdale: Lawrence Erlbaum.

Jenkins, R. & Purves, D.(2016), "A Dilemma for Moral Deliberation in AI", *International Journal of Applied Philosophy*, 30(2).

Kelly, J.(1993), *Artificial Intelligence: A Modern Myth*, New York: Ellis Horwood.

Lehrer, J., 강미경 역(2009), 『탁월한 결정의 비밀 뇌 신경과학의 최전방에서 밝혀낸 결정의 메커니즘』, 고양시: 위즈덤하우스.

Martinho, A., Kroesen, M., & Chorus, C.(2020), "An Empirical Approach to Capture Moral Uncertainty in AI", *AIES '20: Proceedings of the AAAI/ACM Conference on AI, Ethics, and Society* (p. 101).

Nakagawa, S., Takeuchi, H., Taki, Y., Nouchi, R., Sekiguchi, A., Kotozaki, Y., Miyauchi, C. M., Iizuka, K., Yokoyama, R., Shinada, T., Yamamoto, Y., Hanawa, S., Araki, T., Hashizume, H., Kunitoki, K., Sassa, Y., & Kawashima, R.(2015), "Comprehensive neural networks for guilty feelings in young adults", *Neuroimage*, 105.

Moll, J., Oliveira-Souza, R. D., Garrido, G. J., Bramati, I. E., Caparelli-Daquer, E. M., Paiva, M. L., Zahn, R., & Grafman, J.(2007), "The self as a moral agent: linking the neural bases of social agency and moral sensitivity", *Social neuroscience*, 2(3-4).

Picard, R. W.(1999), "Affective computing for HCI", *Proceedings of the 8th International Conference on Human–Computer Interaction: Ergonomics and User Interfaces, Vol. 1* (pp. 829-833), Mahwah, NJ: Lawrence Erlbaum Associates, Inc.

Potter, S. M.(2007), "What can AI get from neuroscience?", In Lungarella, M., Iida, F., Bongard, J., & Pfeifer, R.(Eds.), *50 years of artificial intelligence* (pp. 174-185), Heidelberg: Springer.

Skoe, E. E.(2014), "Measuring care-based moral development: The Ethic of Care Interview", *Behavioral Development Bulletin*, 19(3).

Spatola, N.(2020), "The citizen at the centre of ethics", *Nature Machine Intelligence*, 2.

Turiel, E.(2007), "The development of morality", In Kuhn, D., Siegler, R. S., & Eisenberg, N.(Eds.), *Child and adolescent development: An advanced course* (pp. 473-516), Hoboken: John Wiley & Sons.

Ullman, S.(2019), "Using neuroscience to develop artificial intelligence", *Science*, 363(6428).

Wang, Y. & Guo, B.(2017), "Is morality hardwired into the brain? The recent advances and prospects of cognitive neural mechanism researches of morality", *Chinese Science Bulletin*, 62(25).

Wallach, W.(2008), "Implementing moral decision making faculties in computers and robots", *AI & Society*, 22(4).

Whitby, B.(2008), "Computing machinery and morality", *AI & Society*, 22(4).

Winfield, A. F., Michael, K., Pitt, J., & Evers, V.(2019), "Machine ethics: the design and governance of ethical AI and autonomous systems", *Proceedings of the IEEE*, 107(3).

2장. 기계윤리 및 신경윤리학 관점에서 본 인공도덕행위자(AMA) 도덕성 기준과 초등도덕교육

박형빈(2020), "AI 도덕성 신화와 그 실제: 기계의 인간 도덕 능력 모델링 가능성과 한계", 『한국초등교육』, 31.

신상규(2017), "인공지능은 자율적 도덕행위자일 수 있는가?", 『철학』, 132.

최현철·변순용(2019), "인공적 도덕 행위자에 대한 융합접근의 철학적 기획", 『윤리연구』, 1(124).

Allen, C., Varner, G., & Zinser, J.(2000), "Prolegomena to any future artificial moral agent", *Journal of Experimental & Theoretical Artificial Intelligence*, 12(3).

Allen, C., Smit, I., & Wallach, W.(2005), "Artificial morality: Top-down, bottom-up, and hybrid approaches", *Ethics and information technology*, 7(3), 149-155.

Anderson, M. & Anderson, S. L.(Eds.)(2011), *Machine ethics*, Cambridge: Cambridge University Press.

Beck, J., Stern, M., & Haugsjaa, E.(1996), "Applications of AI in education", *XRDS: crossroads, The ACM Magazine for Students*, 3(1).

Behdadi, D. & Munthe, C.(2020), "A Normative Approach to Artificial Moral Agency", *Minds and Machines*, 30.

Bergman, R.(2002), "Why be moral? A conceptual model from developmental psychology", *Human development*, 45(2).

Blair, J., Marsh, A. A., Finger, E., Blair, K. S., & Luo, J.(2006), "Neuro-cognitive systems involved in morality", *Philosophical Explorations*, 9(1).

Blake, B. & Pope, T.(2008), "Developmental psychology: incorporating Piaget's and Vygotsky's theories in classrooms", *Journal of Cross−Disciplinary Perspectives in Education*, 1(1).

Bryck, R. L. & Fisher, P. A.(2012), "Training the brain: practical applications of neural plasticity from the intersection of cognitive neuroscience, developmental psychology, and prevention science", *American Psychologist*, 67(2).

Churchland, P. S.(2008), "Human dignity from a neurophilosophical perspective", In Schulman, A.(ed.), *Human dignity and bioethics: essays commissioned by the president's council on bioethics* (pp. 93-115), Washington, D.C.: The President's Council on Bioethics.

Churchland, P. S. & Di Francesco, M.(2007), "Neurophilosophy: an introduction and overview", *Functional Neurology*, 22(4).

Coseru, C.(2014), "Buddhism, comparative neurophilosophy, and human flourishing", *Journal of Religion & Science*, 49(1).

De Oliveira, N.(2013), "Recasting the naturalism-normativity debate: neuroscience, neurophilosophy, neuroethics", *Princ pios: Revista de Filosofia*, 20(33).

Gordon, J. S.(2020), "Building moral robots: ethical pitfalls and challenges", *Science and engineering ethics*, 26(1).

Hagendorff, T.(2020), "The ethics of AI ethics: An evaluation of guidelines", *Minds and Machines*, 30.

Himma, K. E.(2009), "Artificial agency, consciousness, and the criteria for moral agency: What properties must an artificial agent have to be a moral agent?", *Ethics and Information Technology*, 11(1).

Jobin, A., Ienca, M., & Vayena, E.(2019), "The global landscape of AI ethics guidelines", *Nature Machine Intelligence*, 1(9).

Lipman, M.(1995), "Moral education higher-order thinking and philosophy for children", *Early Child Development and Care*, 107(1).

Moor, J. H.(2006), "The nature, importance, and difficulty of machine ethics", *IEEE Intelligent Systems*, 21(4).

Nucci, L. & Turiel, E.(2009), "Capturing the complexity of moral development and education", *Mind, Brain, and Education*, 3(3).

Plunkett, K., Karmiloff-Smith, A., Bates, E., Elman, J. L., & Johnson, M. H.(1997), "Connectionism and developmental psychology", *Journal of Child Psychology and Psychiatry*, 38(1).

Sullins, J. P.(2006), "When is a robot a moral agent", *Machine ethics*, 6(2006).

Welsh, M. C. & Pennington, B. F.(1988), "Assessing frontal lobe functioning in children: views from developmental psychology", *Developmental Neuropsychology*, 4(3).

Woodhead, M.(1999), "Reconstructing developmental psychology-some first steps", *Children & Society*, 13(1).

3장. AI 윤리 및 뇌 신경과학에서 인간지성과 도덕과 교육과정

교육부(2015), 『2015 개정 도덕과 교육과정』, 서울: 교육부.

김국현(2020), "인공지능 윤리와 도덕과 교육", *Brain, Digital, & Learning*, 10.

박형빈(2019), 『뇌 신경과학과 도덕교육』, 서울: 울력.

_____(2020), "AI 도덕성 신화와 그 실제: 기계의 인간 도덕 능력 모델링 가능성과 한계", 『한국초등교육』, 31.

변순용(2018), "인공지능로봇을 위한 윤리 가이드라인 연구-인공지능로봇윤리의 4 원칙을 중심으로", 『윤리교육연구』, 47.

송선영(2017), "로봇과 인공지능 시대의 시민윤리와도덕교육적 함의-인공지능형 로봇의 활용을 중심으로", 『윤리연구』, 1(115).

이재신(2014), "이성과 감정: 인간의 판단과정에 대한 뇌과학과 생물학적 접근", 『커뮤니케이션 이론』, 10(3).

Adolphs, R.(2003), "Cognitive neuroscience of human social behaviour", *Nature Reviews Neuroscience*, 4(3).

Baum, S. D.(2020), "Social choice ethics in artificial intelligence", *AI & Society*, 1.

Beichler, J. E.(2018), "The Consciousness Revolution in Science", *ASCSI/SFF Conference Presentation*.

Colwell, B.(2005), "Machine intelligence meets neuroscience", *IEEE Computer*, 38(1).

Fellous, J. M., Sapiro, G., Rossi, A., Mayberg, H. S., & Ferrante, M.(2019), "Explainable artificial intelligence for neuroscience: Behavioral neurostimulation", *Frontiers in Neuroscience*, 13.

Floridi, L. & Cowls, J.(2019), "A unified framework of five principles for AI in society", *Harvard Data Science Review*, 1(1), https://doi.org/ 10.1162/99608f92.8cd550d1.

Floridi, L., Cowls, J., Beltrametti, M., et al.(2018), "AI4People-an ethical framework for a good AI society: opportunities, risks, principles, and recommendations", *Minds and Machines*, 28(4).

Greene, J.(2005), "Cognitive neuroscience and the structure of the moral mind", In Carruthers, P., Laurence, S., & Stich, S.(2005), *The innate mind: Structure and contents* (pp. 338-352), Oxford, UK: Oxford University Press.

Green, N. L. & Crotts, L. J.(2020), "Argument Schemes for AI Ethics Education", In Grasso, F., Green, N., Schneider, J., & Wells, S.(Eds)(2020), *Computational Models of Natural Argument(CMNA 20)*.

Hagendorff, T.(2020), "The ethics of Ai ethics: An evaluation of guidelines", *Minds and Machines*, 3.

Hassabis, D., Kumaran, D., Summerfield, C., & Botvinick, M.(2017), "Neuroscience- inspired artificial intelligence", *Neuron*, 95(2).

Hauer, T.(2020), "Machine Ethics, Allostery and Philosophical Anti-Dualism: Will AI Ever Make Ethically Autonomous Decisions?", *Society*, 4.

Hibbard, B.(2014), "Ethical artificial intelligence", *arXiv*, arXiv:1411.1373.

Ienca, M. & Ignatiadis, K.(2020), "Artificial Intelligence in Clinical Neuroscience: Methodological and Ethical Challenges", *AJOB neuroscience*, 11(2).

Jobin, A., Ienca, M., & Vayena, E.(2019), "The global landscape of AI ethics guidelines", *Nature Machine Intelligence*, 1(9).

Kiverstein, J. & Miller, M.(2015), "The embodied brain: towards a radical embodied cognitive neuroscience", *Frontiers in human neuroscience*, 9(237).

Krawczyk, D. C.(2012), "The cognition and neuroscience of relational reasoning", *Brain research*, 1428.

Kyllonen, P. C.(2020), "Reasoning Abilities", In *Oxford Research Encyclopedia of Education*, DOI: 10.1093/acrefore/9780190264093.013.878.

Lombard, F., Schneider, D. K., Merminod, M., & Weiss, L.(2020), "Balancing Emotion and Reason to Develop Critical Thinking About Popularized Neurosciences", *Science & Education*, 29.

Ma, G. P. (2013), "The development and research trends of artificial intelligence in neuroscience: a scientometric analysis in citespace", *Advanced Materials Research*, 718.

Neff, G.(2020), "From Bad Users and Failed Uses to Responsible Technologies: A Call to Expand the AI Ethics Toolkit", *AIES '20: Proceedings of the AAAI/ACM Conference on AI, Ethics, and Society*.

O'Sullivan, S., Nevejans, N., Allen, C., et al.(2018), "Legal, Regulatory, and Ethical Frameworks for Development of Standards in Artificial Intelligence(AI) and Autonomous Robotic Surgery", *The International Journal of Medical Robotics and Computer Assisted Surgery*, DOI/10.1002/rcs.1968.

Potter, S. M.(2007), "What can AI get from neuroscience?", In Lungarella, M., Iida F., Bongard J., Pfeifer R.(eds), *50 years of artificial intelligence* (pp. 174-185). Berlin, Heidelberg: Springer.

Ryan, M.(2020), "In AI We Trust: Ethics, Artificial Intelligence, and Reliability", Science and

Engineering Ethics, 26, https://doi.org/10.1007/ s11948-020-00228-y.

Siau, K. & Wang, W.(2020), "Artificial Intelligence (AI) Ethics: Ethics of AI and Ethical AI", *Journal of Database Management(JDM)*, 31(2).

Sinnott-Armstrong, W. E.(2008), *Moral psychology, Vol 3: The neuroscience of morality: Emotion, brain disorders, and development*, Cambridge, Mass.: MIT Press.

Tsagarakis, N. G., Metta, G., Sandini, G., et al.(2007), "iCub: the design and realization of an open humanoid platform for cognitive and neuroscience research", *Advanced Robotics*, 21(10).

Ullman, S.(2019), "Using neuroscience to develop artificial intelligence", *Science*, 363(6428).

Van der Velde, F.(2010), "Where Artificial Intelligence and Neuroscience Meet: The Search for Grounded Architectures of Cognition", *Advances in Artificial Intelligence*, 2010, doi:10.1155/2010/918062.

Wang, W. & Siau, K.(2018), "Ethical and moral issues with AI: a case study on healthcare robots", *24th Americas conference on information systems(AMCIS 2018), 1*, Atlanta, GA: Association for Information Systems (AIS).

Yang, J. & Peng, Y.(2020), "To Root Artificial Intelligence Deeply in Basic Science for a New Generation of AI", *arXiv*, arXiv:2009.05678.

4장. 뉴럴링크와 인공지능 윤리

나해란·김헌성(2020), "빅 데이터, 인공지능시대의 의료윤리", *Journal of Korean Diabetes*, 21(3).

박형빈(2020), "AI 도덕성 신화와 그 실제: 기계의 인간 도덕 능력 모델링 가능성과 한계", 『한국초등교육』, 31.

_____(2021), "기계윤리 및 신경윤리학 관점에서 본 인공도덕행위자(AMA) 도덕성 기준과 초등도덕교육의 과제", 『한국초등교육』, 31(5).

배한희·김영민·오경주(2018), "로보 어드바이저를 활용한 B2C 투자자문 서비스 연구: 앤드비욘드 투자자문 사례1", *Knowledge Management Research*, 19(1).

변순용(2020), "데이터 윤리에서 인공지능 편향성 문제에 대한 연구", 『윤리연구』, 1(128).

최예림·김관호(2016), "인공지능 개요 및 적용 사례", 『ie 매거진』, 23(2).

홍선욱(2018), 『인공지능 알고리즘과 차별』, 세종: 과학기술정책연구원.

황종성·김선광·윤효운·김희정·김형준(2016), "지능사회 법제도 이슈 전망 : 2017", 『지능정보화 법제연구, 제2016-07호』, 대구: 한국정보화진흥원.

Turkle, S.(2003), 최유식 역, 『스크린 위의 삶』, 서울: 민음사.

Wallach, W. & Allen, C., 노태복 역(2014), 『왜 로봇의 도덕인가』, 서울: 메디치미디어.

Anderson, S. L.(2008), "Asimov's "three laws of robotics" and machine metaethics", *AI & Society*, 22(4).

Bauer, W. A.(2020), "Virtuous vs. utilitarian artificial moral agents", *AI & Society*, 35(1).

Boddington, P.(2017), *Towards a code of ethics for artificial intelligence*, Cham: Springer.

Bostrom, N. & Yudkowsky, E.(2014), "The ethics of artificial intelligence", In K. Frankish & W. Ramsey(Eds.), *The Cambridge Handbook of Artificial Intelligence* (pp. 316-334), Cambridge: Cambridge University Press.

Collins, H. M.(1996), "Embedded or embodied? A review of Hubert Dreyfus' what computers still can't do", *Artificial Intelligence*, 80(1).

Dignum, V.(2018), "Ethics in artificial intelligence: introduction to the special issue", *Ethics Information Technology*, 20.

Dhiran, M.(2021), "Role of Human Computer Interaction", *Turkish Journal of Computer and Mathematics Education*, 12(13).

Fjelland, R.(2020), "Why general artificial intelligence will not be realized", *Humanities and Social Sciences Communications*, 7(1).

Goundrey-Smith, S.(2021), Transhumanism and Theological Ethics: An Investigation of Insights to be Gained from Past Developments in Chemical Therapeutics, doctorial dissertation, University of Exeter.

Holub, G.(2020), "Is Transhumanism a New Face of Bioethics?", *Revista de Filosofia Aurora*, 32(55).

Honarvar, A. R. & Ghasem-Aghaee, N.(2009), "An artificial neural network approach for creating an ethical artificial agent", *2009 IEEE International Symposium on Computational Intelligence in Robotics and Automation (CIRA)* (pp. 290-295), New York: IEEE.

Iphofen, R. & Kritikos, M.(2021), "Regulating artificial intelligence and robotics: ethics by design in a digital society", *Contemporary Social Science*, 16(2).

Karaman, F.(2021), "Ethical issues in transhumanism", In Research Anthology on Emerging Technologies and Ethical Implications in Human Enhancement (pp. 122-139), Hershey, PA: IGI Global.

Luxton, D. D.(2014), "Artificial intelligence in psychological practice: Current and future applications and implications", *Professional Psychology: Research and Practice*, 45(5).

Murphy, R. & Woods, D. D.(2009), "Beyond Asimov: the three laws of responsible robotics", *IEEE intelligent systems*, 24(4).

Pisarchik, A. N., Maksimenko, V. A., & Hramov, A. E.(2019), "From novel technology to novel applications: Comment on "An integrated brain-machine interface platform with thousands of channels" by Elon Musk and Neuralink", *Journal of medical Internet research*, 21(10), e16356.

Richards, N. M. & King, J. H.(2014), "Big data ethics", *Wake Forest Law Review*, 49.

Russell, S. & Norvig, P.(2010), *Artificial Intelligence – A Modern Approach* (Third Edition). London: Pearson.

Stone, P., Brooks, R. et al.(2016), "Artificial intelligence and life in 2030", *One Hundred Year Study on Artificial Intelligence: Report of the 2015-2016 Study Panel*, Stanford, CA: Stanford University.

Vijaychandra, J., Babu, B. S., Sai, B. S., & Jagannadh, P.(2018), "A Review on the Application of Artificial Neural Networks on Communication Systems", *Journal of Switching Hub*, 3(3).

Walczak, S.(2019), "Artificial neural networks", In Khosrow-Pour M.(Ed.), *Advanced Methodologies and Technologies in Artificial Intelligence, Computer Simulation, and Human-Computer Interaction* (pp. 40-53), Hershey, PA: IGI Global.

Yu, H., Shen, Z., Miao, C., Leung, C., Lesser, V. R., & Yang, Q.(2018), "Building ethics into artificial intelligence", *Proceedings of the 27th International Joint Conference on Artificial Intelligence (IJCAI'18)*, arXiv:1812.02953.

Yuste R, Goering S, et al.(2017), "Four ethical priorities for neurotechnologies and AI", *Nature News*, 551(7679).

5장. COVID-19 접촉자 추적 시스템의 윤리적 도전과 AI 윤리교육

목광수(2019), "보건의료 빅 데이터의 윤리적 활용을 위한 방안모색: 동의가 아닌 합의 모델로의 전환", 『한국의료윤리학회지』, 22(1).

박형빈(2021), "기계윤리 및 신경윤리학 관점에서 본 인공도덕행위자 (AMA) 도덕성 기준과 초등도덕교육의 과제", 한국초등교육, 31(5).

이청호·변순용·김봉제·김형주·최현철·김영걸·김종욱(2021), "가정용 헬스케어 AI 로봇의 개발자용 윤리체크리스트 개발에 대한 연구", 『윤리연구』, 132.

정창록(2018), "인공지능로봇의료의 도덕형이상학적 모색: 의료적 전자인간의 책임가능성", 『한국의료윤리학회지』, 21(2).

Akinbi, A., Forshaw, M., & Blinkhorn, V.(2020), "Contact tracing apps for COVID-19 pandemic:

Challenges and potential", *OSF Preprints*, doi:10.31219/osf.io/6xbcs.

Borenstein, J. & Howard, A.(2021), "Emerging challenges in AI and the need for AI ethics education", *AI and Ethics*, 1(1).

Dalton-Brown, S.(2020), "The ethics of medical AI and the physician-patient relationship", *Cambridge Quarterly of Healthcare Ethics*, 29(1).

Dubov, A., & Shoptawb, S.(2020), "The value and ethics of using technology to contain the COVID-19 epidemic", *The American Journal of Bioethics*, 20(7).

Fecher, B. & Friesike, S.(2014), "Open science: one term, five schools of thought", In Bartling S. & Friesike, S.(eds), *Opening Science*, Cham: Springer.

French, M. & Monahan, T.(2020), "Dis-ease surveillance: How might surveillance studies address COVID-19?", *Surveillance & Society*, 18(1).

Ferretti, L., Wymant, C., Kendall, M., Zhao, L., Nurtay, A., Abeler-Dörner, L., Parker, M., Bonsall, D., & Fraser, C.(2020), "Quantifying SARS-CoV-2 transmission suggests epidemic control with digital contact tracing", *Science*, 368(6491)

Habli, I., Lawton, T., & Porter, Z.(2020), "Artificial intelligence in health care: accountability and safety", *Bulletin of the World Health Organization*, 98(4).

Hantrais, L., Allin, P., Kritikos, M., Sogomonjan, M., Anand, P. B., Livingstone, S., & Innes, M.(2020), "COVID-19 and the digital revolution", *Contemporary Social Science*, 16(2).

Klar, R. & Lanzerath, D.(2020), "The ethics of COVID-19 tracking apps-challenges and voluntariness", *Research Ethics*, 16(3-4).

Klenk, M., & Duijf, H.(2020), "Ethics of digital contact tracing and COVID-19: who is (not) free to go?", *Ethics and information technology*, https://doi.org/10.1007/s10676-020-09544-0.

Leslie, D.(2020), "Tackling COVID-19 through responsible AI innovation: Five steps in the right direction", *Harvard Data Science Review*, https://doi.org/10.1162/99608f92.4bb9d7a7.

Lucivero, F., Hallowell, N., Johnson, S., Prainsack, B., Samuel, G., & Sharon, T. (2020), "COVID-19 and Contact Tracing Apps: Ethical challenges for a social experiment on a global scale", *Journal of bioethical inquiry*, 17(4).

Maccari, L. & Cagno, V.(2021), "Do we need a contact tracing app?", *Computer Communications*, 166.

Morley, J., Cowls, J., Taddeo, M., & Floridi, L.(2020), "Ethical guidelines for COVID-19 tracing apps", *Nature*, 582.

Morley, J., Machado, C. C., Burr, C., Cowls, J., Joshi, I., Taddeo, M., & Floridi, L. (2020), "The ethics of AI in health care: A mapping review", *Social Science &*

Medicine, 260, DOI: 10.1016/j.socscimed. 2020.113172.

Owen, R., Macnaghten, P., & Stilgoe, J. (2012), "Responsible research and innovation: From science in society to science for society, with society", Science and public policy, 39(6), 751-760.

Pagliari, C.(2020), "The ethics and value of contact tracing apps: International insights and implications for Scotland's COVID-19 response", *Journal of Global Health*, 10(2).

Passi, S., & Barocas, S. (2019). "Problem formulation and fairness", In *Proceedings of the Conference on Fairness, Accountability, and Transparency(FAT*19)*, New York: ACM.

Petkovic, D., Kobzik, L., & Ghanadan, R.(2019), "AI Ethics and Values in Biomedicine-Technical Challenges and Solutions", *PACIFIC SYMPOSIUM ON BIOCOMPUTING 2020*.

Rigby, M. J.(2019), "Ethical dimensions of using artificial intelligence in health care", *AMA Journal of Ethics*, 21(2).

Sharon, T.(2020), "Blind-sided by privacy? Digital contact tracing, the Apple/Google API and big tech's newfound role as global health policy makers", *Ethics and Information Technology*, https://doi.org/10.1007/s10676-020-09547-x.

6장. 인성교육을 위한 AIEd의 가능성과 윤리적 고려 사항

박형빈(2020), "디지털원주민 시대의 통일교육과 게이미피케이션 (Gamification)", 『윤리교육연구』, 55.

이인재(2016), "학교 인성교육의 체계적 접근과 교사의 역량", 『윤리교육연구』, 39.

장성모(1996), "인성의 개념과 인성교육", 『초등교육연구』, 10.

장승희(2015), "인성교육진흥법'에서 추구해야 할 인성의 본질과 인성교육의 방향-행복담론을 중심으로", 『윤리교육연구』, 37.

정창우(2010), "인성 교육에 대한 성찰과 도덕과 교육의 지향", 『윤리연구』, 77.

홍석영(2013), "인성 개념 및 인성의 교육 가능성에 대한 고찰", 『현대교육연구 (구 중등교육연구)』, 25.

El Kaliouby, R. & Colman, C., 최영열 역(2021), 「걸 디코디드: 인공지능에 감성을 부여한 여성 과학자의 삶」, 파주: 문학수첩.

Aiken, R. M. & Epstein, R. G.(2000), "Ethical guidelines for AI in education: Starting a conversation", *International Journal of Artificial Intelligence in Education*, 11.

Anderson, R. E., Johnson, D. G., Gotterbarn, D., & Perrolle, J.(1993), "Using the New ACM Code of Ethics in Decision Making", *Communications of the ACM*, 36(2).

Althobaiti, M. M.(2020), "Toward a Smart Campus Based On Smart Technologies and Best Practices", *International Journal of Advanced Research in Engineering and Technology*, 11(10).

Azcona, D., Hsiao, I. H., & Smeaton, A. F.(2018), "Modelling math learning on an open access intelligent tutor", In Rosé, C. P. et al. (eds.), *International Conference on Artificial Intelligence in Education*.

Beck, J., Stern, M., & Haugsjaa, E.(1996), "Applications of AI in Education", *XRDS: Crossroads, The ACM Magazine for Students*, 3(1).

Berkowitz, M. W. & Bier, M. C.(2004), "Based character education", *The Annals of the American Academy of Political and Social Science*, 591(1).

Bock, T. & Samuelson, P. L.(2014). "Educating for moral identity: An analysis of three moral identity constructs with implications for moral education", *Journal of Character Education*, 10(2).

Chen, X., Xie, H., & Hwang, G. J.(2020), "A Multi-Perspective Study on Artificial Intelligence in Education: Grants, Conferences, Journals, Software Tools, Institutions, and Researchers", *Computers and Education: Artificial Intelligence*, 1.

Clarke, R.(1994), "Asimov's Laws of Robotics: Implications for Information Technology: Part II", *Computer*, 27(1).

Cornish, E.1996), *Exploring your future: Living, Learning, and Working in the Information Age*, Bethesda, MD.: World Future Society.

Fitri, M. R., Latifah, S., & Saregar, A. et al.(2021), "Character education-based digital physics comic on newton's law: Students and teachers' perceptions", *Journal of Physics: Conference Series*, 1796(1).

Garcia-Garcia, J. M., Penichet, V. M., & Lozano, M. D.(2017), "Emotion detection: a technology review", *Proceedings of the XVIII international conference on human computer interaction*.

Goel, A. K. & Polepeddi, L.(2016), "Jill Watson: A virtual teaching assistant for online education", Georgia Institute of Technology, http://hdl.handle.net/1853/59104.

Halstead, J. M. & Taylor, M. J. (eds.)(1996), *Values in education and education in values*, London: Falmer Press.

Hardy, S. A. & Carlo, G.(2011), "Moral identity", In Schwartz, S. J., Luyckx, K., &

Vignoles, V. L. (eds.), *Handbook of identity theory and research*, New York: Springer.

Hashakimana, T. & de Dieu Habyarimana, J.(2020), "The Prospects, Challenges and Ethical Aspects of Artificial Intelligence in Education", *Journal of Education*, 3(7).

Hignasari, L. V. & Wijaya, I. K. W. B.(2020), "Impact Analysis of Online Learning Toward Character Education of Elementary School Students In The New Normal Era", In Dewl K. A. P. (ed.), *New Normal: Idealism and Implementation in Indonesia and the Philippines*, Indonesia: Jayapangus Press Books.

Hines, A.(1996), "Jobs and Infotech: Work in the Information Society", In Cornish, E. ed., *Exploring Your Future: Living, Learning, and Working in the Information Age*, Bethesda: World Future Society.

Hodhod, R.(2010a), "AEINS: Interactive Narrative Role in Fostering Character Education", *Faculty Bibliography*, 57.

(2010b), Interactive narrative for adaptive educational games: Architecture and an application to character education, Doctoral dissertation, University of York.

Holmes, W., Porayska-Pomsta, K., & Holstein, K., et al.(2021), "Ethics of AI in Education: Towards a Community-Wide Framework", *International Journal of Artificial Intelligence in Education*, https://doi.org/10.1007/s40593-021-00239-1.

Ivanov, S. H.(2016), "Will robots substitute teachers?", *12th International Conference Modern science, business and education*, Bulgaria: Varna University of Management.

Joshi, S., Rambola, R. K., & Churi, P.(2021), "Evaluating Artificial Intelligence in Education for Next Generation", *Journal of Physics: Conference Series*, 1714(1).

Lapsley, D. K. & Narvaez, D.(2007), "Character education", In Damon, W. & Lerner, R. (eds.), *Handbook of child psychology*, Vol. 4, New York: Wiley.

Lickona, T.(1996), "Eleven principles of effective character education", *Journal of moral Education*, 25(1).

Luckin, R., Holmes, W., Griffiths, M, & Forcier, L. B.(2016), *Intelligence unleashed: An argument for AI in education*, London: Pearson.

Morsy, A.(2016), "Emotional Matters: Innovative software brings emotional intelligence to our digital devices", *IEEE pulse*, 7(6).

Nucci, L. & Narváez, D. (eds.)(2014), *Handbook of moral and character education*, New York & London: Routledge.

Pala, A.(2011), "The need for character education", *International Journal of Social Sciences and Humanity Studies*, 3(2).

Perrotta, C. & Selwyn, N.(2020), "Deep learning goes to school: Toward a relational understanding of AI in education", *Learning, Media and Technology*, 45(3).

Power, C.(2005), "Quo vadis? Education for what purpose", *Social alternatives*, 24(4).

Renz, A., Krishnaraja, S., & Schildhauer, T.(2020), "A new dynamic for EdTech in the age of pandemics", *ISPIM Innovation Conference*.

Sajini, E.(2019), "A Study On The Perception Of Teacher Educators On Educational Technology", *Edu Tech Research Journal of SIET, Kerala*, 1(1).

Shinta, D. K., Syamsi, I., & Haryanto, H.(2019), "Traditional game as a media for character education inclusion elementary school", *International Conference on Special and Inclusive Education, ICSIE 2018*, Dordrecht: Atlantis Press.

Sidorkin, A. M.(2012), "On the essence of education", In Biesta, G. (ed.), *Making sense of education*, Springer: Dordrecht.

Suminto, E. A. & Mbato, C. L.(2020), "The Implementation of Metacognition in Teaching Character Education in Primary Education", *IDEAS: Journal on English Language Teaching and Learning, Linguistics and Literature*, 8(1).

Woolf, B. P., Lane, H. C., Chaudhri, V. K., & Kolodner, J. L.(2013), "AI grand challenges for education", *AI magazine*, 34(4).

World Economic Forum(2016), *The future of jobs: Employment, skills and workforce strategy for the fourth industrial revolution*, Geneva, Switzerland: World Economic Forum 2016.

7장. 자율 주행 차량(AV)의 트롤리 딜레마 문제와 AI 윤리교육

김준호(2019), "'폭주하는 전차'사례에 대한 형사법적 결론을 생각해보기―자율 주행 자동차의 윤리적 딜레마에 관한 법학적 사유실험을 겸하여―", 『법학연구』, 29(2).

박형빈(2021), "기계윤리 및 신경윤리학 관점에서 본 인공도덕행위자 (AMA) 도덕성 기준과 초등도덕교육의 과제", 『한국초등교육』, 31(5).

변순용(2017), "자율 주행 자동차의 윤리적 가이드라인에 대한 시론", 『윤리연구』, 1(112).

이상돈・정채연(2017), "자율 주행 자동차의 윤리화의 과제와 전망", 『IT 와 법 연구』, 15.

이중기(2016), "자율 주행 자동차: 로봇으로서의 윤리와 법적 문제", 『국토』, 416.

임이정·이중기·황기연(2016), "자율 주행차량의 운행을 위한 법적 이슈", 『교통연구』, 23(3).

임이정·김관용·이자영·황기연(2017), "자율 주행차량의 윤리적 문제 점검을 위한 시뮬레이션 연구", 『한국 ITS 학회 학술대회 자료집』.

최경미·지성우(2017), "자율 주행 자동차 (Autonomous Vehicle) 도입을 위한 헌법적 연구", 『IT와 법 연구』, 14.

Anderson, J. M., Nidhi, K., Stanley, K. D., Sorensen, P., Samaras, C., & Oluwatola, O. A.(2014), *Autonomous vehicle technology: A guide for policymakers*, Santa Monica, CA: Rand Corporation.

Applin, S.(2017), "Autonomous vehicle ethics: Stock or custom?", *IEEE Consumer Electronics Magazine*, 6(3).

Awad, E.(2017), Moral machines: perception of moral judgment made by machines, Doctoral dissertation, Massachusetts Institute of Technology.

Bonnefon, J. F., Shariff, A., & Rahwan, I.(2016), "The social dilemma of autonomous vehicles", *Science*, 352(6293).

Cunneen, M., Mullins, M., Murphy, F., Shannon, D., Furxhi, I., & Ryan, C.(2020), "Autonomous vehicles and avoiding the trolley (dilemma): vehicle perception, classification, and the challenges of framing decision ethics", *Cybernetics and Systems*, 51(1).

Du, Y., Qin, J., Zhang, S., Cao, S., & Dou, J.(2018), "Voice user interface interaction design research based on user mental model in autonomous vehicle", In Kurosu, M.(Ed.), *Human-Computer Interaction. Interaction Technologies* (pp. 117-132), Cham: Springer.

Etienne, H.(2021), "The dark side of the 'Moral Machine' and the fallacy of computational ethical decision-making for autonomous vehicles", *Law, Innovation and Technology*, 13(1).

Evans, K., de Moura, N., Chauvier, S., Chatila, R., & Dogan, E.(2020), "Ethical decision making in autonomous vehicles: the AV ethics project", *Science and engineering ethics*, 26(6).

Faulhaber, A. K. et al.(2019), "Human decisions in moral dilemmas are largely described by utilitarianism: Virtual car driving study provides guidelines for autonomous driving vehicles", *Science and engineering ethics*, 25(2).

Frank, D. A., Chrysochou, P., Mitkidis, P., & Ariely, D.(2019), "Human decision-making biases in the moral dilemmas of autonomous vehicles", *Scientific reports*, 9(1).

Fridman, L., Brown, D. E., Glazer, M., Angell, W., Dodd, S., Jenik, B., Terwilliger, J., Patsekin, A., Kindelsberger, J., Ding, L., Seaman, S., Mehler, A., Sipperley, A., Pettinato, A., Seppelt, B., Angell, L., Mehler, B. & Reimer, B.(2017), "MIT autonomous vehicle technology study: Large-scale deep learning based analysis of driver behavior and interaction with automation", *IEEE Access*, 7, doi: 10.1109/ACCESS.2019.2926040.

Fridman, L.(2018), "Human-centered autonomous vehicle systems: Principles of effective shared autonomy", arXiv:1810.01835.

Goodall, N. J.(2014), "Ethical decision making during automated vehicle crashes", *Transportation Research Record*, 2424(1).

Greene, J. D., Sommerville, R. B., Nystrom, L. E., Darley, J. M., & Cohen, J. D.(2001), "An fMRI investigation of emotional engagement in moral judgment", *Science*, 293(5537).

Harris, J.(2018), "Who owns my autonomous vehicle? Ethics and responsibility in artificial and human intelligence", *Cambridge Quarterly of Healthcare Ethics*, 27(4).

Klenk, M.(2020), "Charting Moral Psychology's Significance for Bioethics: Routes to Bioethical Progress, its Limits, and Lessons from Moral Philosophy", *Diametros*, 17(64).

Kuutti, S., Bowden, R., Jin, Y., Barber, P., & Fallah, S.(2020), "A survey of deep learning applications to autonomous vehicle control", *IEEE Transactions on Intelligent Transportation Systems*, 22(2).

Lin, P.(2016), "Why ethics matters for autonomous cars", In Maurer, M., Gerdes, J., Lenz, B., Winner, H. (Eds.), *Autonomous driving* (pp. 69-85), Berlin, Heidelberg: Springer.

Nascimento, A. M., Vismari, L. F., Molina, C. B. S. T., Cugnasca, P. S., Camargo, J. B., de Almeida, J. R., Inam, R., Fersman, E., Marquezini, M. V., & Hata, A. Y.(2019), "A systematic literature review about the impact of artificial intelligence on autonomous vehicle safety", *IEEE Transactions on Intelligent Transportation Systems*, 21(12).

Maurer, M., Gerdes, J. C., Lenz, B., & Winner, H.(2016), *Autonomous driving: technical, legal and social aspects*, Cham: Springer Nature.

McManus, R. M. & Rutchick, A. M.(2019), "Autonomous vehicles and the attribution of moral responsibility", *Social psychological and personality science*, 10(3).

Novak, T. P.(2020), "A Generalized Framework for Moral Dilemmas Involving Autonomous Vehicles: A Commentary on Gill", *Journal of Consumer Research*, 47(2).

Rhim, J., Lee, J. H., Chen, M., & Lim, A.(2021), "A deeper look at autonomous vehicle ethics: An integrative ethical decision-making framework to explain moral pluralism", *Frontiers in Robotics and AI*, 8(632394), doi:10.3389/frobt.2021.632394.

Rowthorn, M., Riegler, C., & McGinnis, C.(2019), "Artificial Driving Intelligence and Autonomous Vehicle Ethics", *Analele Universității Spiru Haret. Seria Jurnalism*, 20(1).

8장. 아동의 뇌 발달에 기초한 AI 리터러시 교육

과학기술정보통신부(2021), "2020년 인터넷 이용 실태조사 발표", https://www.msit.go.kr/bbs/view.do?sCode=user&mId=113&mPid=112&pageIndex=1&bbsSeqNo=94&nttSeqNo=3179980&searchOpt=NTT_SJ&searchTxt=%EC%9D%B8%ED%84%B0%EB%84%B7(검색: 2021.9.10)

김국현(2021), "인공지능 리터러시와 도덕과 교육의 과제", 『윤리교육연구』, 61.

김진석(2020), "초등영어 학습자를 위한 인공지능 리터러시의 빅 아이디와 성취기준", 『한국초등교육』, 31.

박윤수·이유미(2021), "대학생의 AI 리터러시 역량 신장을 위한 교양 교육 모델", 『정보교육학회논문지』, 25(2).

박형빈(2020), "인공지능 시대 비판적 반성 사고를 위한 P4C와 미디어 리터러시 융합 통일교육 방안", 『도덕윤리과교육연구』, 68.

이유미·박윤수(2021), "AI 리터러시 개념 설정과 교양교육 설계를 위한 연구", 『어문론집』, 85.

Lee, J. & Lee, S.(2020), "A Study on Experts' Perception Survey on Elementary AI Education Platform", Journal of The Korean Association of Information Education, 24(5), 483-494.

Ahmed, S. P., Bittencourt-Hewitt, A., & Sebastian, C. L.(2015), "Neurocognitive bases of emotion regulation development in adolescence", Developmental cognitive neuroscience, 15, 11-25.

Alkali, Y. E. & Amichai-Hamburger, Y.(2004), "Experiments in digital literacy", CyberPsychology & Behavior, 7(4), 421-429.

Barrasso-Catanzaro, C. & Eslinger, P. J.(2016), "Neurobiological bases of executive function and social-emotional development: Typical and atypical brain changes", Family Relations, 65(1), 108-119.

Bawden, D.(2008), "Origins and concepts of digital literacy", In Lankshear, C. & Knobel, M.(Eds.)(2008), Digital literacies: Concepts, policies and practices, New York: Peter Lang.

Bulger, M. & Davison, P.(2018), "The promises, challenges, and futures of media literacy", Journal of Media Literacy Education, 10(1), 1-21.

Blakemore, S. J.(2012), "Imaging brain development: the adolescent brain", Neuroimage, 61(2), 397-406.

Blakemore, S. J.(2010), "The developing social brain: implications for education", Neuron, 65(6), 744-747.

Bowker, L.(2020), "Machine translation literacy instruction for international business students and business English instructors", Journal of Business & Finance Librarianship, 25(1-2), 25-43.

Buckingham, D.(2010), "Defining digital literacy", In Bachmair, B.(eds.), Medienbildung in neuen Kulturräumen, Switzerland: VS Verlag für Sozialwissenschaften.

Butler, E. R., Chen, A., Ramadan, R., Le, T. T., Ruparel, K., Moore, T. M., Satterthwaite, T. D., Zhang, F., Shou, H., Gur, R. C., Nichols, T. E., & Shinohara, R. T.(2021), "Pitfalls in brain age analyses", Human Brain Mapping, 42(13), 4092-4101.

Casey, B. J., Heller, A. S., Gee, D. G., & Cohen, A. O.(2019), "Development of the emotional brain", Neuroscience letters, 693, 29-34.

Chiasson, V., Vera-Estay, E., Lalonde, G., Dooley, J. J., & Beauchamp, M. H.(2017), "Assessing social cognition: age-related changes in moral reasoning in childhood and adolescence", The Clinical Neuropsychologist, 31(3), 515-530.

Choudhury, S. & Wannyn, W.(2021), "Politics of plasticity: Implications of the new science of the "teen brain" for education", Culture, Medicine, and Psychiatry, 1-28.

Dai, Y., Chai, C. S., Lin, P. Y., Jong, M. S. Y., Guo, Y., & Qin, J.(2020), "Promoting students' well-being by developing their readiness for the artificial intelligence age", Sustainability, 12(16), 6597.

Decety, J. & Howard, L. H.(2014), "Emotion, morality, and the developing brain", In Mikulincer, M. & Shaver, P. R.(Eds.), Mechanisms of social connection: From brain to group, Washington, D.C.: American Psychological Association.

Demirbilek, M.(2021), "Artificial Intelligence and K-12: How to Explain?", In Panconesi, G.

& Guida, M.(Eds.), Handbook of Research on Teaching With Virtual Environments and AI, Hershey, P.A.: IGI Global.

Eguchi, A., Okada, H., & Muto, Y.(2021), "Contextualizing AI Education for K-12 Students to Enhance Their Learning of AI Literacy Through Culturally Responsive Approaches", Künstliche Intelligenz, 35, 153-161.

Faruqe, F., Watkins, R., & Medsker, L.(2021), "Competency Model Approach to AI Literacy: Research-based Path from Initial Framework to Model", arXiv, arXiv:2108.05809.

Ferrer, X., Van Nuenen, T., Such, J. M., Coté, M., & Criado, N.(2021), "Bias and Discrimination in AI: a cross-disciplinary perspective", IEEE Technology and Society Magazine, 40(2), 72-80.

Fischer, K. W.(2008), "Dynamic cycles of cognitive and brain development: Measuring growth in mind, brain, and education", The educated brain, 127-150.

Garg, N. & Singh, S.(2018), "Financial literacy among youth", International Journal of Social Economics, 45(1), 173-186.

Giedd, J. N., Blumenthal, J., Jeffries, N. O., Castellanos, F. X., Liu, H., Zijdenbos, A., Paus, T., Evans, A. C., & Rapoport, J. L.(1999), "Brain development during childhood and adolescence: a longitudinal MRI study", Nature neuroscience, 2(10), 861-863.

Gogtay, N., Giedd, J. N., Lusk, L., Hayashi, K. M., Greenstein, D., Vaituzis, A. C., Nugent III, T. F., Herman, D. H., Clasen, L. S., Toga, A. W., Rapoport, J. L., & Thompson, P. M.(2004), "Dynamic mapping of human cortical development during childhood through early adulthood", Proceedings of the National Academy of Sciences, 101(21), 8174-8179.

Gould, R. (2017), "Data literacy is statistical literacy", Statistics Education Research Journal, 16(1), 22-25.

Greenwald, E., Leitner, M., & Wang, N.(2021), "Learning Artificial Intelligence: Insights into How Youth Encounter and Build Understanding of AI Concepts", Proceedings of the AAAI Conference on Artificial Intelligence, 35(17), 15526-15533.

Jones-Jang, S. M., Mortensen, T., & Liu, J.(2021), "Does media literacy help identification of fake news? Information literacy helps, but other literacies don't", American Behavioral Scientist, 65(2), 371-388.

Jose, K. (2021), "Conversations through Web 2.0 tools: Nurturing 21st century Values in the ESL Classroom", Rupkatha Journal on Interdisciplinary Studies in

Humanities, 13(2), 1-16.

KANT, I.(1963), "Duties to animals and spirits", In Infield, L.(ed.), Lectures in Ethics (pp.239-241), New York: Harper and Row.

Kuhl, P. K., Lim, S. S., Guerriero, S., & Van Damme, D.(2019), "Neuroscience and education: How early brain development affects school", In Kuhl, P., Lim, S-S., Guerriero, S., & Van Damme D.(Eds.), Learning in the digital age: Towards a Science of Learning for 21st Century Education, Paris: OECD Publishing.

Kok, R., Thijssen, S., Bakermans-Kranenburg, M. J., Jaddoe, V. W., Verhulst, F. C., White, T., Van IJzendoorn, M. H., & Tiemeier, H. (2015), "Normal variation in early parental sensitivity predicts child structural brain development", Journal of the American Academy of Child & Adolescent Psychiatry, 54(10), 824-831.

Koenigs, M., Young, L., Adolphs, R., Tranel, D., Cushman, F., Hauser, M., & Damasio, A.(2007), "Damage to the prefrontal cortex increases utilitarian moral judgements", Nature, 446(7138), 908-911.

Koltay, T.(2011), "The media and the literacies: Media literacy, information literacy, digital literacy", Media, Culture & Society, 33(2), 211-221.

Lenroot, R. K., & Giedd, J. N.(2006), "Brain development in children and adolescents: insights from anatomical magnetic resonance imaging.", Neuroscience & biobehavioral reviews, 30(6), 718-729.

Long, D. & Magerko, B.(2020), "What is AI literacy? Competencies and design considerations", In Proceedings of the 2020 CHI Conference on Human Factors in Computing Systems, New York: Association for Computing Machinery.

Loye, D.(2002), "The moral brain", Brain and Mind, 3(1), 133-150.

Mishra, P. & Sharma, P. K.(2018), "Digital literacy competencies in the 21st century", Globus Journal of Progressive Education, 8(2), 1-3.

Narvaez, D. & Mrkva, K.(2014), "The development of moral imagination", In Moran, S., Cropley, D., & Kaufman, J. C.(Eds.), The ethics of creativity, London: Palgrave Macmillan.

Narvaez, D. & Vaydich, J. L.(2008), "Moral development and behaviour under the spotlight of the neurobiological sciences", Journal of Moral Education, 37(3), 289-312.

Ng, D. T. K., Leung, J. K. L., Chu, K. W. S., & Qiao, M. S.(2021), "AI Literacy:

Definition, Teaching, Evaluation and Ethical Issues", 84th Annual Meeting of the Association for Information Science and Technology, 504-509.

Ossiannilsson, E.(2020), "Reflection on 21st century competences, smart learning environments, and digitalization in education", Near East University Online Journal of Education, 3(2), 87-93.

Pascual, L., Gallardo-Pujol, D., & Rodrigues, P.(2013), "How does morality work in the brain? A functional and structural perspective of moral behavior", Frontiers in integrative neuroscience, 7(65), 1-8.

Pedro, F., Subosa, M., Rivas, A., & Valverde, P.(2019), Artificial intelligence in education: Challenges and opportunities for sustainable development, Paris: UNESCO.

Perlman, S. B. & Pelphrey, K. A.(2010), "Regulatory brain development: balancing emotion and cognition", Social Neuroscience, 5(5-6), 533-542.

Rahayu, M. & Rakhmawati, D. E. N.(2020), ""Narrative of the self": the discourse of daily life in the essays by participants of literacy workshop", Jurnal Lingua, 15(1), 55-64.

Rasi, P., Vuojärvi, H., & Ruokamo, H.(2019), "Media literacy education for all ages", Journal of Media Literacy Education, 11(2), 1-19.

Rasi, P., Vuojärvi, H., & Rivinen, S.(2021), "Promoting media literacy among older people: A systematic review", Adult Education Quarterly, 71(1), 37-54.

Rahayu, S.(2017), "Promoting the 21st century scientific literacy skills through innovative chemistry instruction", AIP Conference Proceedings, 1911(1), 1-8.

Rodríguez-García, J. D., Moreno-León, J., Román-González, M., & Robles, G.(2021), "Evaluation of an Online Intervention to Teach Artificial Intelligence with LearningML to 10-16-Year-Old Students", Proceedings of the 52nd ACM Technical Symposium on Computer Science Education, 177-183.

Sawyer, S. M., Azzopardi, P. S., Wickremarathne, D., & Patton, G. C.(2018), "The age of adolescence", The Lancet Child & Adolescent Health, 2(3), 223-228.

Shore, R.(1997), Rethinking the brain: New insights into early development, New York: Families and Work Institute

Silburn, S. R., Nutton, G., Arney, F., Moss, B.(2011), "The First 5 Years: Starting Early", Topical paper commissioned for the public consultations on the Northern Territory Early Childhood Plan, Darwin: Northern Territory Government.

Simons, M., Meeus, W., & T'Sas, J.(2017), "Measuring Media Literacy for Media Education: Development of a Questionnaire for Teachers' Competencies", Journal of Media Literacy Education, 9(1), 99-115.

Stiles, J. & Jernigan, T. L.(2010), "The basics of brain development", Neuropsychology review, 20(4), 327-348.

Tancredi, L.(2005), Hardwired behavior: What neuroscience reveals about morality, Cambridge, U.K.: Cambridge University Press.

Trevarthen, C. & Aitken, K. J.(1994), "Brain development, infant communication, and empathy disorders: Intrinsic factors in child mental health", Development and Psychopathology, 6(4), 597-633.

Woodard, K., & Pollak, S. D.(2020), "Is there evidence for sensitive periods in emotional development?", Current Opinion in Behavioral Sciences, 36, 1-6.

Touretzky, D., Gardner-McCune, C., Martin, F., & Seehorn, D.(2019), "Envisioning AI for K-12: What Should Every Child Know about AI?", Proceedings of the AAAI Conference on Artificial Intelligence, 33(01), 9795-9799.

UNESCO(2020), "UNESCO appoints international expert group to draft global recommendation on the ethics of AI", https://en.unesco.org/news/unesco-appoints-international-expert-group-draft-global-recommendation-ethics-ai(검색: 2021.9.11)

Van Brummelen, J., & Lin, P.(2020), "Engaging Teachers to Co-Design Integrated AI Curriculum for K-12 Classrooms", arXiv, arXiv:2009.11100.

Van Brummelen, J., Heng, T., & Tabunshchyk, V.(2021, May), "Teaching Tech to Talk: K-12 Conversational Artificial Intelligence Literacy Curriculum and Development Tools", 2021 AAAI Symposium on Educational Advances in Artificial Intelligence (EAAI), 1-9.

World Economic Forum(2016), New vision for education: Fostering social and emotional learning through technology, Geneva: World Economic Forum.

Young, L. & Dungan, J.(2012), "Where in the brain is morality? Everywhere and maybe nowhere", Social neuroscience, 7(1), 1-10.

색 인

저자 소개

박형빈 (朴炯玭, Hyoungbin Park)

서울교육대학교 윤리교육과 교수로 재직 중이다.

저자는 도덕교육, 윤리교육, 인성교육, 평화통일교육, 인공지능윤리교육, 신경도덕교육, 민주시민교육, 신경윤리, AI윤리, 도덕심리, 윤리상담, 도덕교육신경과학, 도덕철학, 도덕심리학, 탈북학생, 학부모교육 등에 관심을 갖고 연구하고 있다.

대표적인 저서로는 『뇌 신경과학과 도덕교육』(2020한국출판문화산업진흥원 세종도서), 『통일교육학: 그 이론과 실제』, 『학교생활 나라면 어떻게 할까? (도덕지능이 높은 아이로 자라는 초등인성수업1)』, 『도덕교육학: 그 이론과 실제』, 역서로는 『어린이 도덕교육의 새로운 관점』(공역)(2019한국출판문화산업진흥원 세종도서) 등이 있다.

논문으로는 「뉴럴링크와 인공지능 윤리」, 「기계윤리 및 신경윤리학 관점에서 본 인공도덕행위자(AMA) 도덕성 기준과 초등도덕교육의 과제」, 「초등 도덕과 교육과정에서 민주시민교육을 위한 지속가능발전교육(ESD)의 과제」, 「AI 도덕성 신화와 그 실제: 기계의 인간 도덕능력 모델링 가능성과 한계」, 「도덕교육신경과학, 그 가능성과 한계: 과학화와 신화의 갈림길에서」, 「사이코패스(Psychopath)에 대한 신경생물학적 이해와 치유 및 도덕 향상으로서의 초등도덕교육」, 「복잡계와 뇌과학으로 바라본 인격 특성과 도덕교육의 패러다임 전환」, 「언어분석과 윌슨의 도덕성 요소에 관한 연구」 등 다수가 있다.

인공지능윤리와 도덕교육

초 판 인 쇄 2022년 2월 22일
초 판 발 행 2022년 3월 5일
초 판 2 쇄 2022년 6월 2일

저　　　자 박형빈
펴 낸 이 김성배
펴 낸 곳 도서출판 씨아이알

책 임 편 집 이민주
디 자 인 백정수, 박진아
제 작 책 임 김문갑

등 록 번 호 제2-3285호
등 록 일 2001년 3월 19일
주　　　소 (04626) 서울특별시 중구 필동로8길 43(예장동 1-151)
전 화 번 호 02-2275-8603(대표)
팩 스 번 호 02-2265-9394
홈 페 이 지 www.circom.co.kr

I S B N 979-11-6856-037-6 (93190)
정　　　가 22,000원